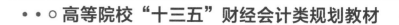
高等院校"十三五"财经会计类规划教材

高级财务会计

主　编 ◎ 魏朱宝

北京师范大学出版集团
安徽大学出版社

图书在版编目(CIP)数据

高级财务会计/魏朱宝主编.—合肥:安徽大学出版社,2018.5(2022.8重印)

ISBN 978-7-5664-1567-7

Ⅰ.①高… Ⅱ.①魏… Ⅲ.①财务会计-教材 Ⅳ.①F234.4

中国版本图书馆 CIP 数据核字(2018)第 085376 号

高级财务会计
Gaoji Caiwukuaiji

魏朱宝　主编

出版发行:	北京师范大学出版集团 安 徽 大 学 出 版 社 (安徽省合肥市肥西路3号邮编230039) www.bnupg.com.cn www.ahupress.com.cn
印　　刷:	合肥图腾数字快印有限公司
经　　销:	全国新华书店
开　　本:	184mm×260mm
印　　张:	20.5
字　　数:	450 千字
版　　次:	2018年5月第1版
印　　次:	2022年8月第3次印刷
定　　价:	56.00 元
ISBN	978-7-5664-1567-7

策划编辑:邱　昱　姚　宁　方　青　　　　装帧设计:李伯骥

责任编辑:方　青　　　　　　　　　　　　美术编辑:李　军

责任印制:陈　如

版权所有　侵权必究

反盗版、侵权举报电话:0551—65106311

外埠邮购电话:0551—65107716

本书如有印装质量问题,请与印制管理部联系调换。

印制管理部电话:0551—65106311

前 言

高级财务会计是中级财务会计课程的延伸，是在中级财务会计课程的基础上，对一些特殊行业、特殊业务、特殊呈报的会计问题进行研究的一门会计学专业必修课程。高级财务会计所涉及的内容，属于国际会计领域前沿性问题或国内大多企业正在面临的新问题。

高级财务会计本着与中级财务会计衔接的编写思想，又在中级的基础上有所突破，进一步提升学生的理论水平和操作技巧，加深对企业整体性的认识。目前，本课程教材不多，但内容各异，侧重点也不同，有的偏向理论，有点偏向实务。本书是立足于会计准则，借鉴了现有的不同版本的《高级财务会计》教材、企业会计准则、会计准则相关讲解教材、会计准则应用指南及中外有关会计理论方面的著作，设置了十一个专题，介绍高级财务会计的基本理论和基本方法。

每一章除了基本的内容外，增加了知识结构、学习目标、导入案例、配套案例分析、练习与思考及拓展阅读等内容。立足基础，突出应用型本科教学的特点，内容构成丰富，帮助学生理解和掌握学习内容。在内容的编排上本着循序渐进的原则，合理安排内容，教学重点与难点进行了科学的设置，重点和难点有序错开，有效地避免了高级财务会计就是合并报表和衍生工具的思维模式。

如何编写一本融知识性、简洁实用性为一体的教材，如何将复杂的问题阐述得通俗易懂，使其成为一本适合本科生教学使用的优秀教材，是我们的编写的出发点和愿望。为实现这个愿望，我们进行了认真的讨论与研究，本书以"应用型"人才培养模式为切入点，以培养符合当代社会需要的高级会计人才为目标，以《企业会计准则)》为依据，力求做到初、中、高级课程间的衔接，编写内容与我国现行会计改革同步，尽量反映最新会计理论研究成果、会计实务工作经验和最新的法律、法规。在编写过程中，注重知识的连贯性和理论上的衔接，力求简练而又不失系统。

本教材由魏朱宝教授负责策划、组织，并进行最后统稿。由魏朱宝担任主编，具体编写分工为：高莉编写第一、十章、肖峻编写第二章、陈晨编写第三、四章、魏朱宝编写第五、六章、毛腊梅编写第七章、杨英写第八、九章、黄娟莉编写第十一章。

由于编者水平有限，对高级财务会计内容认识上存在有不断渐进的过程，不论是从教学内容,还是教学思想、教学方法上,《高级财务会计》都存在较大的探讨空间。书中不足之处在所难免,恳请各位专家、学者指教,以便我们在以后的修订中加以完善,在此表达深深的谢意。

编者
2018年1月

目录

001 第一章 租赁会计

- 003 第一节 租赁会计概述
- 009 第二节 经营租赁的会计处理
- 013 第三节 融资租赁的会计处理
- 026 第四节 售后租回的会计处理

034 第二章 职工薪酬会计

- 036 第一节 职工薪酬会计概述
- 039 第二节 短期薪酬的确认和计量
- 042 第三节 离职后福利的确认和计量
- 050 第四节 辞退福利的确认和计量
- 053 第五节 其他长期福利的确认和计量

058 第三章 股份支付会计

- 060 第一节 股份支付会计概述
- 065 第二节 以权益结算的股份支付的确认与计量
- 069 第三节 以现金结算的股份支付的确认与计量
- 072 第四节 股份支付的特殊问题与信息披露

081 ▷ 第四章
外币业务会计

- 083 ▶ 第一节 外币业务概述
- 087 ▶ 第二节 外币交易的会计处理
- 094 ▶ 第三节 外币财务报表折算

102 ▷ 第五章
金融资产转移

- 105 ▶ 第一节 金融资产转移的概述
- 107 ▶ 第二节 金融资产转移确认
- 113 ▶ 第三节 金融资产转移的会计处理

124 ▷ 第六章
衍生金融工具会计

- 126 ▶ 第一节 衍生金融工具会计概述
- 132 ▶ 第二节 投机获利会计
- 148 ▶ 第三节 套期会计

161 ▷ 第七章
长期股权投资

- 163 ▶ 第一节 长期股权投资取得的计价
- 174 ▶ 第二节 长期股权投资的后续计量
- 184 ▶ 第三节 长期股权投资处置

188 第八章 企业合并

- 190 第一节 企业合并概述
- 197 第二节 同一控制下的企业合并会计处理
- 205 第三节 非同一控制下企业合并的会计处理

220 第九章 合并财务报表

- 222 第一节 合并财务报表概述
- 230 第二节 长期股权投资与所有者权益的合并处理
- 245 第三节 内部商品交易的抵销处理
- 252 第四节 内部债权债务的抵销处理
- 254 第五节 内部固定资产交易的处理
- 259 第六节 合并现金流量表的编制

265 第十章 分部报告

- 267 第一节 分部报告综述
- 267 第二节 报告分部及其确定方法
- 275 第三节 分部信息的披露

282 第十一章 企业重组与清算会计

- 284 第一节 企业重组与清算概述
- 287 第二节 企业重组会计
- 299 第三节 企业清算会计

第一章

>>>>>>> 租赁会计

本章知识结构

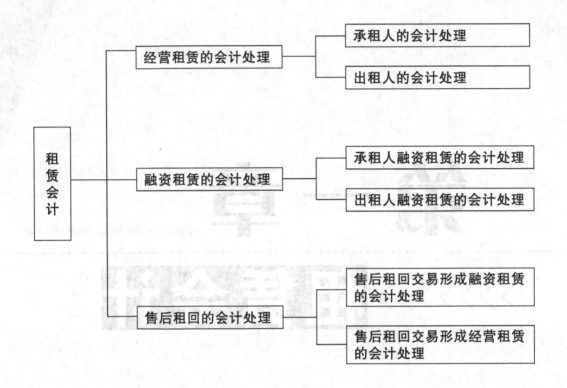

学习目标	1. 了解租赁的含义和分类以及发展历程。 2. 理解租赁的相关概念，掌握融资租赁与经营租赁的分类标准。 3. 熟练运用本章知识进行融资租赁或经营租赁下承租人与出租人的会计处理以及售后租回的会计处理。

第一章 租赁会计

引入案例

中国南方航空集团公司成立于2002年10月11日,为了迅速扩大规模,公司主要采取租赁飞机的模式而不是购买飞机的模式开展经营。其通过开展飞机租赁业务,可以充分利用租赁杠杆手段,用以适应拓展和开通地区、国际航线的需要以及扩大支线航空运营机队规模、解决航空运力问题的需要,使其在短期内迅速提高航空公司的市场占有率,实现跨越式发展。但是不同租赁方式的会计核算对企业财务有不同的影响,接下来我们在本章学习各种租赁方式对会计核算等方面有哪些具体影响。

第一节 租赁会计概述

一、租赁的含义及其特征

在市场经济条件下,租赁业务作为企业融资的一种重要形式,需求日益增长,相应地,有越来越多的企业通过租赁的形式获取相关资产的使用权。我国《企业会计准则第21号——租赁》(以下简称《租赁准则》),将租赁定义为:在约定的期间内,出租人将资产使用权让与承租人,以获取租金的协议。

租赁有狭义和广义之分。狭义的租赁又称"现代租赁",指以融资租赁为目的,以设备等资产为主要对象,各方均应履行租约中约定义务的租赁。广义的租赁泛指一切财产使用权的有偿转让活动,不仅包括现代租赁,还包括为满足短期、临时需要的或以不动产为对象,不立契约的财产使用权转让活动。

租赁作为一种特殊经济行为的协议,主要特征表现在以下三个方面。

(一)所有权与使用权的分离

在合同规定的租赁期内,出租人始终拥有租赁资产的所有权,转移的是资产的使用权,以取得一定的租金作为回报。承租人取得资产的使用权,同时支付租金,从而使租赁有别于资产购置和不转移资产使用权的服务行为和无偿提供使用权的借用行为。

(二)融资与融物相结合

由于租赁的存在，出租人和承租人之间形成了债权债务关系，这种关系是以融物形式达到融资的目的。从融物角度来看，租赁与分期付款购买资产就其还款形式看似乎有相似之处，但其交易动机存在本质区别。分期付款购买资产是为了取得该资产的所有权，一旦货款结清，资产所有权将自动归于购买者。而租赁方式下获取资产，并非为了获取资产所有权，只是在租赁期内获取资产的使用权。

从融资角度看，租赁和贷款都是为企业提供资金并收取利息，贷款是一种纯粹的融资行为；而租赁行为中利息包含在租金之中，在租赁方式下体现的不仅是承租人与出租人之间的融资行为，它同时是一种融物行为。这种融物性是租赁与贷款的最大区别。另外，贷款合同标的物为一定量的"货币"，而租赁合同标的物为一定量的"实物性资产"。

(三)方式灵活多样

与购买相比，租赁是一种灵活方便的交易方式，在这种方式下，出租人对承租人的限制和要求相对较少，这既可以满足承租人短期或临时使用资产的需要，也可以解决承租人需要长期拥有某种资产，但一次性支付能力不足的困难。租期的选择也灵活多样，短的几个月，长的数年。租期届满，租赁资产的处理方式也灵活多样，可以由承租人留购或续租，或是退还出租人。

二、租赁的分类

租赁业务多种多样，从不同角度，按不同分类方式可将其分为不同的种类。

(一)按与租赁资产所有权有关的风险和报酬是否转移分类

根据租赁的目的，以与租赁资产所有权有关的风险和报酬是否转移给承租人为依据，可将租赁分为融资租赁和经营租赁两种形式。国际会计准则和世界上许多国家和地区的会计准则均采用此分类方法。我国《租赁准则》也采用了这一分类方法。

融资租赁是指实质上转移了与资产所有权有关的全部风险和报酬的租赁，其所有权最终有可能转移，即由承担人购买或无偿获得这项租赁资产的所有权，也可能不转移。

经营租赁是指与租赁资产所有权有关的风险和报酬实质上未转移给承租人的租赁。经营租赁资产的所有权不会发生转移，在租赁期届满后，承租人有退租或续租的选择权，但不存在购买或无偿拥有租赁资产所有权的情况。

融资租赁和经营租赁是租赁业务最基本的分类。企业应根据"实质重于形式"的原则，以与租赁资产所有权有关的风险和报酬是否转移为标准，不应以租赁资产所有权是否转移为标准。其中，"与租赁资产所有权有关的风险"是指生产能力的闲置或工艺技术的陈旧可能造成的损失，以及某些情况变动可能造成的相关收入的减少。"与租赁资产所有权有关的报酬"，是指在资产的有效使用年限内直接使用租赁资产可能获得的经济利益，以及因资产升值或变卖余值可能实现的收入。

我国《租赁准则》第六条规定，满足下列标准之一的，即应认定为融资租赁，除融资租赁以外的租赁均为经营租赁。

第一，在租赁期届满时，租赁资产的所有权转移给承租人。如果在租赁协议中已经约定，或者根据其他条件在租赁开始日就可以合理地判断，租赁期届满时出租人会将资产的所有权转移给承租人，那么该项租赁应当认定为融资租赁。

第二，承租人有购买租赁资产的选择权，所订立的购买价款预计将远低于行使选择权时租赁资产的公允价值，因而在租赁开始日就可以合理确定承租人将会行使这种选择权。

例如，出租人和承租人签订了一项租赁协议，租赁期限为6年，租赁期届满时承租人有权以5万元的价格购买租赁资产，在签订租赁协议时估计该租赁资产租赁期届满时的公允价值为40万元，由于购买价格仅为公允价值的12.5%（远低于公允价值40万元），如果没有特别的情况出现，承租人在租赁期届满时将会购买该项资产。在这种情况下，在租赁开始日即可判断该项租赁应当认定为融资租赁。

第三，即使资产所有权不转移，但租赁期占租赁资产使用寿命期限的大部分。这里的"大部分"掌握在租赁期占租赁开始日租赁资产使用寿命期限的75%以上（含75%，下同）。需要说明的是，这里的量化标准适用于租赁资产比较新的情况，如果租赁资产是旧资产，在租赁前其使用年限超过资产自全新时起算可使用年限的75%以上时，则这条判断标准不适用，不能使用这条标准确定租赁的分类。

例如，某项租赁设备全新时可使用年限为15年，已经使用了3年，从第4年开始租出，租赁期为10年，由于租赁开始时该设备使用寿命为12年，租赁期占使用寿命83.3%（10年/12年），符合本条标准，因此，该项租赁应当归类为融资租赁。如果从第4年开始，租赁期为8年，租赁期占使用寿命的66.7%（8年/12年），就不符合本条标准，因此该项租赁就不应认定为融资租赁（假定也不符合其他判断标准）。假如该项设备已经使用了12年，从第13年开始租赁，租赁期为3年，虽然租赁期为使用寿命的100%（3年/3年），但由于在租赁前该设备的已使用年限超过了可使用年限的80%（12年/15年），因此，也不能采用这条标准来判断租赁的分类。

第四，承租人租赁开始日的最低租赁付款额的现值，几乎相当于租赁开始日租赁资产公允价值；出租人在租赁开始日最低租赁收款额的现值，几乎相当于租赁开始日租赁资产公允价值。这里的"几乎相当于"，通常在90%以上。

需要说明的是，以上第三条提及的75%和第四条提及的90%的量化标准只是指导性标准，企业在具体运用时，必须以准则规定的相关条件进行判断。

第五，租赁资产性质特殊，如果不做较大改造，只有承租人才能使用。这条标准是指租赁资产是由出租人根据承租人对资产型号、规格等方面的特殊要求专门购买或建造的，具有专购、专用性质。这些租赁资产也应当认定为融资租赁。

● **（二）按出租人取得租赁资产的来源和方式分类**

以出租人取得租赁资产的来源和方式为标准，可将租赁分为直接租赁、销售型租赁、杠杆型租赁、售后租赁、转租租赁等。

直接租赁是指出租人将自行购入的资产租给承租人并收取租金的租赁。出租人可以将租赁资产以融资租赁或经营租赁方式租出。

销售型租赁是指具有销售性质的租赁。它是制造商或经销商销售商品的一条途径，即制造商或经销商作为出租人，将其制造或经销的商品提供给承租人使用，收取一定的租金。在这种情况下，出租人获取的收益不仅含融资收益，还包括产销差价或进销差价。销售型租赁与分期付款方式较为接近，主要区别在于，前者资产所有权没有转移，后者资产所有权发生了转移。

杠杆租赁又称为"举债经营租赁"，是指出租人只垫支购买资产所需资金的一部分（一般为20%~40%），其余部分则以所购资产做担保向贷款人借款支付，再将资产出租给承租人使用，并按合同收取租金。在这种情况下，出租人同时又是借款人，需将收取的租金首先用于偿还贷款，否则租赁资产的所有权就可能转移给贷款人。杠杆租赁最早起源于美国，是一种级别较高的租赁方式，一般适用于那些价值较高，使用时间较长的大型和长期的租赁业务。

售后租回是一种特殊形式的租赁业务，是指卖主（承租人）将资产出售给买方（出租人）后再向其租回，将资产销售和资产租赁融为一体的交易，简称"回租"。

售后租回业务包括两个方面的交易内容，一是承租人与出租人的资产买卖，二是承租人与出租人的资产租赁。在这种租赁方式下，卖方同时是承租人，买方同时是出租人。承租人通过售后租回，在不影响其对租赁资产的占有、使用和获取收益的前提下，将一次性的固定投入转化为未来的分次支出，可以既保证正常的生产经营活动，又能有效地缓解自身的资金压力，是一种灵活的租赁方式。售后租回也可以分为融资租赁和经营租赁两种形式。

转租租赁是指租赁公司先作为承租人取得资产，再作为出租人将资产租给直接使用资产的承租人，从而形成双层租赁关系的租赁行为。这种租赁业务的中间人要从租入、租出之间的租金差额中获取转租收益。中间人既可采用融资租赁和经营租赁两种方式租入资产，也可以采用这两种方式租出资产。

三、租赁的相关概念

（一）租赁期

租赁期是指租赁合同规定的不可撤销的租赁期间。如果合同规定承租人有权选择期满继续租赁该资产，续租的租金预计将远低于当时的正常租金，那么在租赁开始日就可以合理确定承租人有届满优惠购买租赁资产的选择权，而且购买价格将远低于其当时租赁资产的公允价值，那么在租赁开始日就可以合理确定承租人将会行使这种选择权，则租赁期应自租赁开始日至约定的优惠购买选择权行使日止。假设2015年1月，A公司与B公司签订了一份租赁合同，合同规定租赁期5年，租赁期届满后承租人B公司可以以每年1万元的租金续租2年，预计租赁期届满时租赁资产每年的正常租金为6万元。本例中，虽然合同规定的租赁期只有5年，但续租租金远低于正常租金，因此，几乎可以肯定，承租人将来一定会行使续租权。因此该项租赁的租赁期为7年。

（二）租赁开始日、租赁期开始日

租赁开始日，是指租赁协议日与租赁各方就主要租赁条款作出承诺日中的较早者。从实质上看，又可将其解释为资产投入的日期和第一次收取租金日期中较早的一个日期。在租赁开始日，承租人和出租人应当将租赁认定为融资租赁或经营租赁，并确定在租赁期开始日应确认的金额。

租赁期开始日是指承租人有权行使其使用租赁资产权利的日期，表明租赁行为的开始。在租赁期开始日承租人应当对租入资产、最低租赁付款额和未确认融资费用进行初始确认；出租人应当对应收融资租赁款、未担保余值和未实现融资收益进行初始确认。可见，租赁期开始日既是租赁资产使用权转移的日期，也是会计上对租赁业务进行初始确认的日期。

租赁开始日一般早于租赁期开始日。例如，甲公司与乙公司于2015年12月23日签订融资租赁合同，租赁期为2年，即2016年1月1日到2017年12月31日。则租赁开始日为2015年12月23日，该日应对租赁进行分类；租赁期开始日为2016年1月1日，该日应当对融资租赁资产进行初始确认。

（三）资产余值、担保余值、未担保余值

资产余值是指在租赁开始日合理估计的租赁期届满时租赁资产的公允价值。资产余值是合理确定担保余值和未担保余值的基础。

在融资租赁的情况下，租赁期与租赁资产的使用寿命并不一定相同，为了促使承租人谨慎并爱护地使用租赁资产，尽量减少出租人自身的风险和损失，租赁协议有时要求承租人或与其有关的第三方对租赁资产的余值进行担保，以便使租赁资产的实际余值与估计余值相等。若租赁期满时租赁资产的余值小于承租人担保的余值，则出租人可依据合同协议规定向承租人或其有关的第三方索赔。若对余值或余值的一部分进行了担保，则称为"担保余值"；若对余值或余值的一部分未进行担保，由出租人自身负担的那部分价值，则称为"未担保余值"。

担保余值，就承租人而言，即指由承租人或与其有关的第三方担保的资产余值。这里的"与其有关的第三方"是指在业务经营和财务上与承租人有关的各方，如承租人的母公司等；就出租人而言，担保余值是指就承租人而言的担保余值加上与承租人和出租人均无关，但在财务上有能力担保的第三方，如担保公司担保的资产余值。

未担保余值，即租赁资产余值中扣除就出租人而言的担保余值以后的资产余值。对于出租人而言，如果租赁资产余值中包含未担保余值，表明这部分余值的风险和报酬并没有转移，其风险应由出租人承担，这部分余值能否收回没有可靠的保证。因此，未担保余值不能作为应收融资租赁款的一部分。例如：一台价值289万元的设备，租赁期为6年，租赁开始日估计的租赁期满时的公允价值为16万元。租赁合同规定，该设备由承租人担保10万元，承租人的母公司担保2万元，由独立的担保公司担保3万元，则未

担保余值为1万元。

(四) 初始直接费用

初始直接费用是指承租人和出租人在租赁谈判和签订租赁合同过程中发生的,可直接归属于租赁项目的相关费用,主要包括印花税、佣金、律师费、差旅费、谈判费等。

(五) 租金、或有租金

租金是指承租人在租赁期内因拥有租赁资产使用权而应支付给出租人的使用费。或有租金是指金额不固定、以时间长短以外的其他因素(如销售量、使用量、物价指数等)为依据计算的租金。

(六) 履约成本

履约成本是指承租人在租赁期内为了有效使用租赁资产而支付的各种相关费用,如技术咨询和服务费、人员培训费、维修费、保险费等。对于承租人而言,履约成本通常作为期间费用,计入当期损益。

(七) 最低租赁付款额、最低租赁收款额

最低租赁付款额是指在租赁期内,承租人应支付或可能被要求支付的款项(不包括或有租金和履约成本),加上由承租人或与其有关的第三方担保的资产余值。若承租人有租赁期满优惠购买租赁资产的选择权,且所订立的购买价款预计将远低于行使选择权时租赁资产的公允价值,因而在租赁开始日就可以合理确定承租人将会行使这种选择权的,那么优惠购买价款应当计入最低租赁付款额。

最低租赁收款额是指在租赁期内,出租人向承租人收取的各种款项,包括最低租赁付款额加上独立于承租人和出租人的第三方的担保余值。

最低租赁付款额是针对承租人而言,在租赁开始日就可以确定的、承租人必须向出租人支付的最小金额。最低租赁收款额是针对出租人而言,在租赁开始日就可以确定的,出租人将能够向承租人收取的最小金额。后者应当等于或大于前者。

(八) 租赁内含利率

租赁内含利率是指在租赁开始日,使最低租赁收款额的现值与未担保余值的现值之和等于租赁资产公允价值与出租人的初始直接费用之和的折现率。租赁内含利率是出租人摊销未实现融资收益、确定每期租赁收益的主要指标,也是承租人摊销未确认融资费用、确定每期租赁成本的有用指标。

(九) 租赁投资净额

租赁投资净额是指出租人最低租赁收款额及未担保余值之和与未实现融资收益之间的差额。租赁投资净额是出租人融资租赁资产的投资本金,是计算出租人每期租金收益(即每期未实现融资收益的摊销额)的计算基础。

第二节 经营租赁的会计处理

一、承租人对经营租赁的会计处理

在经营租赁中,由于承租人租赁资产只是为了满足经营上的临时需要,不涉及与租赁资产所有权相关的风险和报酬转移问题,因此,承租人经营性租入的资产不能作为本企业的资产入账,也不必计提折旧。

(一)租金的会计处理

在经营租赁下,承租人不必将租赁资产资本化,只需将支付或应付的租金按一定的方法计入相关资产成本或当期损益。

承租人应当将经营租赁期间发生的租金在租赁期内各个期间按照直线法或其他更为系统合理的方法(比如根据租赁资产的使用量来确认租金费用)计入相关资产成本或当期损益。例如,某企业租入一台机床,根据机床的工作小时来确认当期应分摊的租金费用比按直线法确认更为合理。

在某些情况下,出租人可能对经营租赁采取激励措施,如免租期、承担承租人的某些费用等。在出租人给予免租期的情况下,承租人应在整个租赁期内,而不是在租赁期扣除免租期后的期间内,按直线法或其他合理的方法对租金总额进行分配,免租期内应确认租金费用。在出租人承担了承租人的某些费用的情况下,应将该费用从租金总额中扣除,并将租金收入余额在租赁期内进行分摊。

例如,甲公司于2015年1月1日采用经营租赁方式从乙公司租入机器设备一台,租期为4个月,设备价值为200万元,预计使用年限为6年。租赁合同规定,第1个月免租金,第2个月至第4个月的租金分别为3.6万元、3.4万元、2.6万元;第2年至第4年的租金每月月初支付,2015年1月1日甲公司应就此项租赁确认的租金费用应该为(3.6+3.4+2.6)/7(万元)。

承租人确认的租金费用,借记"制造费用""销售费用""管理费用""在建工程"等科目,贷记"银行存款"等科目。此外,为了保证租赁资产的安全性和有效使用,承租人应当设置"经营性租赁资产"备查簿,用以反映和监督租赁资产的使用、盘存和归还情况。

(二)初始直接费用的处理

对于承租人在经营租赁中发生的初始直接费用,应计入当期损益。其账务处理为借记"管理费用"等科目,贷记"银行存款"等科目。

(三)或有租金的处理

在经营租赁下,承租人对或有租金的处理一般是在实际发生时计入当期损益。

对于以销售量、使用量为依据计算并支付的或有租金,应借记"销售费用"等科目,贷记"银行存款"等科目。

对于以物价指数为依据计算并支付的或有租金，应借记"财务费用"科目，贷记"银行存款"等科目。

●（四）承租人对经营租赁的信息披露

承租人应当在报表附注中披露下列与经营租赁有关的信息：资产负债表日后连续三个会计年度，每年将支付的最低租赁付款额，以及以后年度将支付的不可撤销经营租赁的最低租赁付款额总额。

二、出租人对经营租赁的会计处理

在经营租赁中，与租赁资产所有权有关的风险和报酬并没有实质上转移给承担人，因此出租人用于经营租赁的固定资产仍属于出租人自有的固定资产。因此，经营性出租资产在会计上仍作为自有资产核算，将用于出租的固定资产与企业自用的固定资产分开进行明细核算。从事经营租赁资产的出租人可以是专业租赁公司，也可以是非专业租赁公司。专业租赁公司对于经营租赁业务可以设置"经营性租赁资产""经营性租赁资产折旧""租赁收入"等会计科目。

●（一）购入经营租赁资产的会计处理

专业租赁资产公司购入经营租赁资产时，应按租赁资产的实际成本，借记"经营租赁资产——未出租资产"科目，贷记"银行存款"等科目；经营租赁资产用于出租时，应借记"经营性租赁资产——已出租资产"科目，贷记"经营性租赁资产——未出租资产"科目。非专业租赁公司购入租赁资产，按类似正常的资产购入进行会计处理。

●（二）租金的会计处理

在一般情况下，出租人应采用直线法或其他更为系统合理的方法，将收到的租金在租赁期内确认为收益。在出租人提供免租期的情况下，出租人应当将租金总额在包括免租期在内的整个租赁期内进行合理分配，即在免租期也应该确认一定的租赁收入；在出租人承担了承租人的某些费用的情况下，出租人应当将其从应收租金总额中扣除，余下的部分再进行合理的分配。

出租人应当根据应确认的收益，借记"银行存款""其他应收款"等科目，贷记"租赁收入"（专业租赁公司）"其他业务收入"（非专业租赁公司）科目。

●（三）初始直接费用的处理

经营租赁中出租人发生的手续费、律师费、差旅费、印花税等初始直接费用，一般应当在发生时计入当期损益，借记"管理费用"等科目，贷记"银行存款"等科目。如果初始直接费用金额较大，可以予以资本化，在整个经营租赁期间内按照与确认租金收入相同的基础分期计入当期损益。

(四)租赁资产折旧的计提

对于经营租赁资产中的固定资产,应当采用出租人对类似应计提折旧资产通常所采用的折旧政策计提折旧。专业租赁公司计提折旧,应借记"主营业务成本——折旧费"科目,贷记"经营租赁资产折旧"科目。非专业租赁公司计提折旧,应借记"其他业务成本"科目,贷记"累计折旧"科目。

(五)或有租金的会计处理

在经营租赁下,出租人一般在或有租金取得或实际发生时直接计入当期损益。借记"银行存款"等科目,贷记"租赁收入"(专业租赁公司)、"其他业务收入"(非专业租赁公司)等科目。

(六)出租人对经营租赁的信息披露

出租人应披露各类经营租赁资产的账面价值。如果是专业租赁公司,应在资产负债表"长期资产"项目下单独列示以经营租赁方式租出的固定资产原值、累计折旧及净值。应在利润表中单独列示或与其他同类项目合并列示经营租赁的租赁收益、出租资产各期的折旧额、租赁开始前发生的各项直接费用。

【例1-1】A租赁公司于2014年12月19日购入机器设备一台,价值为27万元,预计使用年限为12年,无残值,采用直线法计提折旧。B公司于2015年1月1日采用经营租赁方式从A租赁公司租入该机器设备,租期为3年。租赁合同规定:租赁开始日B公司向A租赁公司一次性预付租金5万元。第一年年末支付租金2万元,第2年年末支付租金2万元,第三年年末支付租金3万元。B公司和A租赁公司在签订租赁合同时分别发生律师费2000元和3000元。在2016年12月1日,B公司对租入的机器设备进行了一次小维修,维修费为5000元。

要求:为承租人(B公司)和出租人(A租赁公司)进行会计处理。

租金总额:5+2+2+3=12(万元)

每年分摊的租金:12÷3=4(万元)

承租人(B公司)的会计处理如下:

2015年1月1日

  借:管理费用   2000
    贷:银行存款   2000
  借:长期待摊费用   50000
    贷:银行存款   50000

2015年12月31日

  借:制造费用——租赁费   40000
    贷:银行存款   20000
      长期待摊费用   20000

2016年12月1日
   借：制造费用——维修费   5000
    贷：银行存款   5000
2016年12月31日
   借：制造费用——租赁费   40000
    贷：银行存款   20000
     长期待摊费用   20000
2017年12月31日
   借：制造费用——租赁费   40000
    贷：银行存款   20000
     长期待摊费用   20000

出租人（A租赁公司）的会计处理如下：
2014年12月19日
   借：经营租赁资产——未租出资产   270000
    贷：银行贷款   270000
2015年1月1日
   借：经营租赁资产——已租出资产   270000
    贷：经营租赁资产——未租出资产   270000
   借：管理费用   3000
    贷：银行存款   3000
   借：银行存款   50000
    贷：预收账款   50000
2015年12月31日
   借：银行存款   20000
     预收账款   20000
    贷：租赁收入   40000

每年的折旧费＝27÷12＝2.25（万元）

   借：主营业务成本——折旧费   22500
    贷：经营租赁资产折旧   22500
2016年12月31日
   借：银行存款   20000
     预收账款   20000
    贷：租赁收入   40000

年末计提折旧分录同上。

2017年12月31日
   借：经营租赁资产——未出租资产   270000
    贷：经营租赁资产——已出租资产   270000

第三节 融资租赁的会计处理

与经营租赁相比，融资租赁的会计处理要复杂一些，涉及的会计问题也较多。核心问题包括承租人和出租人在租赁开始日的会计确认和计量，以及在租赁期内按照实际利率法分摊未确认融资费用及未实现融资收益等。下面将从承租人和出租人的角度分别阐述融资租赁的会计处理方法。

一、承租人融资租赁的确认与计量

（一）承租人特殊会计科目的设置

"固定资产——融资租入固定资产"科目（资产类）：用来核算承租人以融资租赁方式取得的固定资产的价值。借方登记租赁开始日收到的融资租赁固定资产的成本（租赁资产公允价值与最低租赁付款现值二者中较低者加上初始直接费用），贷记登记租赁期满返还出租人或因购买而转入自用的固定资产的成本。

"长期应付款——应付融资租赁款"科目（负债类）：用来核算承租人以融资租赁方式取得固定资产时所产生的长期负债。贷方用来登记租赁开始日形成的应支付给出租人的最低租赁付款额，借方登记按期偿还的租金以及租赁期届满承租人留购租赁资产的金额或租赁期届满返还租赁资产的担保余值的金额。

"未确认融资费用"科目（负债类）：未确认融资费用是"长期应付款"科目的备抵科目，用来核算企业应当按照实际利率法等计算并分摊计入利息费用的融资费用。借方登记企业在融资租赁等业务中发生的未确认融资费用金额，贷方登记每期摊销计入财务费用的金额。余额在借方，反映企业未确认融资费用的摊余价值。

（二）租赁期开始日的会计处理

在租赁期开始日，承租人应将租赁开始日租赁资产公允价值与最低租赁付款额现值两者中的较低者作为租入资产的入账价值，将最低租赁付款额（概念见第一节）作为长期应付款的入账价值，其差额作为确认融资费用。承租人在租赁谈判和签订租赁合同的过程中发生的，可直接归属于租赁项目的初始直接费用，通常包括印花税、佣金、律师费、差旅费、谈判费等，应当在租赁开始日计入租入资产的价值。

承租人在计算最低租赁付款额的现值时，必须选择合理的折现率，选择步骤如下。

如果知悉出租人的租赁内含利率，应当将出租人的租赁内含利率作为折现率；否则，应当将租赁合同规定的利率作为折现率。其中，"租赁内含利率"是指在租赁开始日，使最低租赁收款额的现值与未担保余值的现值之和等于租赁资产公允价值与出租人的初始直接费用之和的折现率。

如果出租人的租赁内含利率和租赁协议规定的利率均无法知悉，应当将同期银行贷款利率作为折现率。

租赁期开始日的会计处理如下：

借：固定资产——融资租入固定资产

（租赁资产公允价值与最低租赁付款额现值二者中较低者＋初始直接费用）

　　未确认融资费用　　　　　　　　　　　　（差额）

　贷：长期应付款——应付融资租赁款　　　　（最低租赁付款额）

　　　银行存款　　　　　　　　　　　　　　（初始直接费用）

●（三）未确认融资费用的分摊

在融资租赁方式下，承租人向出租人支付的租金中，包含了本金和利息两部分。承租人支付租金时，一方面应减少长期应付款，另一方面应同时将未确认的融资租赁费用按一定的方法确认为当期融资费用。按照《租赁准则》的规定，承租人应当采用实际利率法来分摊未确认的融资费用，将承租人在租赁期开始日确认的"未确认融资费用"在整个租赁期内予以分摊。

在采用实际利率法的情况下，承租人应根据租赁期开始日租赁资产入账价值的不同情况，合理选择分摊率。未确认融资费用分摊率的确定如表1-1所示。

表1-1　未确认融资费用分摊率的确定

租赁资产入账价值		未确认融资费用的分辨率
最低租赁付款额的现值	以出租人的租赁内含利率为折现率	租赁内含利率
	以租赁合同规定的利率为折现率	合同规定的利率
	以同期银行贷款利率为折现率	银行同期贷款利率
公允价值		使最低租赁付款额的现值等于租赁资产公允价值的折现率

未确认融资费用分摊应借记"财务费用"科目，贷记"未确认融资费用"科目。

●（四）租金支付的会计处理

承租人应于期末按照支付的租金的金额，借记"长期应付款——应付融资租赁款"科目，贷记"银行存款"科目。

●（五）计提租赁资产折旧的会计处理

承租人应采用与自有应折旧固定资产相一致的折旧方法，一般有直线法、工作量法、双倍余额递减法、年数总和法等。如果承租人或与其有关的第三方对租赁资产余值提供了担保，则应计折旧总额为租赁期开始日固定资产的入账价值扣除担保余值后的余额；如果承租人或与其有关的第三方未对租赁资产余值提供了担保，应计折旧总额为租赁期开始日固定资产的入账价值。

对租赁资产的折旧期间，应用租赁资产期满的处理方法来确定。在租赁期开始日，如果能够合理确定租赁期届满时承租人将会取得租赁资产所有权，即可认为承租人拥有该项资产的全部使用寿命，因此应以租赁期开始日租赁资产的尚可使用寿命作为折旧期间；如果无法合理确定租赁期届满后承租人是否能够取得租赁资产的所有权，应以租赁期与租赁资产寿命两者中较短者作为折旧期间。

（六）履约成本的会计处理

履约成本是指租赁期内为租赁资产支付的各种使用费用，如技术咨询和服务费、人员培训费、维修费、保险费等，通常应计入当期损益。

（七）或有租金的会计处理

或有租金是指金额不固定、以时间长短以外的其他因素（如销售量、使用量、物价指数等）为依据计算的租金。由于或有租金的金额不固定，无法采用系统合理的方法对其进行分摊，因此或有租金在实际发生时计入当期损益。

对于以销售量、使用量为依据计算并支付的或有租金，应借记"销售费用"等科目，贷记"银行存款"等科目。

对于以物价指数为依据计算并支付的或有租金，应借记"财务费用"科目，贷记"银行存款"等科目。

（八）租赁期届满时的会计处理

租赁期届满时，承租人对租赁资产的处理通常有三种情况：返还租赁租赁资产、优惠续租租赁资产和留购租赁资产。

返还租赁资产，租赁期届满，承租人向出租人返还租赁资产时，通常借记"长期应付款——应付融资租赁款""累计折"科目，贷记"固定资产——融资租入固定资产"科目。

优惠续租租赁资产，承租人行使优惠续租选择权，应视同该项租赁一直存在而作出相应的账务处理。如果租赁期届满时没有续租，根据租赁合同规定须向出租人支付违约金时，借记"营业外支"科目，贷记"银行存款"等科目。

留购租赁资产，在承租人享有优惠购买选择权的情况下，支付购买价款时，借记"长期应付款——应付融资租赁款"科目，贷记"银行存款"等科目；同时将固定资产从"融资租入固定资产"明细科目转入"自有固定资产"的明细科目。借记"固定资产——生产用固定资产"科目，贷记"固定资产——融资租入固定资产"科目。

（九）承租人对融资租赁的信息披露

在资产负债表日，承租人应当将与融资租赁相关的长期应付款减去未确认融资费用的差额，在资产负债表中的"长期负债"与"一年内到期的长期负债"中列示。同时，应在财务报表附注中披露与融资租赁有关的下列信息：各类租入固定资产的期初和期末原价、累计折旧额；资产负债表日后连续三个会计年度每年将支付的最低租赁付款额，以及以后年度将支付的最低租赁付款额总额；未确认融资费用的金额，以及分摊未确认融资费用所采用的方法。

下面将以一个综合例子,具体说明承租人融资租赁的会计处理。

【例1-2】2011年12月31日,A公司与B公司签订了一份租赁合同,向B公司租入机床一台,机床当天运抵A公司。合同主要条款如下。

(1) 租赁标的物:机床。

(2) 起租日:2012年1月1日。

(3) 租赁期:2012年1月1日—2015年12月31日,共48个月。

(4) 租金支付:自租赁期开始日,每年末支付租金500000元。

(5) 该机床的保险、维护等费用均由A公司负担,估计每年25000元。

(6) 该设备在2012年1月1日的公允价值为1770000元。

(7) B公司租赁内含利率未知,租赁合同规定的利率为7%,同期银行贷款利率为8%。

(8) A公司在租赁谈判的签订租赁合同过程中发生可归属于租赁项目的律师费10000元、差旅费18000元。

(9) 该机床的估计使用年限为7年,已使用2年,期满无残值。A公司采用年数总和法计提折旧。

(10) 租赁期届满时,估计机床余值为160000元,其中A公司担保140000元。

(11) 合同约定,如果A公司用该机床生产出来的产品的年销售收入超过400000元,则按年销售收入的6%向B租赁公司支付经营分享收入,并在年末支付。A公司用该机床生产出来的产品的年销售收入分别是,2012年360000元、2013年500000元、2014年550000元、2015年390000元。

(12) 租赁届满时,A公司将机床归还给B公司。

要求:根据上述资料,为承租人(A公司)进行会计处理。

步骤一:计算最低租赁付款额、最低租赁付款额的现值、租赁资产公允价值

(1) 最低租赁付款额=各期租金之和+A公司的担保余值
$$=500000\times 4+140000=2140000(元)$$

(2) 最低租赁付款额的现值=各期租金的现值之和+A公司的担保余值的现值
$$=500000\times (P/A, 7\%, 4)+140000\times (P/F, 7\%, 4)$$

查表得知:$(P/A, 7\%, 4)=3.3872$;$(P/F, 7\%, 4)=0.7629$

最低租赁付款额的现值$=500000\times 3.3872+140000\times 0.7629$
$$=1693600+106806=1800406(元)$$

(3) 租赁资产公允价值为1770000元。

步骤二:判断租赁类型

本例中由于租赁期4年占租赁资产尚可使用寿命5年的80%,符合融资租赁第3条判断标准。另外,最低租赁付款额的现值为1800406元,大于租赁资产公允价值1770000元的90%,符合《融资租赁》第4条判断标准。

因此,这项租赁应当认定为融资租赁。

步骤三:编制租赁期开始日的会计分录

根据公允价值与最低租赁付款额现值孰低原则，考虑 A 公司的初始直接费用为28000元，应将该机床的公允价值1770000元与初始直接费用28000元之和，即1798000元，作为租赁资产的入账价值。将最低租赁付款额2140000元作为长期应付款的入账价值。

未确认融资费用＝长期应付款入账价值（2140000元）－租赁资产的公允价值（1770000元）＝370000（元）

借：固定资产——融资租赁固定资产　　　　1798000
　　确认融资费用　　　　　　　　　　　　　370000
　贷：长期应付款——应付融资租赁款　　　　2140000
　　　银行存款　　　　　　　　　　　　　　　28000

步骤四：分摊未确认融资费用

（1）计算未确认融资费用。

由于租赁资产入账价值为其公允价值，因此未确认融资费用的分摊率是使最低租赁付款额的现值等于租赁资产公允价值的折现率。假设未确认融资费用的分摊率为 r。

最低租赁付款额的现值＝租赁资产的公允价值

可以得出：$500000 \times (P/A, r, 4) + 140000 \times (P/F, r, 4) = 1770000$

可在逐步测试的基础上，用插值法计算未确认融资费用分摊率。

已知 $r = 7\%$ 时

$500000 \times (P/A, 7\%, 4) + 140000 \times (P/F, 7\%, 4)$

$= 500000 \times 3.3872 + 140000 \times 0.7629$

$= 1800406 > 1770000$

进一步提高 $r = 8\%$ 时

查表得知：$(P/A, 8\%, 4) = 3.3121$；$(P/F, 8\%, 4) = 0.735$

$500000 \times (P/A, 8\%, 4) + 140000 \times (P/F, 8\%, 4)$

$= 500000 \times 3.3121 + 140000 \times 0.735$

$= 17580950 < 1770000$

因此，$7\% < r < 8\%$，利用插值法计算出来未确认融资费用折现率如下：

利率	现值
7%	1800406
r	1770000
8%	1758950

$(r - 7\%)/(8\% - 7\%) = (1770000 - 1800406)/(1758950 - 1800406)$

$r = 7.73\%$

即融资费用分摊率为7.73%。

（2）在租赁期内采用实际利率法分摊未确认融资费用（见表1-2）。

表1-2 未确认融资费用分摊表(实际利率法)
2012年1月1日　　　　　　　　　　　　　　单位：元

日期(1)	租金(2)	确认的融资费用(3)=期初(5)*7.73%	应付本金减少额(4)=(2)-(3)	应付本金余额(5)=期初(5)-(4)
2012.1.1				1770000
2012.12.31	500000	136821	363179	1406821
2013.12.31	500000	108747.26	391252.74	1015568.26
2014.12.31	500000	78503.43	421496.57	594071.69
2015.12.31	500000	45928.31*	454071.69*	140000
	140000		140000	0
合计	2140000	370000	1770000	

* 做尾数调整：454071.69=594071.69-140000　　45928.31=500000-454071.69

2012年1月1日应付本金余额是指融资租入固定资产的入账价值，但不包括初始直接费用，因为初始直接费用的大小与未确认融资费用的大小无关。

步骤五：折旧费用的计算

（1）该融资租入固定资产采用双倍余额递减法计提折旧，因为承租人对资产余值提供了担保，应计提的折旧总额为租赁期开始日融资租入固定资产的入账价值减去担保余值后的金额。

应计提折旧总额=1798000－140000=1658000（元）

（2）因为在租赁期开始日无法合理确定租赁期届满时承租人是否会取得该项租赁资产的所有权，所以应以租赁期（4年）与租赁资产尚可使用寿命（5年）两者中较短者为折旧：

2012年应计提折旧额=(1798000－140000)×4/(1+2+3+4)=663200（元）
2013年应计提折旧额=(1798000－140000)×3/(1+2+3+4)=497400（元）
2014年应计提折旧额=(1798000－140000)×2/(1+2+3+4)=331600（元）
2015年应计提折旧额=(1798000－140000)×1/(1+2+3+4)=165800（元）

步骤六：对A公司融资租赁业务进行会计处理（租赁期开始日会计处理除外）

2012年12月31日

支付租金

　　借：长期应付款——应付融资租赁款　　500000
　　　　贷：银行存款　　　　　　　　　　　　5000000

分摊融资费用

　　借：财务费用　　　　　　　　　　　136821
　　　　贷：未确认融资费用　　　　　　　　　136821

计提折旧

　　借：制造费用——折旧费　　　　　663200
　　　　贷：累计折旧　　　　　　　　　　　　663200

支付履约成本

  借：制造费用   25000

    贷：银行存款   25000

2013年12月31日

支付租金

  借：长期应付款——应付融资租赁款 500000

    贷：银行存款   500000

分摊融资费用

  借：财务费用   108747.26

    贷：未确认融资费用   108747.26

计提折旧

  借：制造费用——折旧费   497400

    贷：累计折旧   497400

支付履约成本

  借：制造费用   25000

    贷：银行存款   25000

2014年12月31日

支付租金

  借：长期应付款——应付融资租赁款 500000

    贷：银行存款   500000

分摊融资费用

  借：财务费用   78503.43

    贷：未确认融资费用   78503.43

计提折旧

  借：制造费用——折旧费   331600

    贷：累计折旧   331600

支付履约成本

  借：制造费用   25000

    贷：银行存款   25000

支付或有租金

  借：销售费用   33000

    贷：银行存款   33000

2015年12月31日

支付租金

  借：长期应付款——应付融资租赁款 500000

    贷：银行存款   500000

分摊融资费用
  借：财务费用   45928.31
   贷：未确认融资费用   45928.31
计提折旧
  借：制造费用——折旧费   165800
   贷：累计折旧   165800
支付履约成本
  借：制造费用   25000
   贷：银行存款   25000
A 公司将机床归还 B 公司
  借：长期应付款——应付融资租赁款 140000
    累计折旧   1658000
   贷：固定资产—融资租入固定资产   1798000

二、出租人融资租赁的确认与计量

（一）出租人特殊会计科目的设置

"融资租赁资产"科目（资产类）：用来核算出租人为开展融资租赁业务取得的资产的成本。其中，借方登记出租人取得资产的成本，贷方登记租赁资产的账面价值。如果融资租赁资产的公允价值与账面价值有差额的，还应借记"营业外支出"科目或贷记"营业外收入"科目。

"长期应收款——应收融资租赁款"科目（资产类）：用来核算出租人以融资租赁方式出租固定资产所带来的长期债权。其借方登记租赁期开始日的最低租赁收款额，贷方登记每期收回的应收融资租赁款。租赁期满，本科目无余额。

"未担保余值"科目（资产类）：用来核算出租人采用融资租赁方式租出资产的为担保余值。其借方登记已出租融资租赁资产的未担保余值的金额，贷方登记租赁期届满结转的或发生了减值的未担保余值的金额。

"未实现融资收益"科目（资产类）：未实现融资收益是"长期应收款"科目的备抵科目，用来核算出租人按照实际利率法计算并分期摊销计入租赁收入或利息收入的融资收益。其贷方登记出租人在融资租赁业务中发生的未实现融资收益金额，借方登记用实际利率法按期摊销计入利息收入或租赁收入的金额。余额在贷方，反映尚未实现的融资收益的摊余价值。

（二）租赁期开始日的会计处理

《租赁准则》中第十八条规定：在租赁期开始日，出租人应当将租赁开始日最低租赁收款额与初始直接费用之和作为应收融资租赁款的入账价值，同时记录为担保余值；将最低租赁收款额、初始直接费用及未担保余值之和与其现值之和的差额确认为未实现融资收益。

该规定中前后两句存在矛盾。

由后一句规定推导出以下公式：

（最低租赁收款额+初始直接费用+未担保余值）-（最低租赁收款额的现值+初始直接费用的现值+未担保余值的现值）=未实现融资收益　　　　　　　　公式（1）

由于初始直接费用本身就是其现值，得出

（最低租赁收款额+未担保余值）-（最低租赁收款额的现值+未担保余值的现值）=未实现融资收益　　　　　　　　公式（2）

《租赁准则》第十三条将租赁内含利率定义为"在租赁开始日，使最低租赁收款额的现值与未担保余值的现值之和等于租赁资产公允价值与出租人的初始直接费用之和的折现率"。这意味着在按租赁内含利率折现下，则有

最低租赁收款额的现值+未担保余值=租赁资产公允价值+初始直接费用　公式（3）

把公式（3）代入公式（2）推导得

最低租赁收款额+未担保余值=未实现融资收益+租赁资产公允价值+初始直接费用　　　　　　　　公式（4）

根据以上推导，得出以下分录：

借：长期应收款——应收融资租赁款　　　（最低租赁收款额）
　　未担保余值
　　贷：融资租赁资产　　（融资租赁资产的账面价值）
　　　　营业外收入　　（融资租赁资产的公允价值大于账面价值的差额）
　　　　未实现融资收益　　（借贷方差额）
　　　　银行存款　　（初始直接费用）

如果融资租赁资产的公允价值小于账面价值，则借记"营业外支出"科目。

分录中的"长期应收款——应收融资租赁款"的金额为最低租赁收款额，与《租赁准则》第十八条前一句规定"在租赁期开始日，出租人应当将租赁开始日最低租赁收款额与初始直接费用之和，作为应收融资租赁款的入账价值"出现了自相矛盾，这是准则不够完善之处。

《租赁准则》第十八条规定要求企业将初始直接费用计入长期应付款是不合理的。承租人和出租人已就租赁费达成一致，就应该以合同规定的金额记录长期应收款，出租人发生的初始直接费用应由出租人自行承担。将初始直接费用计入长期应收款，将导致"未实现融资收益"偏高，而出租人不可能收回其在长期应收款科目中单方面记载的"债权"，不可能实现其单方面记载的未实现融资收益。

因此，一旦按照《租赁准则》第十八条的规定记账，出租人不得不在租赁期开始日做一个调整分录，以初始直接费用的金额借记"未实现融资收益"科目，贷记"长期应付款——应收融资租赁款"科目，用初始直接费用抵减未实现融资收益。

综上所述，在租赁期开始日，出租人应按上述会计分录进行会计处理。

（三）未实现融资收益的分配

融资租赁具有租赁性质，出租人每期收取的租金中实际上包含了回收的租赁资产的本金和融资收益（即利息）两部分。对于未实现融资收益的，应当在租赁期各个期间内采用实际利率法，以租赁投资净额（出租人最低租赁收款额及未担保余值之和与未实现融资收益的差额）为计算依据，以租赁内含利率作为未实现融资收益的分配率，将其确认为各期的租赁收入。借记"未实现融资收益"科目，贷记"租赁收入"科目。

（四）收取租金的会计处理

出租人应于期末，将收到的租金金额，借记"银行存款"科目，贷记"长期应收款——融资租赁款"科目。

（五）未担保余值发生变动的会计处理

未担保余值的变动主要是指在租赁期内未担保余值发生减值或增值的情况。由于未担保余值的金额决定了租赁内含利率的大小，从而决定着未实现融资收益的分配，因此，为了真实地反映企业的资产和经营业绩，根据谨慎性原则的要求，《租赁准则》规定，出租人应当于每年年度终了，对未担保余值进行复核。

如果有证据表明未担保余值已经发生减值，就应当进行减值处理，并重新计算租赁内含利率，以后各期根据重新计算的租赁内含利率确认租赁收入。在会计处理方面，应根据未担保余值减值的金额，借记"资产减值损失"科目，贷记"未担保余值减值准备"科目。同时，根据由于未担保余值减少而引起的租赁投资净额的减少额，借记"未实现融资收益"科目，贷记"资产减值损失"科目。如果已确认未担保余值减值损失又得以恢复，应在原先已确认的资产减值损失金额内转回，借记"未担保余值减值准备"科目，贷记"资产减值损失"科目。

如果未担保余值在租赁期内发生增值，则无须进行会计处理。

（六）租金逾期未能收回时的会计处理

根据谨慎性原则，对于超过租金支付期而未收到的租金，出租人不应确认当期的租赁收入；对于以前已经确认的租赁收入，应予以冲回，转作表外核算，借记"租赁收入"科目，贷记"未实现融资收益"科目。如果逾期支付的租金以后又收回，首先应借记"银行存款"科目，贷记"长期应收款"科目，另外应将租金中所含租赁收入重新确认为当期收入，借记"未实现融资收益"科目，贷记"租赁收入"科目。

（七）或有租金的会计处理

或有租金是在承租人的租赁期内，根据租赁资产产品的销售量、使用量或者物价指数等因素计算并支付给出租人的金额不确定的额外租金，借记"应收账款""银行存款"等科目，贷记"租赁收入"等科目。

（八）租赁期满时出租人的会计处理

租赁期届满时出租人应区别以下三种情况进行会计处理。

1.出租人收回租赁资产

（1）对资产余值全部担保的情况。

因为对租赁资产余值提供了全部担保，因此租赁资产不存在未担保余值。因此，出租人收到承租人交还的租赁资产时，应按担保余值的金额，借记"融资租赁资产"科目，贷记"长期应收款——应收融资租赁款"科目。如果收回租赁资产的价值低于担保余值，则应向担保人收取价值损失补偿金，借记"其他应收款"科目，贷记"营业外收入"科目。

（2）对资产余值部分担保的情况。

因为对租赁资产余值提供了部分担保，因此租赁资产存在担保余值，也存在未担保余值。出租人收到承租人交还的租赁资产时，应按担保余值及未担保余值的金额，借记"融资租赁资产"科目，贷记"长期应收款——应收融资租赁款""未担保余值"等科目。如果收回租赁资产的价值扣除未担保余值后的余额低于担保余值，出租人应向担保人收取价值损失补偿金，借记"其他应收款"科目，贷记"营业外收入"科目。

（3）对资产余值全部未担保的情况。

因为对租赁资产余值全部未担保，因此租赁资产不存在担保余值，只存在未担保余值。出租人收到承租人交还的租赁资产时，应按未担保余值金额，借记"融资租赁资产"科目，贷记"未担保余值"科目。

（4）担保余值和未担保余值均不存在的情况。

出租人收到承租人交还的租赁资产时，既不存在担保余值，也不存在未担保余值，出租人无须做任何账务处理，只需要做相应的备查记录。

2.承租人优惠续租租赁资产

（1）如果承租人行使优惠续租选择权，则出租人应视同该项租赁一直存在而做出相应的会计处理。如可能继续分配未实现融资收益等。

（2）如果租赁期届满时承租人未按租赁合同规定续租，出租人应向承租人收取违约金，并将其确认为营业外收入，同时收回租赁资产。参照前述"出租人收回租赁资产"的情况处理。

3.承租人留购租赁资产

租赁期届满时，承租人行使了优惠购买选择权。出租人按收到的承租人支付的购买资产的价款，借记"银行存款"等科目，贷记"长期应收款——应收融资租赁款"科目。

【例1-3】沿用【例1-2】中的资料，并假设融资租赁固定资产账面价值为1760000元，公允价值为1770000元。出租人A公司为签订该项租赁合同，发生初始直接费用25000元，已用银行存款支付。

要求：对出租人（A公司）进行会计处理。

步骤一：判断租赁类型

本例中，由于租赁期4年占租赁资产尚可使用寿命5年的80%，符合融资租赁第三条判断标准。另外，最低租赁收款额的现值1800406元（最低租赁收款额与最低租赁付款额相等，计算过程见例1-2）大于租赁资产公允价值1770000元的90%，符合融资租赁第四条判断标准。

因此，这项租赁应当认定为融资租赁。
步骤二：编制租赁期开始日的会计分录
　　　借：长期应付款——应付融资租赁款　　　　2140000
　　　　　未担保余值　　　　　　　　　　　　　　20000
　　　　贷：融资租赁资产　　　　　　　　　　　1760000
　　　　　　营业外收入　　　　　　　　　　　　　10000
　　　　　　未确认融资费用　　　　　　　　　　365000
　　　　　　银行存款　　　　　　　　　　　　　　25000
步骤三：未实现融资收益的分配

计算租赁内含利率，是指在租赁开始日，使最低租赁收款额的现值与未担保余值的现值之和等于租赁资产公允价值与出租人的初始直接费用之和的折现率。假设B公司的租赁内含利率为i，即

　　最低租赁付款额的现值+未担保余值的现值=租赁资产公允价值+初始直接费用
　　　500000×(P/A, i, 4)+140000×(P/F, i, 4)+20000×(P/F, i, 4)
　　　=1770000+25000
　　　=500000×(P/A, i, 4)+160000×(P/F, i, 4)=1795000

可在逐步测试的基础上，用插值法计算租赁内含利率。
已知 i=7% 时
　　查表得知：(P/A, 7%, 4)=3.3872；(P/F, 8%, 4)=0.7629
　　　500000×(P/A, 7%, 4)+160000×(P/F, 7%, 4)
　　　=500000×3.3872+160000×0.7629
　　　=1815664＞1795000
进一步提高 r=8% 时
　　查表得知：(P/A, 8%, 4)=3.3121；(P/F, 8%, 4)=0.735
　　　500000×(P/A, 8%, 4)+160000×(P/F, 8%, 4)
　　　=500000×3.3121+160000×0.735
　　　=1773650＜1795000

因此，7%＜r＜8%，利用插值法计算未确认融资费用折现率如下：

利率	现值
7%	1815664
R	1795000
8%	1773650

　　(r－7%)/(8%－7%)=(1795000－1815664)/(1773650－1815664)
　　r=7.49%
即融资费用分摊率为7.49%。
在租赁期内采用实际利率法分摊未实现融资收益（见表1-3）。

表1-3 未实现融资收益分摊表（实际利率法）
2012年1月1日　　　　　　　　　　　　　　　　　　　　　　　　　　　　　单位：元

日期(1)	租金(2)	确认的融资费用(3)=期初(5)*7.73%	应付本金减少额(4)=(2)-(3)	应付本金余额(5)=期初(5)-(4)
2012.1.1				1795000
2012.12.31	500000	134445.5	365554.5	1429455.5
2013.12.31	500000	107065.47	392934.53	1036510.97
2014.12.31	500000	77634.67	422365.33	614145.64
2015.12.31	500000	45854.36*	454145.64*	160000
	160000		160000	0
合计	2160000	365000	1795000	

* 做尾数调整：454145.64=614145.64-160000　　45854.36=500000-454145.64

步骤四：会计分录

2012年12月31日

收到租金

　　　　借：银行存款　　　　　　　　　　　　　　　500000
　　　　　　贷：长期应付款——应付融资租赁款　　　　　　500000

摊销未实现融资收益

　　　　借：未实现融资收益　　　　　　　　　　　　134445.5
　　　　　　贷：租赁收入　　　　　　　　　　　　　　　134445.5

2013年12月31日

收到租金

　　　　借：银行存款　　　　　　　　　　　　　　　500000
　　　　　　贷：长期应付款——应付融资租赁款　　　　　　500000

摊销未实现融资收益

　　　　借：未实现融资收益　　　　　　　　　　　　107065.47
　　　　　　贷：租赁收入　　　　　　　　　　　　　　　107065.47

收到或有租金

　　　　借：银行存款　　　　　　　　　　　　　　　30000
　　　　　　贷：租赁收入　　　　　　　　　　　　　　　30000

2014年12月31日

收到租金

　　　　借：银行存款　　　　　　　　　　　　　　　500000
　　　　　　贷：长期应付款——应付融资租赁款　　　　　　500000

摊销未实现融资收益

　　　　借：未实现融资收益　　　　　　　　　　　　77634.67
　　　　　　贷：租赁收入　　　　　　　　　　　　　　　77634.67

收到或有租金

　　　　　借：银行存款　　　　　　　　　　　　　　33000
　　　　　　贷：租赁收入　　　　　　　　　　　　　　　33000
2015年12月31日
收到租金
　　　　　借：银行存款　　　　　　　　　　　　　　500000
　　　　　　贷：长期应付款——应付融资租赁款　　　　500000
摊销未实现融资收益
　　　　　借：未实现融资收益　　　　　　　　　　　45854.36
　　　　　　贷：租赁收入　　　　　　　　　　　　　　45854.36
收回租赁资产
　　　　　借：融资租赁资产　　　　　　　　　　　　160000
　　　　　　贷：长期应收款——应收融资租赁款　　　　140000
　　　　　　　　未担保余值　　　　　　　　　　　　　20000

第四节 售后租回的会计处理

一、售后租回的含义

售后租回是一种特殊形式的租赁业务，是卖方（承租人）将资产出售给买方（出租人）后再向其租回，将资产销售和资产租赁融为一体的交易，简称"回租"。这种租赁实际上是在企业缺乏资金的情况下采取的一种融资业务。

在售后租回交易中，卖方是租赁资产的销售者，又是租赁资产的承租人，还充当了融资人的角色。卖方首先通过销售其拥有的资产迅速获得经营所需要的资金，然后通过租回该资产的方式，获得该资产的长期使用权，并用日后租赁资产带来的经济收入分期支付租金。买方是租赁资产的购买者，又是租赁资产的出租人，还充当了投资人的角色。买方通过"先买后租"的方式，实际上从事了一件风险小，保障性高的投资活动。20世纪90年代以来，售后租回交易在我国得到了充分的发展。

《租赁准则》第三十条规定，无论出租人还是承租人，均应将售后租回交易认定为融资租赁或经营租赁。对于出租人而言，售后回租交易（无论融资租赁还是经营租赁）和其他租赁业务的会计处理没有什么区别。而对于承租人而言，由于既是资产的出售者同时又是资产的承租人，因此，售后租回交易和其他类型的租赁业务的会计处理有所不同。接下来，将重点介绍售后租回交易中承租人的会计处理方法。

二、售后租回交易形成融资租赁的会计处理

在形成融资租赁的售后租回交易方式下，对卖方（承租人）而言，与资产所有权有关的全部报酬和风险并未转移，并且售后租回交易的租金和资产的售价往往是以一揽子方式进行谈判的，应视为一项交易，出售资产的损益应与资产的金额相联系。因此，无论卖方（承租人）出售资产的售价是高于还是低于出售前资产的账面价值，所发生的收益或损益都不应立即确认为当期损益，而应将其作为未实现售后租回损益递延并按资产的折旧进度进行分摊，作为折旧费用的调整。

在销售时，应先通过"固定资产清理"科目进行清理核算。按固定资产的账面价值，借记"固定资产清理"科目，按已经计提的固定资产减值准备，借记"固定资产减值准备"科目，按已经计提的折旧额，计提"累计折旧"科目，按固定资产原值，贷记"固定资产"科目。按收到的款项，借记"银行存款"等科目，按出售固定资产的账面价值，贷记"固定资产清理"科目，按其差额部分借记或贷记"递延收益——未实现售后租回损益"科目。支付租金时，借记"制造费用"等科目，贷记"银行存款"科目，同时按未实现融资损益的摊销数，借记（或贷记）"递延收益——未实现售后租回损益"科目，贷记（或借记）"制造费用"等科目。

【例3-4】2015年1月1日，A公司将其作为固定资产核算的一台机床按710000元的价格销售给B公司。该机器的工艺价值为710000元，账面价值为900000元，按直线法计提折旧，折旧年限为9年，已使用2年。同时与B公司签订了一份租赁协议将机器租回。租赁期6年，每年租金为150000元，租赁合同规定的年利率为7%（B公司租赁内含利率未知）。

要求：对承租人（A公司）进行会计处理。

步骤一：判断租赁类型

本例中由于租赁期6年占租赁资产尚可使用寿命7年的86%，符合融资租赁第三条判断标准。因此，这项租赁项目应被认定为融资租赁。

步骤二：计算最低租赁付款额、最低租赁付款的现值和租赁资产的公允价值

最低租赁付款额=各期租金之和=150000×6=900000（元）

最低租赁付款额的现值=各期租金的现值之和=150000×(P/A, 7%, 6)

查表得知：(P/A, 7%, 6)=4.767

最低租赁付款额的现值=150000×4.767=715050（元）

因为租赁资产的公允价值710000元低于最低租赁付款额的现值，因此A公司租入资产的入账价值为公允价值710000元。

步骤三：承租人（A公司）的会计处理

2015年1月1日

  借：固定资产清理   700000
    累计折旧   200000
   贷：固定资产——机床   900000

借：银行存款　　　　　　　　　　　　　　　　　710000
　　贷：固定资产清理　　　　　　　　　　　　　　700000
　　　　递延收益——未实现售后租回损益　　　　　10000
借：固定资产——融资租赁固定资产　　　　　　　710000
　　未确认融资费用　　　　　　　　　　　　　　190000
　　贷：长期应付款——应付融资租赁款　　　　　900000

每年的12月31日，确认本年度应分摊的未实现售后租回损益
借：递延收益——未实现售后租回损益　　　　　1666.67
　　贷：制造费用　　　　　　　　　　　　　　　1666.67

其他未实现融资费用分摊、计提折旧等会计分录与正常融资租赁业务的会计处理相同，此处略。

三、售后收回交易形成经营租赁的会计处理

企业售后租回交易认定为经营租赁的，应当分以下情况处理。

情况一：有确凿证据表明，售后租回交易是按照公允价值达成的，资产的销售业务被认为是一项正常的交易，应按正常固定资产处置进行会计处理。售价与资产账面价值的差额应当计入当期损益（营业外收入或营业外支出）。

情况二：如果售后租回交易不是按照公允价值达成的，资产的销售业务不被认为是一项正常的交易，会计处理方法如下。

售价高于公允价值时，需要对资产售价与账面价值差额中属于售价高于公允价值的部分予以递延，计入"递延收益——未实现售后租回损益"科目，并在预计的租赁期内摊销，调整租金成本；而属于公允价值超过账面价值的部分直接计入当期损益（营业外收入或营业外支出）。

售价低于公允价值时，如果在处置销售资产中发生了损失且有确凿的证据证明该损失将由未来低于市场价的租金予以弥补，则应把资产售价与账面价值的差额予以递延，计入"递延收益——未实现售后租回损益"科目，并按与确认租金费用相一致的方法分摊于预计的租赁期内，计入租赁费用。除此之外，资产售价和账面价值之间的差额直接计入当期损益（营业外收入或营业外支出）。

【例1-5】假设2015年1月1日，A公司以360万元的价格出售一台生产设备给B公司，该设备账面原值为360万元，已计提折旧额10万元，预计使用年限为12年；并立即与B公司签订了一份租赁合同，租回该生产设备，租期为5年。租赁合同规定，在租期的每年年末支付租金16万元。租赁期满后B公司收回生产设备。

要求：在下列情况下，对承租人（A公司）进行会计处理。

（1）假设A公司以360万元出售该生产设备；

（2）假设A公司以380万元出售该生产设备；

（3）假设A公司以355万元出售该生产设备；

（4）假设A公司以340万元出售该生产设备，且市场上类似设备年租赁费用为20万元。

根据上述资料分析，这两家公司签订的租赁合同没有满足我国《租赁准则》关于融资租赁判断标准中的任何一条，因此该项租赁属于售后租回形成的经营租赁业务。

（1）假设A公司以360万元出售该生产设备。

2015年1月1日，出售设备时

  借：固定资产清理   3500000
    累计折旧   100000
    贷：固定资产——生产设备   3600000
  借：银行存款   3600000
    贷：固定资产清理   3500000
      营业外收入   100000

每年年底支付租金时：

  借：制造费用——租赁费   160000
    贷：银行存款   160000

（2）假设A公司以380万元出售该生产设备。

2015年1月1日，出售设备时

  借：固定资产清理   3500000
    累计折旧   100000
    贷：固定资产——生产设备   3600000
  借：银行存款   3800000
    贷：固定资产清理   3500000
      递延收益——未实现售后租回损益   200000
      营业外收入   100000

每年年底支付租金时

  借：制造费用——租赁费   160000
    贷：银行存款   160000
  借：递延收益——未实现售后租回损益   40000
    贷：制造费用——租赁费   40000

（3）假设A公司以355万元出售该生产设备。

2015年1月1日，出售设备时

  借：固定资产清理   3500000
    累计折旧   100000
    贷：固定资产——生产设备   3600000
  借：银行存款   3550000
    贷：固定资产清理   3500000
      营业外收入   50000

每年年底支付租金时

  借：制造费用——租赁费   160000
    贷：银行存款   160000

（4）假设 A 公司以340万元出售该生产设备，且市场上类似设备年租赁费用为20万元。

2015年1月1日，出售设备时

  借：固定资产清理   3500000
    累计折旧   100000
    贷：固定资产——生产设备   3600000
  借：银行存款   3400000
    递延收益——未实现售后租回损益   100000
    贷：固定资产清理   3500000

每年年底支付租金时

  借：制造费用——租赁费   160000
    贷：银行存款   160000
  借：制造费用——租赁费   20000
    贷：递延收益——未实现售后租回损益   20000

1-1

同步练习题

一、单项选择题

1. 甲企业采用融资租赁方式租入设备一台。租赁合同主要内容：①该设备租赁期为5年，每年支付租金5万元；②或有租金4万元；③履约成本3万元；④承租人有关的第三方担保的资产余值2万元。甲企业该设备的最低租赁付款额为（　　）。

   A. 25万元　　　　B. 27万元　　　　C. 32万元　　　　D. 34万元

2. 乙公司2013年1月10日采用融资租赁方式出租一台大型设备。租赁合同规定：①该设备租赁期为6年，每年支付租金8万元；②或有租金为4万元；③履约成本为5万元；④承租人提供的租赁资产担保余值为7万元；⑤与承租人和乙公司均无关联关系的第三方提供的租赁资产担保余值为3万元。乙公司2013年1月10日对该租出大型设备确认的应收融资租赁款为（　　）。

   A. 51万元　　　　B. 55万元　　　　C. 58万元　　　　D. 67万元

3. 甲公司于2009年1月1日采用经营租赁方式从乙公司租入机器设备一台，租期为4年，设备价值为200万元，预计使用年限为12年。租赁合同规定：第1年免租金，第2年至第4年的租金分别为36万元、34万元、26万元；第2年至第4年的租金于每年年初支付。2009年甲公司应就此项租赁确认的租金费用为（　　）万元。

   A. 0　　　　B. 24　　　　C. 32　　　　D. 50

4. 2012年12月31日，甲公司将一栋管理用办公楼以1760万元的价格出售给乙公司，款项已收存银行。该办公楼账面原价为3600万元，已计提折旧1600万元，未计提减值准备，办公楼的公允价值2000万元；预计尚可使用寿命为10年，预计净残值为零。2013年1月1日，甲公司与乙公司签订了一份经营租赁合同，将该办公楼租回；租赁期开始日为2013年1月1日，租期为6年；年租金为120万元（假设未来租赁付款总额低于市价总额240万元），每月末支付。假定不考虑税费及其他相关因素，上述业务对甲公司2013年度利润总额的影响为（　　）万元。

   A. －120　　　　B. －144　　　　C. －160　　　　D. －360

5. 2012年12月31日，甲公司将销售部门的一大型运输设备以330万元的价格出售给乙公司，款项已收存银行。该运输设备的账面原价为500万元，已计提折旧220万元，公允价值为300万元，预计尚可使用5年，预计净残值为零。2013年1月1日，甲公司与乙公司签订一份经营租赁合同，将该运输设备租回供销售部门使用。租赁期开始日为2013年1月1日，租赁期为3年；每年租金为80万元，每季度末支付20万元。假定不考虑税费及其他相关因素。甲公司2013年使用该售后租回设备应计入销售费用的金额为（　　）。

   A. 30万元　　　　B. 50万元　　　　C. 70万元　　　　D. 80万元

二、多项选择题

1. 企业判断为融资租赁的标准中，下列表述正确的有（　　）。
   A. 在租赁期届满时，租赁资产的所有权转移给承租人，判断为融资租赁
   B. 承租人有购买租赁资产的选择权，所订立的购价预计远低于行使选择权时租赁资产的公允价值，判断为融资租赁
   C. 租赁期÷租赁开始日租赁资产尚可使用年限≥75%，判断为融资租赁
   D. 最低租赁付款额现值或最低租赁收款额现值占租赁资产原账面价值的90%以上（含90%），则从出租人角度或承租人角度，该项租赁应被认定为融资租赁

2. 下列各项中，如果租赁期满，融资租赁资产归还给出租人，则最低租赁付款额应包括（　　）。
   A. 租赁期内承租人每期应支付的租金
   B. 与承租人有关的第三方担保的资产余值
   C. 优惠购买价
   D. 初始直接费用

3. 可以构成融资租入固定资产的入账价值的有（　　）。
   A. 各期租金之和
   B. 承租人或与其有关第三方担保的资产余值
   C. 承租人在租赁谈判和签订租赁合同过程中发生的，可归属于租赁项目的手续费、律师费、差旅费、印花税等初始直接费用
   D. 未担保余值

4. 下列说法正确的有（　　）。
   A. 融资租赁中，承租人发生的初始直接费用，应当计入管理费用。
   B. 企业对租赁进行分类，应当全面考虑租赁期届满时租赁资产所有权是否转移给承租人、承租人是否有购买租赁资产的选择权、租赁期占租赁资产使用寿命的比例等各种因素
   C. 承租人应当在资产负债表中，将与融资租赁相关的长期应付款减去未确认融资费用的差额，扣除一年内到期的长期负债列示在"长期应付款"项目
   D. 若对于出租人来说是融资租赁行为，则对承租人来说也一定是融资租赁行为
   E. 售后租回交易认定为融资租赁的，售价与资产账面价值之间的差额应当予以递延，并按照该项租赁资产的折旧进度进行分摊，作为折旧费用的调整

5. 承租人在计算最低租赁付款额的现值时，可选择的折现率有（　　）。
   A. 出租人的租赁内含利率　　　　B. 租赁合同规定的利率
   C. 同期银行贷款利率　　　　　　D. 同期国外存款利率
   E. 同期银行存款利率

三、业务题

1. 甲公司于2012年12月10日与乙租赁公司签订了一份设备租赁合同。合同主要条款如下。

(1)租赁标的物：电子生产设备。

(2)租赁期开始日：2012年12月31日。

(3)租赁期：2012年12月31日至2014年12月31日。

(4)租金支付方式：2013年和2014年每年年末支付租金1000万元。

(5)租赁期满时，生产设备的估计余值为200万元，其中甲公司担保的余值为100万元，未担保的余值为100万元。

(6)生产设备为全新设备，2012年12月31日的公允价值为2000万元，预计使用年限为3年。

(7)租赁合同年利率为6%。

(8)2014年12月31日，甲公司将生产设备归还给乙租赁公司。

生产设备于2012年12月31日运抵甲公司，当日投入使用。固定资产均采用平均年限法计提折旧，与租赁有关的未确认融资费用均采用实际利率法摊销。

要求：(1)判断租赁类型；

(2)请写出相关的会计分录。

2. 2011年12月1日，甲公司与乙公司签订了一份租赁合同，向乙公司租入电动车生产线。合同主要条款如下。

①租赁标的物：电动车生产线。

②起租日：2012年1月1日。

③租赁期：2012年1月1日—2014年12月31日，共36个月。

④租金支付：自2012年1月1日，每隔6个月于月末支付租金150000元。

⑤该生产线的保险、维护等费用均由甲公司负担，估计每年约10000元。

⑥该机器在2011年12月1日的公允价值为700000元（与账面价值相同）。

⑦租赁合同规定的利率为7%（6个月利率）。

⑧甲公司在租赁谈判和签订租赁合同过程中发生可归属于租赁项目的手续费、差旅费1000元。

⑨该机器的估计使用年限为8年，已使用3年，期满无残值。

⑩租赁期届满时，甲公司享有优惠购买该机器的选择权，购买价为100元，估计该日租赁资产的公允价值为80000元。

⑪出租人(乙公司)为签订该项租赁合同发生初始直接费用10000元，已用银行存款支付。

要求：(1)判断租赁类型；

(2)编制乙公司与该租赁相关的会计分录。

第二章

职工薪酬会计

第二章 职工薪酬会计

本章知识结构

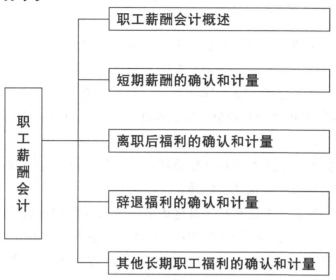

学习目标	1. 掌握职工和职工薪酬的概念。 2. 掌握职工薪酬的分类。 3. 掌握职工薪酬的确认、计量及会计处理。

引入案例

某公司于2016年初制订和实施了一项短期利润分享计划,以对公司管理层进行激励。该计划规定,公司全年的净利润指标为1000万元,如果在公司管理层的努力下完成的净利润超过1000万元,公司管理层将可以分享超过1000万元净利润部分的10%作为额外报酬。假定至2016年12月31日,该公司全年实际完成净利润1500万元。

分析:假定不考虑离职等其他因素,则该公司管理层可以分享利润多少?2016年12月31日应如何做账务处理?

本例中,假定不考虑离职等其他因素,则该公司管理层按照利润分享计划可以分享利润50万元[(1500-1000)×10%]作为其额外的薪酬。

由于分享的利润属于公司管理层的报酬,应计入"管理费用"。该公司2016年12月31日的相关账务处理如下:

借:管理费用　　　　　　　　　　　　　500000
　　贷:应付职工薪酬——利润分享计划　　　500000

第一节 职工薪酬会计概述

一、职工的概念

本章所称的职工,是指与企业订立劳动合同的所有人员,含全职、兼职和临时职工,也包括虽未与企业订立劳动合同但由企业正式任命的人员,具体而言包括以下人员。

与企业订立劳动合同的所有人员,含全职、兼职和临时职工。按照我国《劳动法》和《劳动合同法》的规定,企业作为用人单位应当与劳动者订立劳动合同。本章所指的职工首先应当包括这部分人员,即与企业订立了固定期限、无固定期限或者以完成一定工作作为期限的劳动合同的所有人员。

未与企业订立劳动合同但由企业正式任命的人员,如董事会成员、监事会成员等。在企业的计划和控制下,虽未与企业订立劳动合同或未由其正式任命,但向企业所提供服务与职工所提供服务类似的人员，也属于职工的范畴，包括通过企业与劳务中介公司签订用工合同而向企业提供服务的人员。即使企业不使用这些劳务用工人员，也需要雇佣职工订立劳动合同提供类似服务，因而，这些劳务用工人员属于本章所称的职工。

二、职工薪酬的概念及分类

职工薪酬，是指企业为获得职工提供的服务或解除劳动关系而给予的各种形式的报酬或补偿。企业提供给职工配偶、子女、受瞻养人、已故员工遗属及其他受益人等的福利，也属于职工薪酬。职工薪酬主要包括短期薪酬、离职后福利、辞退福利和其他长期职工福利。

（一）短期薪酬

短期薪酬，是指企业预期在职工提供相关服务的年度报告期间及结束后十二个月内将全部予以支付的职工薪酬，但是因解除与职工的劳动关系给予的补偿除外。因解除与职工的劳动关系给予的补偿属于辞退福利的范畴。短期薪酬主要包括以下内容。

职工工资、奖金、津贴和补贴，是指企业按照构成工资总额的计时工资、计件工资、支付给职工的超额劳动报酬等的劳动报酬，为了补偿职工特殊或额外的劳动消耗和因其他特殊原因支付给职工的津贴以及为了保证职工工资水平不受物价影响支付给职工的物价补贴等。企业按照短期奖金计划向职工发放的奖金属于短期薪酬，按照长期奖金计划向职工发放的奖金属于其他长期职工福利。

职工福利费，是指企业向职工提供的除职工工资、奖金、津贴和补贴、职工教育经费、社会保险费及住房公积金等以外的福利待遇支出，包括发放给职工或为职工支付的以下各项现金补贴和非货币性集体福利：一是为职工卫生保健、生活等发放或支付的各项现金补贴和非货币性福利，包括职工因公外地就医费用、职工疗养费用、防暑降温费等；二是企业尚未分离的内设集体福利部门所发生的设备、设施和人员费用；三是发放给在职职工的生活困难补助以及按规定发生的其他福利支出，如丧葬补助费、抚恤费、职工异地安家费、独生子女费等。

医疗保险费、工伤保险费和生育保险费等社会保险费，是指企业按照国家规定的基准和比例计算，向社会保险经办机构缴存的医疗保险费、工伤保险费和生育保险费。

住房公积金，是指企业按照国家规定的基准和比例计算，向住房公积金管理机构缴存的住房公积金。

工会经费和职工教育经费，是指企业为了改善职工文化生活、为职工学习先进技术和提高文化水平和业务素质，用于开展工会活动和职工教育及职业技能培训等相关支出。

短期带薪缺勤，是指职工虽然缺勤但企业仍向其支付报酬的安排，包括年休假、病假、婚假、产假、丧假、探亲假等。长期带薪缺勤属于其他长期职工福利。

短期利润分享计划，是指因职工提供服务而与职工达成的基于利润或其他经营成果提供薪酬的协议。长期利润分享计划属于其他长期职工福利。

非货币性福利，是指企业以自己的产品或外购商品发放给职工作为福利，企业提供给职工无偿使用自己拥有的资产或租赁资产供职工无偿使用等。

其他短期薪酬，是指除上述薪酬以外的其他为获得职工提供的服务而给予的短期薪酬。

●（二）离职后福利

离职后福利，是指企业为获得职工提供的服务而在职工退休或与企业解除劳动关系后，提供的各种形式的报酬和福利，属于短期薪酬和辞退福利的除外。

离职后福利计划，是指企业与职工就离职后福利而达成的协议，或企业为向职工提供离职后福利制定的规章或办法等。离职后福利计划视企业承担的风险和义务不同，可以分为设定提存计划和设定受益计划两种形式。其中，设定提存计划，是指企业向单独主体（如基金等）缴存固定费用后，不再承担进一步支付义务的离职后福利计划。设定受益计划，是指除设定提存计划以外的离职后福利计划。

●（三）辞退福利

辞退福利，是指企业在职工劳动合同到期之前解除与职工的劳动合同关系，或者为鼓励职工自愿接受裁减而给予职工的补偿。辞退福利主要包括以下内容。

在职工劳动合同尚未到期前，不论职工本人是否愿意，企业决定解除与职工的劳动关系而给予的补偿。

在职工劳动合同尚未到期前，为鼓励职工自愿接受裁减而给予的补偿，职工有权利选择继续在职或接受补偿离职。辞退福利通常采取解除劳动关系时一次性支付补偿的方式，也有通过提高退休后养老金或其他离职后福利的标准，或者在职工不再为企业带来经济利益后，将职工工资支付到辞退后未来某一期间的方式。

●（四）其他长期职工福利

其他长期职工福利，是指除短期薪酬、离职后福利、辞退福利之外所有的职工薪酬，包括长期带薪缺勤、长期残疾福利、长期利润分享计划等。

三、适用范围

本章仅涵盖《企业会计准则第9号——职工薪酬》所陈述的短期薪酬、离职后福利、辞退福利和其他长期职工福利等职工薪酬的确认、计量以及相关的会计处理方法。对于企业年金基金，企业应当按照《企业会计准则第10号——企业年金基金》的相关规定进行会计处理。对于企业向其职工发放的以股份为基础的支付，属于职工薪酬范畴，但其会计处理应当遵循《企业会计准则第11号——股份支付》的相关规定。

第二节 短期薪酬的确认和计量

企业应当在职工为其提供服务的会计期间,将实际发生的短期薪酬确认为负债,并计入当期损益,其他会计准则要求或允许计入资产成本的除外。

一、一般短期薪酬

企业发生的职工工资、津贴和补贴等短期薪酬,应当根据职工提供服务情况和工资标准等计算应计入职工薪酬的工资总额,并按照受益对象计入当期损益或相关资产成本,借记"生产成本""制造费用""管理费用"等科目,贷记"应付职工薪酬"科目。发放时,借记"应付职工薪酬"科目,贷记"银行存款"等科目。

企业为职工缴纳的医疗保险费、工伤保险费、生育保险费等社会保险费和住房公积金,以及按规定提取的工会经费和职工教育经费,应当在职工为其提供服务的会计期间,根据规定的计提基础和计提比例计算确定相应的职工薪酬金额,并确认相关负债,按照受益对象计入当期损益或相关资产成本,借记"生产成本""制造费用""管理费用"等科目,贷记"应付职工薪酬"科目。

企业发生的职工福利费,应当在实际发生时根据实际发生额计入当期损益或相关资产成本。企业向职工提供非货币性福利的,应当按照公允价值计量。如企业以自产的产品作为非货币性福利提供给职工的,应当按照该产品的公允价值和相关税费确定职工薪酬金额,并计入当期损益或相关资产成本。相关收入的确认、销售成本的结转以及相关税费的处理,与企业正常商品销售的会计处理相同。企业以外购的商品作为非货币性福利提供给职工的,应当按照该商品的公允价值和相关税费确定职工薪酬的金额,并计入当期损益或相关资产成本。

【例2-1】2016年7月,甲公司当月应发工资1560万元,其中:生产部门生产工人工资1000万元;生产部门管理人员工资200万元;管理部门管理人员工资360万元。

根据甲公司所在地政府规定,甲公司应当按照职工工资总额的10%和8%计提并缴存医疗保险费和住房公积金。甲公司分别按照职工工资总额的2%和1.5%计提工会经费和职工教育经费。

假定不考虑其他因素以及所得税影响。

根据上述资料,甲公司计算其2016年7月份的职工薪酬金额如下:

应当计入生产成本的职工薪酬金额=1000+1000×(10%+8%+2%+1.5%)=1215(万元)

应当计入制造费用的职工薪酬金额=200+200×(10%+8%+2%+1.5%)=243(万元)

应当计入管理费用的职工薪酬金额=360+360×(10%+8%+2%+1.5%)=437.40(万元)

甲公司有关账务处理如下:

借:生产成本　　　　　　　　　　　　　　　　12150000
　　制造费用　　　　　　　　　　　　　　　　2430000
　　管理费用　　　　　　　　　　　　　　　　4374000

　　　　贷：应付职工薪酬——工资　　　　　　　　　　　15600000
　　　　　　应付职工薪酬——住房公积金　　　　　　　 1248000
　　　　　　应付职工薪酬——工会经费　　　　　　　　　312000
　　　　　　应付职工薪酬——职工教育经费　　　　　　　234000

【例2-2】甲公司是一家生产笔记本电脑的企业，共有职工2000名。2016年1月15日，甲公司决定以其生产的笔记本电脑作为节日福利发放给公司每名职工。每台笔记本电脑的售价为1.40万元，成本为1万元。甲公司适用的增值税税率为17%，已开具了增值税专用发票。假定2000名职工中1700名为直接参加生产的职工，300名为总部管理人员。假定甲公司于当日将笔记本电脑发放给各职工。

根据上述资料，甲公司计算笔记本电脑的售价总额及其增值税销项税额如下：

笔记本电脑的售价总额=1.40×1700+1.40×300=2380+420=2800（万元）

笔记本电脑的增值税销项税额=1700×1.40×17%+300×1.40×17%=404.60+71.40
　　　　　　　　　　　　　=476（万元）

应当计入生产成本的职工薪酬金额=2380+404.60=2784.60（万元）

应当计入管理费用的职工薪酬金额=420+71.40=491.40（万元）

甲公司有关账务处理如下：

　　借：生产成本　　　　　　　　　　　　　　　　　27846000
　　　　管理费用　　　　　　　　　　　　　　　　　 4914000
　　　　贷：应付职工薪酬——非货币性福利　　　　　32760000
　　借：应付职工薪酬——非货币性福利　　　　　　　32760000
　　　　贷：主营业务收入　　　　　　　　　　　　　28000000
　　　　　　应交税费——应交增值税（销项税额）　　 4760000
　　借：主营业务成本　　　　　　　　　　　　　　　20000000
　　　　贷：库存商品　　　　　　　　　　　　　　　20000000

二、短期带薪缺勤

带薪缺勤应当根据其性质及其职工享有的权利，分为累积带薪缺勤和非累积带薪缺勤两类。企业应当对累积带薪缺勤和非累积带薪缺勤分别进行会计处理。如果带薪缺勤属于长期带薪缺勤的，企业应当将其作为其他长期职工福利处理。

1. 累积带薪缺勤及其会计处理

累积带薪缺勤，是指带薪权利可以结转下期的带薪缺勤，本期尚未用完的带薪缺勤权利可以在未来期间使用。企业应当在职工提供了服务从而增加了其未来享有的带薪缺勤权利时，确认与累积带薪缺勤相关的职工薪酬，并以累积未行使权利而增加的预期支付金额计量。

有些累积带薪缺勤在职工离开企业时，对于未行使的权利，职工有权获得现金支付。如果职工在离开企业时能够获得现金支付，企业应当确认企业必须支付的、职工全部累积未使用权利的金额。如果职工在离开企业时不能获得现金支付，则企业应当根据资产负债表日因累积未使用权利而导致的预期支付的追加金额,作为累积带薪缺勤费用进行预计。

【例2-3】乙公司共有1000名职工,从2016年1月1日起,该公司实行累积带薪缺勤制度。该制度规定,每个职工每年可享受5个工作日带薪年休假,未使用的年休假只能向后结转一个日历年度,超过1年未使用的权利作废;职工休年休假时,首先使用当年可享受的权利,不足部分再从上年结转的带薪年休假中扣除;职工离开公司时,对未使用的累积带薪年休假无权获得现金支付。

2016年12月31日,每个职工当年平均未使用带薪年休假为2天。根据过去的经验并预期该经验将继续适用,乙公司预计2017年有950名职工将享受不超过5天的带薪年休假,剩余50名职工每人将平均享受6天半年休假,假定这50名职工全部为总部管理人员,该公司平均每名职工每个工作日工资为500元。

分析:在本例中,乙公司在2016年12月31日应当预计由于职工累积未使用的带薪年休假权利而导致预期将支付的工资负债,即为75天(50×1.5天)的年休假工资金额37500元(75×500),并做如下账务处理:

借:管理费用　　　　　　　　　　　　　　37500
　　贷:应付职工薪酬——累积带薪缺勤　　　　37500

2.非累积带薪缺勤及其会计处理

非累积带薪缺勤,是指带薪权利不能结转下期的带薪缺勤,本期尚未用完的带薪缺勤权利将予以取消,并且职工离开企业时也无权获得现金支付。我国企业职工休婚假、产假、丧假、探亲假、病假期间的工资通常属于非累积带薪缺勤。由于职工提供服务本身不能增加其能够享受的福利金额,企业在职工未缺勤时不应当计提相关费用和负债;企业应当在职工缺勤时确认职工享有的带薪权利,即视同职工出勤确认的相关资产成本或当期费用。企业应当在缺勤期间计提应付工资时一并处理。

企业应当在职工实际发生缺勤的会计期间确认与非累积带薪缺勤相关的职工薪酬。

三、短期利润分享计划(奖金计划)

企业制订有短期利润分享计划的,如当职工完成规定业绩指标,或者在企业工作了特定期限后,能够享有按照企业净利润的一定比例计算的薪酬,企业应当按规定进行有关会计处理。

短期利润分享计划同时满足下列条件的,企业应当确认相关的应付职工薪酬,并计入当期损益或相关资产成本:

企业因过去事项导致现在具有支付职工薪酬的法定义务或推定义务。

因利润分享计划所产生的应付职工薪酬义务能够可靠估计。属于下列三种情形之一的,视为义务金额能够可靠估计:①在财务报告批准报出之前企业已确定应支付的薪酬金额;②该利润分享计划的正式条款中包括确定薪酬金额的方式;③过去的惯例为企业确定推定义务金额提供了明显证据。

企业在计量利润分享计划产生的应付职工薪酬时,应当反映职工因离职而没有得到利润分享计划支付的可能性。

如果企业预期在职工为其提供相关服务的年度报告期间结束后十二个月内,不需要全部支付利润分享计划产生的应付职工薪酬,该利润分享计划应当适用其他长期职工福利的有关规定。

企业根据经营业绩或职工贡献等情况提取的奖金,属于奖金计划,应当比照短期利润分享计划进行处理。

【例2-4】丙公司于2015年初制订和实施了两项短期利润分享计划。

对公司管理层进行激励计划,计划规定,公司全年的净利润指标为10000万元,如果在公司管理层的努力下完成的净利润超过10000万元,公司管理层将可以分享超过10000万元净利润部分的10%作为额外报酬。假定至2015年12月31日,丙公司全年实际完成净利润15000万元。

对公司销售人员进行激励计划,计划规定,公司全年的每人销售指标为10台,如果超过10台销售指标的部分每台提成1000元作为额外报酬。假定至2015年12月31日,丙公司销售人员为200人,其中150人超过10台销售指标,每人销售数量均为18台。假定不考虑离职等其他因素,丙公司按照利润分享计划可以分享利润额外的薪酬为$(15000-10000) \times 10\% + (18-10) \times 0.1 \times 150 = 620$(万元);丙公司2015年12月31日的相关账务处理如下:

借:管理费用　　　　　　　　　　　　　　5000000
　　销售费用　　　　　　　　　　　　　　1200000
　　贷:应付职工薪酬——利润分享计划　　　　6200000

第三节 离职后福利的确认和计量

离职后福利,是指企业为获得职工提供的服务而在职工退休或与企业解除劳动关系后,提供的各种形式的报酬和福利,属于短期薪酬和辞退福利的除外。离职后福利包括退休福利(如养老金和一次性的退休支付)及其他离职后福利(如离职后人寿保险和离职后医疗保障)。如果企业提供此类福利,无论其是否设立了单独主体来接受提存金和支付福利,均应当对离职后福利进行会计处理。

职工的离职后福利,如在正常退休时获得的养老金,是其与企业签订的劳动合同到期时,或者职工达到了国家规定的退休年龄时获得的退休后生活补偿金额,此种情况下给予补偿的事项是职工在职时提供的服务,而不是退休本身,因此,企业应当在职工提供服务的会计期间进行养老金的确认和计量。

离职后福利计划，是指企业与职工就离职后福利达成的协议，或者企业为向职工提供离职后福利制定的规章或办法等。企业应当将离职后福利分为设定提存计划和设定受益计划两种类型。

一、设定提存计划

设定提存计划，是指企业向单独主体（如基金等）缴存固定费用后，不再承担进一步支付义务的离职后福利计划。

设定提存计划的会计处理比较简单，因为企业在每一会计期间的义务取决于该期间将要提存的金额。因此，在计量义务和费用时不需要精算假设，通常也不存在精算利得或损失。

企业应在资产负债表日确认为换取职工在会计期间提供的服务而应付给设定提存计划（向单独主体缴存的）提存金，并作为一项费用计入当期损益或相关资产成本。

【例2-5】承【例2-1】，甲公司根据所在地政府规定，按照职工工资总额的12%计提基本养老保险费，缴存当地社会保险经办机构。2016年7月，甲公司缴存的基本养老保险费，应计入生产成本的金额为120万元，应计入制造费用的金额为24万元，应计入管理费用的金额为43.2万元。甲公司2016年7月的账务处理如下：

借：生成成本　　　　　　　　　　　　1200000
　　制造费用　　　　　　　　　　　　　240000
　　管理费用　　　　　　　　　　　　　432000
　　贷：应付职工薪酬——设定提存计划　　1872000

二、设定受益计划

设定受益计划，是指除设定提存计划以外的离职后福利计划。两者的区分取决于离职后福利计划的主要条款和条件所包含的经济实质。在设定提存计划下，企业的法定义务是以企业同意向独立主体缴存的提存金金额为限，职工所取得的离职后福利金额取决于向独立主体支付的提存金金额，以及提存金所产生的投资回报，从而精算风险（即福利将少于预期）和投资风险（即投资的资产将不足以支付预期的福利）实质上要由职工来承担。在设定受益计划下，企业的义务是为现在及以前的职工提供约定的福利，并且精算风险和投资风险实质上由企业来承担。因此，如果精算或者投资的实际结果比预期差，则企业的义务可能会增加。

当企业负有下列义务时，该计划就是一项设定受益计划：

（1）计划福利公式不仅与提存金金额相关，且要求企业在资产不足以满足该公式的福利时提供进一步的提存金；

（2）通过计划间接地或直接地对提存金的特定回报作出担保。

设定受益计划可能是不注入资金的，或者可能全部或部分地由企业（有时由其职工）向独立主体以缴纳提存金形式注入资金，并由该独立主体向职工支付福利。到期时已注资福利的支付不仅取决于独立主体的财务状况和投资业绩，而且取决于企业补偿独立主体资产短缺的意愿和能力。企业实质上承担着与计划相关的精算风险和投资风险。因此，设定受益计划所确认的费用并不一定是本期应付的提存金金额。企业如果存在一项或多项设定受益计划的，对于每一项计划应当分别进行会计处理。

设定受益计划的核算涉及四个步骤。

步骤一： 确定设定受益义务现值和当期服务成本。

企业应当通过下列两步确定设定受益义务现值和当期服务成本。

（1）根据预期累计福利单位法，采用无偏且相互一致的精算假设对有关人口统计变量（如职工离职率和死亡率）和财务变量（如未来薪金和医疗费用的增加）等作出估计，计量设定受益计划所产生的义务，并确定相关义务的归属期间。

（2）根据资产负债表日与设定受益计划义务期限和币种相匹配的国债或活跃市场上的高质量公司债券的市场收益率确定折现率，将设定受益计划所产生的义务予以折现，以确定设定受益计划义务的现值和当期服务成本。

设定受益计划义务的现值，是指企业在不扣除任何计划资产的情况下，为履行获得当期和以前期间职工服务产生的最终义务，所需支付的预期未来金额的现值。设定受益计划的最终义务受到许多变量（如最终薪金、职工流动率和死亡率、职工缴付的提存金以及医疗费用趋势等）的影响。在折现时，即使有部分义务预期在报告期后的十二个月内结算，企业仍应对整项义务进行折现。企业应当就至报告期末的任何重大交易及环境的其他重大变化（包括市场价格和利率的变化）进行调整，在每年度报告期末对预估值的某些方面进行复核（如计划资产的公允价值及财务假设，折现率及薪酬增长率等）。

企业应当通过预期累计福利单位法确定其设定受益计划义务的现值、当期服务成本和过去服务成本。根据预期累计福利单位法，职工每提供一个期间的服务，就会增加一个单位的福利权利，因此，企业应当对每一单位的福利权利进行单独计量，并将所有单位的福利权利累计形成最终义务。企业应当将福利归属于提供设定受益计划的义务发生的期间。这一期间是指从职工提供服务以获取企业在未来报告期间预计支付的设定受益计划福利开始，至职工的继续服务不会导致这一福利金额显著增加之日为止。

企业在确定设定受益计划义务的现值、当期服务成本以及过去服务成本时，应当根据计划的福利公式将设定受益计划产生的福利义务归属于职工提供服务的期间，并计入当期损益或相关资产成本。

精算假设，是指企业对影响离职后福利最终义务的各种变量的最佳估计。精算假设应当是客观公正和相互可比的，无偏且相互一致的。精算假设包括人口统计假设和财务假设。人口统计假设包括死亡率、职工的离职率、伤残率、提前退休率等。财务假设包括折现率、福利水平和未来薪酬等。其中，折现率应当根据资产负债表日与设定受益计划义务期限和币种相匹配的国债或活跃市场上的高质量公司债券的市场收益率确定。

经验调整是设定受益计划义务的实际数与估计数之间的差异。在某些情况下，设定受益计划对于未来福利水平调整未作出明确规定的，企业将有关福利水平的增加确认为精算假设与实际经验的差异（产生精算利得或损失），还是计划的修改（产生过去服务成本），需要运用职业判断。通常情况下，如果设定受益计划未明确规定未来福利水平的调整，过去的调整也并不频繁，同时如果精算假设中并无福利水平增长的假设，企业应将福利水平变化的影响归属于过去服务成本。

【例2-6】甲企业在2014年1月1日确立一项福利计划，向未来退休的管理员工提供退休补贴，退休补贴根据工龄有不同的层次，该计划于当日开始实施。该福利计划为一项设定受益计划。假设管理人员退休时企业将每年向其支付退休补贴直至其去世，通常企业应当根据生命周期表对死亡率进行精算（为阐述方便，本例中测算表格中的演算忽略死亡率），并考虑退休补贴的增长率等因素，将退休后补贴折现到退休时点，然后按照预期累积福利单位法在职工的服务期间进行分配。

假设一位55岁管理人员于2014年入职，年折现率为10%，预计该职工将在服务5年后即2019年初退休。表2-1列示了企业如何按照预期累计福利单位法确定其设定受益义务现值和当期服务成本，假定精算假设不变。

表2-1　福利计划表

年度	2014年	2015年	2016年	2017年	2018年
福利归属于以前年度	0	1310	2620	3930	5240
福利归属于当年	1310	1310	1310	1310	1310
当前和以前年度	1310	2620	3930	5240	6550
期初义务	0	890	1960	3240	4760
利率为10%的利息	0	89=890×10%	196=1960×10%	324=3240×10%	476=4760×10%
当期服务成本	890=1310/(1+10%)^4	980=1310/(1+10%)^3	1080=1310/(1+10%)^2	1190=1310/(1+10%)	1310
期末义务	890	1959=890+89+980	3236=1960+196+1080	4754=3240+324+1190	6546=4760+476+1310

注：①期初义务是归属于以前年度的设定受益义务的现值。②当期服务成本是归属于当年的设定受益义务的现值。③期末义务是归属于当年和以前年度的设定受益义务的现值。

本例中，假设该职工退休后直至去世前企业将为其支付的累计退休福利在其退休时点的折现额约为6550元，则该管理人员为企业服务的5年中每年所赚取的当期福利为这一金额的1/5即1310元。当期服务成本即为归属于当年福利的现值。因此，在2014年，当期服务成本1310/(1+10%)^{4}即890元；其他各年以此类推。

2014年末，企业对该管理人员的会计处理如下：

　　借：管理费用（当期服务成本）　　　　890
　　　　贷：应付职工薪酬　　　　　　　　　　890

同理，2015年末，企业对该管理人员的会计处理如下：

　　借：管理费用（当期服务成本）　　　　980
　　　　贷：应付职工薪酬　　　　　　　　　　980
　　借：财务费用　　　　　　　　　　　　89
　　　　贷：应付职工薪酬　　　　　　　　　　89

以后各年，以此类推。

【例2-7】甲企业在2014年1月1日设立了一项设定受益计划，并于当日开始实施。该设定受益计划规定：

1. 甲企业向所有在职员工提供统筹外补充退休金，这些职工在退休后每年可以额外获得12万元退休金，直至去世；

2. 职工获得该额外退休金基自该计划开始日起为公司提供的服务，而且应当自该设定受益计划开始日起一直为公司服务至退休。

为简化起见，假定符合计划的职工为100人，当前平均年龄为40岁，退休年龄为60岁，还可以为企业服务20年。假定在退休前无人离职，退休后平均剩余寿命为15年。假定适用的折现率为10%。并且假定不考虑未来通货膨胀影响等其他因素。

计算设定受益计划义务及其现值见表2-2。计算职工服务期间每期服务成本见表2-3。

表2-2 计算设定受益计划义务及其现值

单位：万元

数值＼时间	退休后第1年	退休后第2年	退休后第3年	退休后第4年	……	退休后第14年	退休后第15年
(1)当年支付	1200	1200	1200	1200		1200	1200
(2)折现率	10%	10%	10%	10%		10%	10%
(3)复利现值系数	0.9091	0.8264	0.7513	0.683		0.2633	0.2394
(4)退休时点现值(1)×(3)	1091	992	902	820		316	287
(5)退休时点现值合计	9127						

表2-3 计算职工服务期间每期服务成本

单位：万元

服务年份	服务第1年	服务第2年	……	服务第19年	服务第20年
福利归属			……		
以前年度	0	456.35		8214.3	8670.65
当年	456.35	456.35		456.35	456.35
以前年度+当年	456.35	912.7		8670.65	9127
期初义务	0	74.62		6488.68	7882.41
利息	0	7.46		678.87	788.24
当期服务成本	74.62*	82.08**		414.86***	456.35
期末义务	74.62	164.16		7881.41	9127****

*74.62＝456.35/(1＋10%)19

**82.08＝456.35/(1＋10%)18

***414.86＝456.35/(1＋10%)

****含尾数调整。

服务第1年至第20年的账务处理如下：服务第1年年末，甲企业的账务处理如下：

借：管理费用（或相关资产成本） 746200

贷：应付职工薪酬——设定受益计划义务 746200

服务第2年年末，甲公司的账务处理如下：

  借：管理费用（或相关资产成本）   820800
    贷：应付职工薪酬——设定受益计划义务 820800
  借：财务费用（或相关资产成本）   74600
    贷：应付职工薪酬——设定受益计划义务 74600

服务第3年至第20年，以此类推处理。

步骤二：确定设定受益计划净负债或净资产。

设定受益计划存在资产的，企业应当将设定受益计划义务的现值减去设定受益计划资产公允价值所形成的赤字或盈余确认为一项设定受益计划净负债或净资产。

设定受益计划存在盈余的，企业应当以设定受益计划的盈余和资产上限两项的孰低者计量设定受益计划净资产。其中，资产上限，是指企业可从设定受益计划退款或减少未来向独立主体缴存提存金而获得的经济利益的现值。

计划资产包括长期职工福利基金持有的资产以及符合条件的保险单等，不包括企业应付但未付给独立主体的提存金以及由企业发行并由独立主体持有的任何不可转换的金融工具。

【例2-8】 根据【例2-7】，假设该企业共有5000名管理人员，按照预期累计福利单位法计算出上述设定受益计划的总负债为3亿元。若该企业专门购置了国债作为计划资产，这笔国债2015年的公允价值为1亿元，假设该国债仅能用于偿付企业的福利计划负债（除非在支付所有计划负债后尚有盈余），且除福利计划负债以外，该企业的其他债权人不能要求用以偿付其他负债，公司没有最低缴存额的现值，则整个设定受益计划净负债为2亿元。如果该笔国债2016年的公允价值为4亿元，则该项设定受益计划存在盈余为1亿元，假设该企业可从设定受益计划退款或减少未来对该计划缴存资金而获得的经济利益的现值（即资产上限）为1.5亿元，则该项设定受益计划净资产为1亿元。

步骤三：确定应当计入当期损益的金额。

报告期末，企业应当在损益中确认的设定受益计划产生的职工薪酬成本包括服务成本、设定受益净负债或净资产的利息净额。其中，服务成本包括当期服务成本、过去服务成本和结算利得或损失。设定受益净负债或净资产的利息净额包括计划资产的利息收益、设定受益计划义务的利息费用以及资产上限影响的利息。除非相关会计准则要求或允许职工福利成本计入资产成本，企业应当将服务成本和设定受益净负债或净资产的利息净额计入当期损益。

（1）当期服务成本。当期服务成本，是指因职工当期提供服务所导致的设定受益计划义务现值的增加额。在例2-7中，甲公司服务第1年年末应当计入当期损益的当期服务成本为74.62万元。

（2）过去服务成本。过去服务成本，是指设定受益计划修改所导致的与以前期间职工服务相关的设定受益计划义务现值的增加或减少。当企业设立或取消一项设定受益计划或是改变现有设定受益计划下的应付福利时，设定受益计划就发生了修改。

过去服务成本可以是正的，如设立或改变设定受益计划从而导致设定受益计划义务的现值增加，也可以是负的，如取消或改变设定受益计划从而导致设定受益计划义务的现值减少。

如果企业减少了设定受益计划的应付福利，但同时增加了在该计划下针对相同职工其他应付福利，企业就应当将变动的净额作为单项变动处理。

过去服务成本不包括下列各项：①以前假定的薪酬增长金额与实际发生金额之间的差额，对支付以前年度服务产生的福利义务的影响；②企业对支付养老金增长金额具有推定义务的，对于可自行决定养老金增加金额的高估和低估；③财务报表中已确认的精算利得或计划资产回报导致的福利变化的估计；④在没有新的福利或福利未发生变化的情况下，职工达到既定要求之后导致既定福利（即并不取决于未来雇佣的福利）的增加。

【例2-9】根据【例2-6】，假设2015年初企业建立这项设定受益计划时该管理人员已经入职一年，企业对管理人员归属于2014年度服务的设定受益义务的现值增加，因此企业应当立即在2015年初的利润表中确认890万元的过去服务成本。

（3）结算利得和损失。企业应当在设定受益计划结算时，确认一项结算利得或损失。设定受益计划结算，是指企业为了消除设定受益计划所产生的部分或所有未来义务进行的交易，而不是根据计划条款和所包含的精算假设向职工支付福利。设定受益计划结算利得或损失是下列两项的差额：①在结算日确定的设定受益计划义务的现值；②结算价格，包括转移的计划资产的公允价值和企业直接发生的与结算相关的支付。

结算是未在计划条款中规定的福利的支付，未纳入精算假设中，因此结算利得或损失应当计入当期损益，而在计划条款中规定的福利的支付（包括可选择福利支付性质的情况）不属于结算，已纳入精算假设中，在支付此类福利时产生利得或损失，则属于精算利得或损失，应作为重新计量的一部分计入其他综合收益。

【例2-10】根据【例2-7】，假设该企业2017年因经营困难需要重组，一次性支付给职工退休补贴2亿元。重组日的该项设定受益义务总现值为3亿元，则结算利得为1亿元（3亿元-2亿元）。

（4）设定受益计划净负债或净资产的利息净额。设定受益计划净负债或净资产的利息净额，是指设定受益净负债或净资产在职工提供服务期间由于时间变化而产生的变动，包括计划资产的利息收益、设定受益计划义务的利息费用以及资产上限影响的利息。

企业应当通过将设定受益计划净负债或净资产乘以适当的折现率来确定设定受益计划净负债或净资产的利息净额。企业应当在会计期间开始时确定设定受益计划净负债或净资产和折现率，并考虑该期间由于福利提存和福利支付所导致的设定受益计划净负债或净资产的变动，但不应当考虑设定受益计划净负债或净资产在本会计期间的任何其他变动（例如精算利得和损失）。

企业应当通过将计划资产公允价值乘以折现率来确定计划资产的利息收益，作为计划资产回报的组成部分。企业应当将计划资产的利息收益和计划资产回报之间的差额包括在设定受益计划净负债或净资产的重新计量中。

在企业计算设定受益计划净负债或净资产的利息净额时，应当考虑资产上限的影响。企业应当通过将资产上限的影响乘以折现率来确定资产上限影响的利息，作为资产上限影响总变动的一部分。企业应当在会计期间开始时确定资产上限的影响和折现率。企业应当将资产上限影响的利息金额与资产上限影响总变动之间的差额包括在设定受益计划净负债或净资产的重新计量中。

【例2-11】根据【例2-7】，假设该企业2015年初有设定受益计划净负债2亿元，2015年初折现率为10%，假设没有福利支付和提存金缴存，则其利息费用净额为2×10%（亿元）。2016年初有设定受益计划净资产1亿元，假设2016年初折现率为10%，则其利息收入净额为1×10%（亿元）。2015年年末企业应当进行如下会计处理：

  借：财务费用   20000000
    贷：应付职工薪酬   20000000

2016年年末企业应当进行如下会计处理：

  借：应付职工薪酬   10000000
    贷：财务费用   10000000

步骤四：确定应当计入其他综合收益的金额。

企业应当将重新计量设定受益计划净负债或净资产所产生的变动计入其他综合收益，并且在后续会计期间不允许转回至损益，但企业可以在权益范围内转移这些在其他综合收益中确认的金额。

重新计量设定受益计划净负债或净资产所产生的变动包括下列部分。

（1）精算利得或损失，即由于精算假设和经验调整导致之前所计量的设定受益计划义务现值的增加或减少。企业未能预计的过高或过低的职工离职率、提前退休率、死亡率、过高或过低的薪酬、福利的增长以及折现率变化等因素，将导致设定受益计划产生精算利得或损失。精算利得或损失不包括因设立、修改或结算设定受益计划所导致的设定受益计划义务的现值变动，或者设定受益计划下应付福利的变动。这些变动产生了过去服务成本或结算利得或损失。

（2）计划资产回报，扣除包括在设定受益净负债或净资产的利息净额中的金额。计划资产的回报，指计划资产产生的利息、股利和其他收入，以及计划资产已实现和未实现的利得或损失。企业在确定计划资产回报时，应当扣除管理该计划资产的成本以及计划本身的应付税款，但计量设定受益义务时所采用的精算假设所包括的税款除外。管理该计划资产以外的其他管理费用不需从计划资产回报中扣减。

（3）资产上限影响的变动，扣除包括在设定受益计划净负债或净资产的利息净额中的金额。

【例2-11】根据【例2-7】，假设2015年年末甲企业进行精算重估的时候发现折算率已经变为8%，假设不考虑计划资产回报和资产上限影响的变动，假设甲企业由于折现率变动导致重新计量设定受益计划净负债的增加额共计500万元。则2015年末甲企业应当进行如下会计处理：

借：其他综合收益——设定受益计划净负债或净资产重新计量
　　　　　　——精算损失　　　　　　　　　　　　　5000000
　　贷：应付职工薪酬——设定受益计划义务　　　　　　5000000

第四节　辞退福利的确认和计量

辞退福利，是指企业在职工劳动合同到期之前解除与职工的劳动关系，或者为鼓励职工自愿接受裁减而给予职工的补偿。由于导致义务产生的事项是终止雇佣关系而不是为获得职工的服务，所以企业应当将辞退福利作为单独一类职工薪酬进行会计处理。

企业在确定提供的经济补偿是否为辞退福利时，应当注意以下问题。

第一，区分辞退福利和正常退休养老金。辞退福利是在职工与企业签订的劳动合同到期前，企业根据法律与职工本人或职工代表（如工会）签订的协议，或者基于商业惯例，承诺当其提前终止对职工的雇佣关系时支付的补偿，引发补偿的事项是辞退，因此，企业应当在辞退时应进行确认和计量。

第二，对于职工虽然没有与企业解除劳动合同，但未来不再为企业提供服务，不能为企业带来经济利益，企业承诺提供实质上具有辞退福利性质的经济补偿的，如发生"内退"的情况，在其正式退休日期之前应当比照辞退福利处理，在其正式退休日期之后，应当按照离职后福利处理。

企业向职工提供辞退福利的，应当在以下两者孰早日确认辞退福利产生的职工薪酬负债，并计入当期损益。

在企业不能单方面撤回因解除劳动关系计划或裁减建议所提供的辞退福利时，如果企业能够单方面撤回因解除劳动关系计划或裁减建议，则表明未来经济利益流出不是很可能，因而不符合负债的确认条件。

在企业确认涉及支付辞退福利的重组相关的成本或费用时，同时存在下列情况时，表明企业承担了重组义务。

企业有详细、正式的重组计划，包括重组涉及的业务、主要地点、需要补偿的职工人数及其岗位性质、预计重组支出、计划实施时间等。

该重组计划已对外公告。由于被辞退的职工不再为企业带来未来经济利益，因此，对于所有辞退福利，均应当于辞退计划满足负债确认条件的当期一次计入费用，不计入资产成本。在确认辞退福利时，需要注意以下两个方面：

对于分期或分阶段实施的解除劳动关系计划或自愿裁减建议，企业应当将整个计划看作是由各单项解除劳动关系计划或自愿裁减建议组成，在每期或每阶段计划符合预计负债确认条件时，将该期或该阶段计划中由提供辞退福利产生的预计负债予以确认，计入该部分计划满足预计负债确认条件的当期管理费用，不能等全部计划都符合。对于企业实施的职工内部退休计划，由于这部分职工不再为企业带来经济利益，企业应当比照辞退福利处理。具体来说，在内退计划符合本准则规定的确认条件时，企业应当按照内退计划规定，将自职工停止提供服务日至正常退休日期间、企业拟支付的内退职工工资和缴纳的社会保险费等，确认为应付职工薪酬，一次性计入当期损益，不能在职工内退后各期分期确认因支付内退职工工资和为其缴纳社会保险费等产生的义务。

辞退福利的计量因辞退计划中职工有无选择权而有所不同：

对于职工没有选择权的辞退计划，企业应当根据计划条款规定拟解除劳动关系的职工数量、每一职位的辞退补偿等计提职工薪酬负债。

对于自愿接受裁减建议的辞退计划，由于接受裁减的职工数量不确定，企业应当根据《企业会计准则第13号——或有事项》规定，预计将会接受裁减建议的职工数量，根据预计的职工数量和每一职位的辞退补偿等计提职工薪酬负债。

企业应当按照辞退福利计划条款的规定，合理预计并确认辞退福利产生的应付职工薪酬。对于辞退福利预期在其确认的年度报告期间期末后十二个月内完全支付的辞退福利，应当适用短期薪酬的相关规定。

对于辞退福利预期在年度报告期间期末后十二个月内不能完全支付的辞退福利，应当适用本章关于其他长期职工福利的相关规定，即实质性辞退工作在一年内实施完毕但补偿款项超过一年支付的辞退计划，企业应当选择恰当的折现率，以折现后的金额计量应计入当期损益的辞退福利金额。

【例2-12】甲公司是一家空调制造企业。2014年9月，为了能够在下一年度顺利进行转产，甲公司管理层制订了一项辞退计划，计划规定，从2015年1月1日起，企业将以职工自愿方式，辞退其柜式空调生产车间的职工。辞退计划的详细内容，包括拟辞退的职工所在部门、数量、各级别职工能够获得的补偿以及计划大体实施的时间等均已与职工沟通，并达成一致意见，辞退计划已于2014年12月10日经董事会正式批准，辞退计划将于下一个年度内实施完毕。该项辞退计划的详细内容如表2-4所示。

表2-4 辞退计划表

单位：万元

所属部门	职位	辞退数量	工龄（年）	每人补偿
空调车间	车间主任副主任	10	1-10	10
			10-20	20
			20-30	30
	高级技工	50	1-10	8
			10-20	18
			20-30	28
	一般技工	100	1-10	5
			10-20	15
				25
合计		160		159

2014年12月31日,企业预计各级别职工拟接受辞退职工数量的最佳估计数(最可能发生数)及其应支付的补偿如表2-5所示。

表2-5 辞退数量及支付补偿表

单位:万元

所属部门	职位	辞退数量	工龄(年)	接受数量	每人补偿额	补偿金额
空调车间	车间主任副主任	10	1-10	5	10	50
			10-20	2	20	40
			20-30	1	30	30
	高级技工	50	1-10	20	8	160
			10-20	10	18	180
			20-30	5	28	140
	一般技工	100	1-10	50	5	250
			10-20	20	15	300
			20-30	10	25	250
合计		160		123		1400

按照《企业会计准则第13号——或有事项》有关计算最佳估计数的方法,预计接受辞退的职工数量可以根据最可能发生的数量确定。根据表2-5,愿意接受辞退职工的最可能数量为123名,预计补偿总额为1400万元,则企业在2014年(辞退计划是2014年12月10日由董事会批准)应做如下账务处理:

借:管理费用　　　　　　　　　　　　　14000000
　　贷:应付职工薪酬——辞退福利　　　　　14000000

第五节 其他长期福利的确认和计量

其他长期职工福利，是指除短期薪酬、离职后福利和辞退福利以外的其他所有职工福利。其他长期职工福利包括以下各项（假设预计在职工提供相关服务的年度报告期末以后12个月内不会全部结算）：长期带薪缺勤、其他长期服务福利、长期残疾福利、长期利润分享计划和长期奖金计划，以及递延酬劳等。

企业向职工提供的其他长期职工福利，符合设定提存计划条件的，应当按照设定提存计划的有关规定进行会计处理。符合设定受益计划条件的，企业应当按照设定受益计划的有关规定，确认和计量其他长期职工福利净负债或净资产。在报告期末，企业应当将其他长期职工福利产生的职工薪酬成本确认为下列组成部分：

服务成本。

其他长期职工福利净负债或净资产的利息净额。

重新计量其他长期职工福利净负债或净资产所产生的变动。

为了简化相关会计处理，上述项目的总净额应计入当期损益或相关资产成本。

长期残疾福利水平取决于职工提供服务期间的长短，企业应在职工提供服务的期间确认应付长期残疾福利义务，计量时应当考虑长期残疾福利支付的可能性和预期支付的期限；与职工提供服务期间长短无关的，企业应当在导致职工长期残疾的事件发生的当期确认应付长期残疾福利义务。

递延酬劳包括按比例分期支付或者经常性定额支付的递延奖金等。这类福利应当按照奖金计划的福利公式来对费用进行确认，或者按照直线法在相应的服务期间分摊确认。如果一个企业内部为其长期奖金计划或者递延酬劳设立一个账户，则这样的其他长期职工福利不符合设定提存计划的条件。

【例2-13】2015年初甲企业为其管理人员设立了一项递延奖金计划：将当年利润的5%提成作为奖金，但要两年后即2016年末才向仍然在职的员工分发。假设2015年当年利润为1亿元，且该计划条款中明确规定：员工必须在这两年内持续为公司服务，如果提前离开将拿不到奖金。具体会计处理如下：

步骤一：根据预期累计福利单位法，采用无偏且相互一致的精算假设对有关人口统计变量和财务变量等作出估计，计量设定受益计划所产生的义务，并按照同久期同币种的国债收益率将设定受益计划所产生的义务予以折现，以确定设定受益计划义务的现值和当期服务成本。

假设不考虑死亡率和离职率等因素，2015年初预计两年后企业为此计划的现金流支出为500万元，按照预期累计福利单位法归属于2015年的福利为500/2=250（万元），选取同久期同币种的国债收益率作为折现率（5%）进行折现，则2015年的当前服务成本为$250/(1+5\%)=238.0952$（元）。假定2015年末折现率变为3%，则2015年末的设定受益义务现值即设定受益计划负债为$250/(1+3\%)=242.7184$（元）。

步骤二：核实设定受益计划有无计划资产，假设在本例中，该项设定受益计划没有计划资产，2015年末的设定受益计划净负债即设定受益计划负债为242.7184元。

步骤三：确定应当计入当期损益的金额，如步骤一所示，本例中发生利润从而导致负债的当年，即2015年的当期服务成本为238.0952元。由于期初负债为0，2015年末，设定受益计划净负债的利息费用为0。

步骤四：确定重新计量设定受益计划净负债或净资产所产生的变动，包括精算利得或损失、计划资产回报和资产上限影响的变动三个部分，计入当期损益。由于假设本例中没有计划资产，因此重新计量设定受益计划净负债或净资产所产生的变动仅包括精算利得或损失。

由步骤一可知，2015年末的精算损失为46232元。

2015年末，上述递延奖金计划的会计处理如下：

借：管理费用——当期服务成本　　　2380952
　　　　　　——精算损失　　　　　　46232
　　贷：应付职工薪酬——递延奖金计划　　2427284

同理，2016年末，假设折现率仍为3%，甲企业当期服务成本为250万元，设定受益计划净负债的利息费用=2427184×3%=72816（元）。甲企业2016年末的企业处理如下：

借：管理费用　　　　　　　　　　　2500000
　　财务费用　　　　　　　　　　　72816
　　贷：应付职工薪酬——递延奖金计划　　2572816

实际支付该项递延奖金时，会计处理如下：

借：应付职工薪酬——递延奖金计划　　5000000
　　贷：银行存款　　　　　　　　　　5000000

同步练习题

一、单项选择题

1. 下列各项有关职工薪酬的会计处理中,正确的是(   )。
   A. 与设定受益计划相关的当期服务成本应计入当期损益
   B. 与设定受益计划相关的过去服务成本应计入期初留存收益
   C. 与设定受益计划负债相关的利息费用应计入其他综合收益
   D. 因重新计量设定受益计划净负债产生的精算损失应计入当期损益

2. 下列各项属于短期职工薪酬的是(   )。
   A. 因解除与职工的劳动关系给予的补偿   B. 职工缴纳的养老保险
   C. 失业保险   D. 医疗保险

3. 下列有关设定受益计划会计处理的表述中,不正确的是(   )。
   A. 根据预期累计福利单位法,采用精算假设作出估计,计量设定受益计划所产生的义务,应当按照规定的折现率将设定受益计划所产生的义务予以折现,以确定设定受益计划义务的现值和当期服务成本
   B. 当职工后续年度的服务将导致其享有的设定受益计划福利水平显著高于以前年度时,企业应当按照直线法将累计设定受益计划义务分摊确认于职工提供服务而导致企业第一次产生设定受益计划福利义务至职工提供服务不再导致该福利义务显著增加的期间
   C. 设定受益计划净负债或净资产的利息净额,包括设定受益计划义务的利息费用以及资产上限影响的利息,计入当期财务费用
   D. 重新计量设定受益计划净负债或净资产所产生的变动,即精算利得或损失应计入其他综合收益,并且在后续会计期间不允许转回至损益

4. 2015年7月A公司有关其他职工薪酬的业务如下:为生产工人免费提供住宿,每月计提折旧1万元;为总部部门经理提供汽车免费使用,每月计提折旧3万元;为总经理租赁一套公寓免费使用,月租金为5万元。下列关于职工薪酬的会计处理中,不正确的是(   )。
   A. 为生产工人提供免费住宿,应借记"生产成本",贷记"应付职工薪酬"1万元,同时借记"应付职工薪酬",贷记"累计折旧"1万元
   B. 为总部部门经理提供汽车免费使用,应借记"管理费用",贷记"应付职工薪酬"3万元,同时借记"应付职工薪酬",贷记"累计折旧"3万元
   C. 为总经理租赁公寓免费使用,应借记"管理费用",贷记"应付职工薪酬"5万元,同时借记"应付职工薪酬",贷记"其他应付款"5万元
   D. 为生产工人提供免费住宿和为总部部门经理提供汽车免费使用,应借记"管理费用",贷记"应付职工薪酬"4万元;同时借记"应付职工薪酬",贷记"累计折旧"4万元

5. 2015年7月1日A公司（房地产开发企业）将100套全新的公寓以优惠价格向职工出售，购买房产的职工共计100名，其中80名为销售业务骨干，20名为公司总部管理人员。该公司向销售业务骨干出售的住房平均每套市场价为100万元，出售的价格为每套80万元，每套成本为40万元；向管理人员出售的住房平均每套市场价为180万元，向职工出售的价格为每套150万元，每套成本为60万元。假定该100名职工均在2015年7月1日购买了公司出售的住房，售房协议规定，职工在取得住房后必须在公司服务10年。不考虑其他因素，下列有关100套全新公寓向职工出售的会计处理中，不正确的是（　　）。

　　A. 出售住房时计入长期待摊费用的金额为2200万元
　　B. 出售住房时不确认收入
　　C. 本年摊销时，借记"销售费用"科目，贷记"应付职工薪酬"科目80万元
　　D. 本年摊销时，借记"管理费用"科目，贷记"应付职工薪酬"科目30万元

二、多项选择题

1. 长期职工薪酬折现时可以采用的折现率包括（　　）。
　　A. 国债利率
　　B. 银行同期贷款利率
　　C. 活跃市场上的高质量公司债券的市场收益率
　　D. 非活跃市场上的公司债券的市场收益率

2. 下列有关带薪缺勤的表述中，正确的有（　　）。
　　A. 累积带薪缺勤，是指带薪缺勤权利可以结转下期的带薪缺勤，本期尚未用完的带薪缺勤权利可以在未来期间使用
　　B. 企业应当在职工提供服务从而增加其未来享有的带薪缺勤权利时，确认与累积带薪缺勤相关的职工薪酬，并以累积未行使权利而增加的预期支付金额计量
　　C. 非累积带薪缺勤，是指带薪缺勤权利不能结转下期的带薪缺勤，本期尚未用完的带薪缺勤权利将予以取消，并且职工离开企业时也无权获得现金支付
　　D. 企业应当在职工实际发生缺勤的会计期间确认与非累积带薪缺勤相关的职工薪酬

3. 属于设定提存计划的职工薪酬有（　　）。
　　A. 工伤保险费　　　　B. 生育保险费
　　C. 失业保险　　　　　D. 职工养老保险

4. 下列有关辞退福利的概念、确认和计量的表述中，正确的有（　　）。
　　A. 确认为预计负债的辞退福利，应当计入当期费用
　　B. 职工虽然没有与企业解除劳动合同，但未来不再为企业带来经济利益、企业承诺提供实质上具有辞退福利性质的经济补偿，比照辞退福利处理
　　C. 对于职工没有选择权的辞退计划，应当根据计划规定的拟辞退职工数量、每一职位的辞退补偿等计提辞退福利负债
　　D. 对于自愿接受裁减的建议，应当按照或有事项准则预计将接受裁减建议的职工

数量，根据预计的职工数量和每一职位的辞退补偿等计提辞退福利负债

5. 下列各项有关职工薪酬的表述中，正确的有（　　）。

A. 企业为职工缴纳的医疗保险费、养老保险费、失业保险费、工伤保险费、生育保险费等社会保险费和住房公积金，应当在职工为其提供服务的会计期间，根据工资总额的一定比例计算，计入资产成本或当期损益

B. 非货币性薪酬主要为非货币性福利，通常包括企业以自己的产品或其他有形资产发放给职工作为福利，但不包括向职工无偿提供自己拥有的资产使用、为职工无偿提供类似医疗保健服务等

C. 企业应当严格按照辞退计划条款的规定，合理预计并确认辞退福利产生的负债，预计数与实际发生数差额较大的，应当在附注中披露产生差额较大的原因

D. 因被辞退职工不能给企业带来任何经济利益，辞退福利应当计入当期费用而不作为资产成本

三、综合题

BS公司为增值税一般纳税人，适用的增值税税率为17%。其2015年12月份发生的与职工薪酬有关的业务如下：

资料一：2015年12月份，BS公司以其生产的成本为0.3万元/台的洗衣机作为福利发放给200名职工，每台洗衣机的市场售价为0.6万元/台；同时将公司外购的200套百变衣柜发放给上述人员，企业购买这些衣柜的含税价格为0.5万元/套，已取得增值税专用发票；假定200名职工中120名为企业生产人员，30名为销售精英，50名为总部管理人员。

资料二：BS公司实行累积带薪缺勤货币补偿制度，补偿金额为放弃带薪休假期间平均日工资的2倍。2015年，BS公司有25名管理人员放弃5天的带薪年休假，该公司平均每名职工每个工作日工资为300元。

资料三：BS公司2014年经营业绩超出预期，董事会决定对该公司的管理人员进行奖励。2015年6月20日，BS公司从公司外部购入20套商品房奖励公司的20名高级管理人员，该商品房每套100万元，公司以每套65万元的价格出售给职工，但要求相关人员需要自2015年7月1日起在公司继续服务5年。

要求：

1. 根据资料一，说明BS公司作为福利发放的自产洗衣机是否应确认收入，并说明理由。编制相关会计分录。

2. 根据资料二，编制相关会计分录。

3. 根据资料三，计算BS公司2015年因此计划应确认的成本费用金额，并编制相关的会计分录。

第三章

股份支付会计

第三章 股份支付会计

本章知识结构

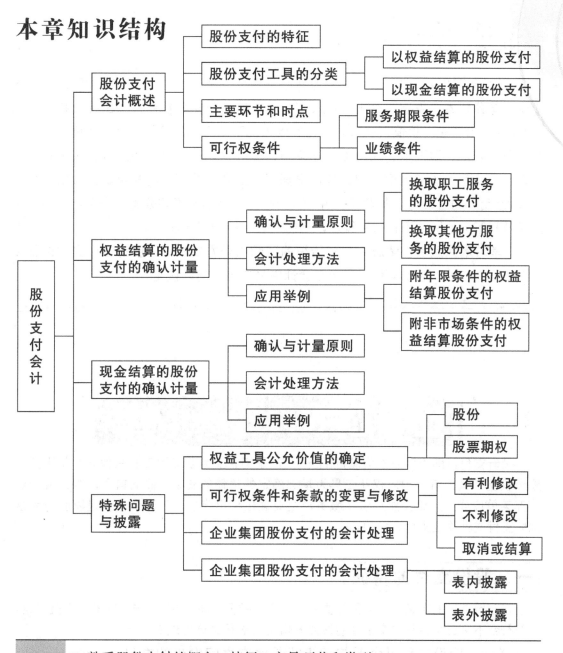

学习目标

1. 熟悉股份支付的概念、特征、交易环节和类型。
2. 掌握股份支付的确认和计量原则。
3. 掌握权益结算中涉及职工的股份支付会计处理。
4. 掌握现金结算中涉及职工的股份支付的会计处理。
5. 理解股份支付中有关特殊问题的处理方法。
6. 了解股份支付的信息披露原则。

引入案例

2014年10月28日，公司股东为激励管理层及部分优秀员工，鼓励管理层与员工与公司共同发展，有限公司股东会议决定，将实际控制人张国栋所持公司9.23%的出资额（价值人民币66万元）以人民币66万元的价格转让给竹森洪、袁一鑫、叶斌、严波燕、徐幼玉、谢位利、王师军、屠蛟浪、胡莲芳和陈昊等10人作为公司的股权激励之用。公司根据《企业会计准则》的规定确认股份支付264万元，约占公司当期管理费用的57.88%，该事项不影响公司的净资产，对公司盈利能力的影响不具有持续性，不影响公司持续经营能力。

学习本章之后，请思考：与传统的薪酬激励方式相比，股份激励方式的优点体现在何处？股份支付的费用在会计中又应当如何确认呢？

第一节 股份支付会计概述

股份支付，即"以股份为基础的支付"，是指企业为获取职工和其他方提供服务而授予权益工具或者承担以权益工具为基础确定的负债的交易。简而言之，职工或企业外部某单位或个人给企业提供了服务，企业理应付出代价，而这个代价是以股份为基础来支付或计算应支付金额的。

一、股份支付的特征

在股份支付的定义中，需要着重把握三个关键词：职工和其他方、服务、权益工具。只有符合下列三个特征的交易才能按照股份支付进行会计处理：

（一）股份支付是企业与职工或其他方之间发生的交易

以股份为基础的支付可能发生在企业与股东之间、合并交易中的合并方与被合并方之间、企业与职工之间等，但只有发生在企业与其职工或向企业提供服务的其他方之间的交易，才能符合股份支付的定义。

（二）股份支付是以获取职工或其他方服务为目的的交易

企业在股份支付交易中意在获取其职工或其他方提供的服务（作为当期费用处理）

或取得这些服务的权利（可作为资产处理）。企业获取这些服务或权利的目的是更好地从事生产经营，而不是转手获利等。

● **（三）股份支付交易的对价或其定价与企业自身权益工具未来价值密切相关**

股份支付交易与企业和其职工间其他类型交易的最大不同，是交易对价或其定价与企业自身权益工具未来的价值密切相关。在股份支付中，企业要么向职工支付其自身权益工具，要么向职工支付一笔金额高低取决于结算时企业自身权益工具的公允价值的现金。

二、股份支付工具的分类

《企业会计准则第11号——股份支付》第二条规定，根据股份支付的方式，股份支付分为以权益结算的股份支付和以现金结算的股份支付两种类型。

● **（一）以权益结算的股份支付**

以权益结算的股份支付，是指企业为获得服务而以股份或其他权益工具作为对价进行结算的交易。以权益结算的股份支付最常用的工具有两类：限制性股票和股票期权。

限制性股票是指职工或其他方按照股份支付协议规定的条款和条件，从企业获得一定数量的本企业股票。企业授予职工一定数量的股票，在一个确定的等待期内或在满足特定业绩指标之前，职工出售股票要受到持续服务条款或业绩条件的限制。

股票期权是指企业授予职工或其他方在未来一定期限内以预先确定的价格和条件购买本企业一定数量股票的权利。

● **（二）以现金结算的股份支付**

以现金结算的股份支付，是指企业为获取服务而承担的以股份或其他权益工具为基础计算的交付现金或其他资产的义务的交易。例如，某公司规定服务满三年的管理人员可以获得1000份现金股票增值权，即根据股价的增长幅度可以行权获得现金。这种行为就是以现金结算的股份支付。

以现金结算的股份支付最常用的工具有两类：现金股票增值权和模拟股票。

现金股票增值权和模拟股票，是用现金支付模拟的股权激励机制，与股票挂钩，但用现金支付。除不需要实际行权和持有股票外，现金股票增值权的运作原理与股票期权是一样的，而模拟股票的运作原理与限制性股票是一样的。

三、股份支付的主要环节和时点

以股票期权为例，典型的股份支付通常涉及四个主要环节：授予、可行权、行权和出售，各环节如图3-1所示。

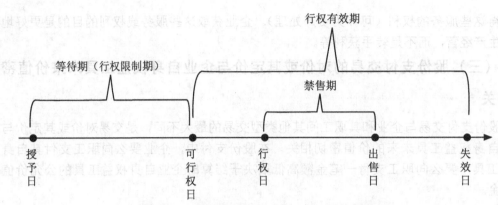

图3-1 典型的股份支付交易环节示意图

下面对上述5个时点进行分别介绍:

(一) 授予日

授予日,是指股份支付协议获得批准的日期。其中"获得批准",是指企业与职工或其他方就股份支付的协议条款和条件已达成一致,该协议获得股东大会或类似机构的批准。这里的"达成一致",是指双方对该计划或协议内容充分形成一致理解的基础上,均正式接受其条款和条件。如果按照相关法规的规定,在提交股东大会或类似机构之前存在必要程序或要求,则应首先履行该程序或满足该要求。

(二) 可行权日

可行权日,是指可行权条件得到满足、职工或其他方具有从企业取得权益工具或现金权利的日期。只有已经可行权的股票期权,才是职工真正拥有的"财产",才能去择机行权。从授予日至可行权日的时段,是可行权条件得到满足的期间,因此称为"等待期",又称"行权限制期"。

(三) 行权日

行权日,是指职工和其他方行使权利、获取现金或权益工具的日期。例如,持有股票期权的职工行使了以特定价格购买一定数量本公司股票的权利,该日期即为行权日。行权是按期权的约定价格实际购买股票,一般是在可行权日之后至期权到期日之前的可选择时段内行权。

(四) 出售日

出售日,是指股票的持有人将行使期权所取得的期权股票出售的日期。按照我国法律的规定,用于期权激励的股份支付协议,应在行权日与出售日之间设立禁售期,其中国有控股上市公司的禁售期不得低于两年。

(五) 失效日

失效日是指权利失效的日期。行权有效期间内均可以行权,有效期的最后一天,即为失效日。

四、股份支付的可行权条件

股份支付的可行权条件是指能够确定企业是否得到职工或其他方提供的服务,且该服务使职工或其他方具有获取股份支付协议规定的权益工具或现金等权利的条件,反之,为非可行权条件。在满足这些条件之前,职工无法获得股份,这个等待期就是可行权条件得到满足的期间,该期间从授予日开始,到可行权日结束。

可行权条件包括服务期限条件和业绩条件两部分内容。

(一)服务期限条件

服务期限条件,是指职工或其他方完成规定服务期限才可行权的条件。例如,某公司向总经理授予10000000股股票期权,约定总经理从即日起在该公司连续服务6年,即可以每股5元价格购买10000000股该公司股票,这里的"连续服务6年"就是服务期限条件。

(二)业绩条件

业绩条件是指企业达到特定业绩目标,职工才可行权的条件,具体包括市场条件和非市场条件。

1. 市场条件

市场条件是指行权价格、可行权条件以及行权可能性与权益工具的市场价格相关的业绩条件,如股份支付协议中关于股价至少上升至何种水平职工可相应取得多少股份的规定。企业在确定权益工具在授予日的公允价值时,应考虑市场条件的影响,而不考虑非市场条件的影响。但市场条件是否得到满足,不影响企业对预计可行权情况的估计。

2. 非市场条件

非市场条件是指除市场条件之外的其他业绩条件,如股份支付协议中关于达到最低盈利目标或销售目标才可行权的规定。企业在确定权益工具在授予日的公允价值时,不考虑非市场条件的影响。但非市场条件是否得到满足,影响企业对预计可行权情况的估计。对于可行权条件为业绩条件的股份支付,主要职工满足了其他所有非市场条件(如利润增长率等),企业就应当确认已取得的服务。

市场条件与非市场条件处理的比较如图3-2所示。

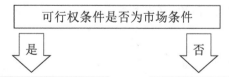

图3-2 市场条件与非市场条件处理的比较

【例3-1】甲公司授予其管理层的一份股份支付协议规定，今后3年中，公司股价每年提高7%以上，则可获得一定数量的该公司股票。到第3年年末，该目标未能达成。甲公司在第3年年末已经确认了收到的管理层提供的服务，由于股价增长是一个市场条件，因此这些费用不应再转回。

【例3-2】2016年12月1日，M公司股东大会通过了《关于A公司股票期权激励计划的议案》，对管理层人员进行股权激励。该股权激励计划的行权条件是：（1）公司净利润以2016年年末为固定基数，2017—2019年的净利润增长率分别比2016年增长8%、16%、24%以上；（2）管理层成员在其后3年中都在公司任职服务。在满足行权条件后，管理层成员即可以低于实际的价格购买一定数量的本公司股票。

M公司通过期权定价模型估计，授予的此项期权在授予日公允价值为6000000元。

授予日，M公司估计3年内管理层离职的比例为8%；第2年年末，M公司调整其估计离职率为5%；到第3年年末，实际离职率为6%。

M公司2017—2019年的净利润增长率分别为10%、17%、25%。公司在2017年、2018年年末都预计下年能实现净利润增长率的目标。

请问该例涉及哪些条款和条件？M公司该如何处理？

分析：

同时满足服务3年和净利润增长率的要求，就能够确定企业得到了管理层成员提供的服务，且该服务使管理层成员具有获取股份支付协议规定的权益工具的权利，因此，这是一项非市场业绩条件。

按照股份支付准则的规定，第1年年末确认的服务费用为：

6000000×1/3×（1-8%）=1840000（元）

第2年年末累计确认的服务费用为

6000000×2/3×（1-5%）=3800000（元）

第3年年末累计确认的服务费用为

6000000×（1-6%）=5640000（元）

由此，第2年应确认的费用为

3800000-1840000=1960000（元）

第3年应确认的费用为

5640000-3800000=1840000（元）

第二节 以权益结算的股份支付的确认与计量

以权益结算的股份支付，是指企业未获得服务而以股份或其他权益工具作为对价进行结算的交易。以权益结算的股份支付最常用的工具有两类：限制性股票和股票期权。其定义见本章第一节，这里不再赘述。

一、以权益结算的股份支付的确认与计量原则

(一) 换取职工服务的股份支付的确认和计量原则

对有等待期的换取职工服务的股份支付，企业应当以股份支付所授予的权益工具的公允价值计量。在等待期内的每个资产负债表日，企业应以对可行权权益工具数量的最佳估计为基础，按照权益工具在授予日的公允价值，将当期取得的服务计入相关资产成本或当期费用，同时计入资本公积中的其他资本公积。由于这一部分还未实际行权，并不是企业的股份数量增加，因此先计入资本公积中。

对授予后立即可行权的换取职工提供服务的权益结算的股份支付，应在授予日按照权益工具的公允价值，将取得的服务计入相关资产成本或当期费用，同时计入资本公积中的股本溢价。

(二) 换取其他方服务的股份支付的确认和计量原则

换取其他方服务，是指企业以自身权益工具换取职工以外其他有关方面为企业提供的服务。在某些情况下，这些服务可能难以辨认，但仍会有迹象表明企业是否取得了该服务，应当按照股份支付准则处理。对换取其他方服务的股份支付，企业应当以股份支付所换取的服务的公允价值计量。一般而言，职工以外的其他方提供的服务能够可靠计量的，应当优先采用其他方所提供服务在取得日的公允价值；如果其他方服务的公允价值不能可靠计量，但权益工具的公允价值能够可靠计量的，应当按照权益工具在服务取得日的公允价值计量。企业应当按照其他方服务在取得日的公允价值，将取得的服务计入相关资产成本或当期费用。

二、以权益结算的股份支付的会计处理

股份支付的会计处理必须以完整、有效的股份支付协议为基础。

(一) 授予日

除了立即可行权的股份支付外，企业在授予日不需要做会计处理。对立即可行权的股份支付，其会计处理与可行权日的会计处理相同。

（二）等待期内的每个资产负债表日

对以权益结算的股份支付，企业应当在等待期内的每个资产负债表日，将取得职工或其他方提供的服务计入当期费用或资产成本，同时确认所有者权益。计入成本或费用的金额应当按照授予日权益工具的公允价值计量，即使权益工具的公允价值发生变动，也不确认其后续公允价值变动。由于未来可行权的职工人数会发生变动，企业必须根据最新取得的可行权职工人数变动等后续信息作出最佳估计，修正预计可行权的权益工具数量。

根据上述权益工具的公允价值和预计可行权的权益工具数量，计算截至当期累计应确认的成本或费用金额，再减去前期累计已确认金额，作为当期应确认的成本费用金额。

在等待期的资产负债表日，企业根据授予日权益工具的公允价值乘以预计可行权的权益工具数量，按照职工所付出服务的性质，借记"生产成本""制造费用""管理费用""销售费用""研发支出"和"在建工程"等科目，贷记"资本公积——其他资本公积"科目。

（三）可行权日之后

对权益结算的股份支付，在可行权日之后不再对已确认的成本或费用和所有者权益总额进行调整。

（四）行权日

企业应在行权日根据行权情况，确认股本和股本溢价，同时结转等待期内确认的资本公积（其他资本公积）。

根据行权时收到的款项，借记"银行存款"科目，结转等待期内确认的资本公积，借记"资本公积——其他资本公积"科目，根据转换成的股本数，贷记"股本"科目，按其差额，贷记"资本公积——股本溢价"科目。

三、以权益结算的股份支付的应用

为了说明上述会计处理问题，这里做如下举例说明。

（一）附服务年限条件的权益结算的股份支付

【例3-3】A公司为上市公司。2010年12月，A公司董事会批准了一项股份支付协议。协议规定，2011年1月1日，公司向其200名管理人员每人授予2000份股票期权。这些管理人员必须从2011年1月1日起在公司连续服务3年，服务期满时才能够以每股5元的价格购买2000股A公司股票。公司估计该期权在授予日（2011年1月1日）的公允价值为15元人民币。

第1年有20名管理人员离开A公司，该公司估计3年中离开的管理人员比例将达到20%。

第2年又有10名管理人员离开公司，公司将估计的管理人员离开比例修正为15%。

第3年又有15名管理人员离开。

第4年年末（2014年12月31日），有15名管理人员放弃了股票期权。

第5年年末（2015年12月31日），剩余140名管理人员全部行权，A公司股票面值为每股1元，管理人员以每股5元购买。

根据上述资料，A公司所做的会计处理如下：

1. 计算费用和资本公积

计算过程如表3-1所示。

表3-1 费用和资本公积计算表

单位：元

年份	计算	当期费用	累计费用
2011	200×（1-20%）×2000×15×1/3	1600000	1600000
2012	200×（1-15%）×2000×15×2/3-1600000	1800000	3400000
2013	155×2000×15-3400000	1250000	4650000

2. 会计处理

（1）授予日。

根据会计准则规定，2011年1月1日，授予日不做会计处理。

（2）等待期内的每个资产负债表日。

①2011年12月31日：

　　借：管理费用　　　　　　　　　　　　1600000
　　　　贷：资本公积——其他资本公积　　　　　1600000

②2012年12月31日：

　　借：管理费用　　　　　　　　　　　　1800000
　　　　贷：资本公积——其他资本公积　　　　　1800000

③2013年12月31日：

　　借：管理费用　　　　　　　　　　　　1250000
　　　　贷：资本公积——其他资本公积　　　　　1250000

（3）可行权日之后。

①2014年12月31日：

不调整成本费用和资本公积。

②2015年12月31日：

　　借：银行存款（140×2000×5）　　　　1400000
　　　　资本公积——其他资本公积　　　　4650000
　　　　贷：股本（140×2000×1）　　　　　　280000
　　　　　　资本公积——股本溢价　　　　　　5770000

(二) 附非市场业绩条件的权益结算的股份支付

【例3-4】2012年1月1日,A公司为其100名管理人员每人授予2000份股票期权,其可行权条件为:2012年年末,公司当年净利润增长率达到20%;2013年年末,公司2012—2013年两年净利润平均增长率达到15%;2014年末,公司2012—2014年3年净利润平均增长率达10%。每份期权在2012年1月1日的公允价值为10元。

2012年12月31日,净利润增长了18%,同时有8名管理人员离开,公司预计2013年将以同样速度增长,即2012—2013年两年净利润平均增长率能够达到18%,因此预计2013年12月31日可行权。另外,预计第2年又将有8名管理人员离开公司。

2013年12月31日,公司净利润仅增长了10%,但公司预计2012—2014年3年净利润平均增长率可达到12%,因此预计2014年12月31日可行权。另外,实际有10名管理人员离开,预计第3年将有12名管理人员离开公司。

2014年12月31日,公司净利润增长了8%,3年平均增长率为12%,满足了可行权条件(即3年净利润平均增长率达到10%)。当年有8名管理人员离开公司。

本例的可行权条件是一项非市场业绩条件。

2012年年末,虽然没能实现净利润增长20%的要求(实际增长了18%),但公司预计下年将以同样的速度增长,因此能实现两年平均增长15%的目标,所以公司将其预计等待期调整为2年。2013年年末,虽然两年实现15%的目标再次落空,但公司仍然估计能够在第3年取得较理想的业绩,从而实现3年平均增长10%的目标,所以公司将其预计等待期调整为3年。2014年年末,目标实现。公司根据实际情况确定累计费用,并据此确认了第3年费用的调整。

费用和资本公积计算过程见表3-2。

表3-2 费用和资本公积计算表

单位:元

年份	计算	当期费用	累计费用
2012	(100-8-8)×2000×10×1/2	840000	840000
2013	(100-8-10-12)×2000×10×2/3-840000	93333.33	933333.33
2014	(100-8-10-8)×2000×10-933333.33	546666.67	1480000

会计分录如下:

1. 2012年12月31日

借:管理费用　　　　　　　　　　　　　　840000
　　贷:资本公积——其他资本公积　　　　　　　840000

2. 2013年12月31日

借:管理费用　　　　　　　　　　　　　　93333.33
　　贷:资本公积——其他资本公积　　　　　　　93333.33

3. 2014年12月31日

借:管理费用　　　　　　　　　　　　　　546666.67
　　贷:资本公积——其他资本公积　　　　　　　546666.67

第三节 以现金结算的股份支付的确认与计量

以现金结算的股份支付,是指企业为获取服务而承担的以股份或其他权益工具为基础计算的交付现金或其他资产的义务的交易。以现金结算的股份支付最常用的工具有现金股票增值权和模拟股票。除不需要实际行权和持有股票外,现金股票增值权的运作原理与股票期权是一样的,而模拟股票的运作原理与限制性股票是一样的。

一、以现金结算的股份支付的确认与计量原则

在实际行权或者结算之前,以现金结算的股份支付实质上是企业对职工的一项负债。企业应当在等待期内的每个资产负债表日,以对可行权情况的最佳估计为基础,按照企业承担负债的公允价值,将当期取得的服务计入相关资产成本或当期费用,同时计入负债,并在结算前的每个资产负债表日和结算日对负债的公允价值重新计量,将其变动计入公允价值变动损益。

对授予后立即可行权的现金结算的股份支付,企业应当在授予日按照企业承担负债的公允价值计入相关资产成本或费用,同时计入负债,并在结算前的每个资产负债表日和结算日对负债的公允价值重新计量,将其变动计入损益。

二、以现金结算的股份支付的会计处理

股份支付的会计处理必须以完整、有效的股份支付协议为基础。

(一)授予日

与权益结算的股份支付相同,除了立即可行权的股份支付外,企业在授予日不作会计处理。

(二)等待期内的每个资产负债表日

对于现金结算的股份支付,企业应当在等待期内的每个资产负债表日,将取得职工或其他方提供的服务计入成本或费用,同时确认负债。借记"生产成本""制造费用""管理费用""研发支出""在建工程""销售费用"等科目,贷记"应付职工薪酬——股份支付"科目。

与权益结算的股份支付不同,对于现金结算的股份支付,如果各个资产负债表日的权益工具的公允价值发生变化,应当按照每个资产负债表日权益工具的公允价值重新计量,确定成本费用和应付职工薪酬。

(三)可行权日之后

对现金结算的股份支付,企业在可行权日之后不再确认成本或费用,但是由于权益工具的公允价值发生变化引起的负债(应付职工薪酬)公允价值的变动应当进行确认,

计入当期损益（公允价值变动损益）。这是和权益结算的股份支付在会计处理上的又一大区别。

（四）行权日

行权日时，企业应在职工行权日根据行权情况，按照所支付的现金，借记"应付职工薪酬——股份支付"，贷记"银行存款"等科目。

三、以现金结算的股份支付应用举例

以现金结算的股份支付的主要支付工具是现金股票增值权，现以现金股票增值权为例来说明。

【例3-5】2010年12月，A公司为其200名管理人员每人授予2000份现金股票增值权，并规定这些职员从2011年1月1日起在该公司连续服务3年，即可按照当时股价的增长幅度获得现金。表3-3为A公司估计的该增值权在负债结算之前的每一资产负债表日及计算日的公允价值，包括可行权后的每份增值权现金支出额。

表3-3 各年公允价值与支付现金一览表

单位：元

年份	公允价值	支付现金
2011	24	
2012	30	
2013	35	32
2014	42	38
2015		45

第1年有20名管理人员离开A公司，该公司估计3年还将有15名职员离开；第二年又有10名管理人员离开公司，公司估计还将有10名职员离开。第3年又有15名管理人员离开。第3年年末，有70名管理人员行使股票增值权取得现金。第4年年末，有50名管理人员行权。第5年年末，剩余35人也行使了现金股票增值权。

分析过程如下：

1. 费用和负债的计算过程见表3-4

表3-4 费用和负债计算表

单位：元

年份	负债计算 (1)	支付现金计算 (2)	负债 (3)	支付现金 (4)	当期费用 (5)
2011	(200-35)×2000×24×1/3		2640000		2640000
2012	(200-40)×2000×30×2/3		6400000		3760000
2013	(200-45-70)×2000×35	70×2000×32	5950000	4480000	4030000
2014	(200-45-70-50)×2000×42	35×2000×45	2940000	3800000	790000
2015	0		0	3150000	210000
总额				11430000	11430000

【表中：(1)计算得出(3)，(2)计算得出(4)，当期(3)－前一期(3)＋当期(4)＝当期(5)】

2. 会计分录

（1）2011年12月31日：

  借：管理费用　　　　　　　　　　　　2640000

   贷：应付职工薪酬——股份支付　　　　　2640000

（2）2012年12月31日：

  借：管理费用　　　　　　　　　　　　3760000

   贷：应付职工薪酬——股份支付　　　　　3760000

（3）2013年12月31日：

  借：管理费用　　　　　　　　　　　　4030000

   贷：应付职工薪酬——股份支付　　　　　4030000

  借：应付职工薪酬——股份支付　　　　4480000

   贷：银行存款　　　　　　　　　　　　4480000

（4）2014年12月31日：

  借：公允价值变动损益　　　　　　　　790000

   贷：应付职工薪酬——股份支付　　　　　790000

  借：应付职工薪酬——股份支付　　　　3800000

   贷：银行存款　　　　　　　　　　　　3800000

（5）2015年12月31日：

  借：公允价值变动损益　　　　　　　　210000

   贷：应付职工薪酬——股份支付　　　　　210000

  借：应付职工薪酬——股份支付　　　　3150000

   贷：银行存款　　　　　　　　　　　　3150000

3-2

第四节 股份支付的特殊问题与信息披露

一、权益工具公允价值的确定

股份支付中权益工具公允价值的确定，应当以市场价格为基础。一些股份和股票期权并没有一个活跃的交易市场，在这种情况下，应当考虑估值技术。通常情况下，企业应当按照《企业会计准则第22号——金融工具确认和计量》的有关规定确定权益工具的公允价值，并根据股份支付协议条款的条件进行调整。

（一）股份

对授予职工的股份，其公允价值应按企业股份的市场价格计量。如果企业股份未公开交易，则应按估计的市场价格计量，并考虑授予股份所依据的条款和条件进行调整。例如，如果股份支付协议规定了期权股票的禁售期，则会对可行权日后市场参与者愿意为该股票支付的价格产生影响，并进而影响该股票期权的公允价值。

（二）股票期权

对授予职工的股票期权，因其通常受到一些不同于交易期权的条款和条件的限制，因而在许多情况下难以获得其市场价格。如果不存在条款和条件相似的交易期权，就应通过期权定价模型估计所授予的期权的公允价值。

在选择适用的期权定价模型时，企业应考虑熟悉情况和自愿的市场参与者将会考虑的因素。所有适用于估计授予职工期权的定价模型至少应考虑以下因素：期权的行权价格；期权期限；基础股份的现行价格；股价的预计波动率；股份的预计股利；期权期限内的无风险利率。

此外，企业选择的期权定价模型还应考虑熟悉情况和自愿的市场参与者在确定期权价格时会考虑的其他因素，但不包括那些在确定期权公允价值时不考虑的可行权条件和再授予等因素。确定授予职工的股票期权的公允价值，还需要考虑提前行权的可能性。有时，因为期权不能自由转让，或因为职工必须在终止劳动合同关系前行使所有可行权期权，在这种情况下必须考虑预计提前行权的影响。

在估计授予的期权（或其他权益工具）的公允价值时，不应考虑熟悉情况和自愿的市场参与者在确定股票期权（或其他权益工具）价格时不会考虑的其他因素。例如，对于授予职工的股票期权，那些仅从单个职工的角度影响期权价值的因素，并不影响熟悉情况和自愿的市场参与者确定期权的价格。

二、可行权条件和条款的变更与修改

通常情况下，股份支付协议生效后，不应对其条款和条件随意修改。但在某些情况下,可能需要修改授予权益工具的股份支付协议中的条款和条件。如股票除权、除息或其他原因需要调整行权价格或股票期权数量。

在会计核算上,无论已授予的权益工具的条款和条件如何修改,甚至取消权益工具的授予或结算该权益工具,企业都应至少确认按照所授予的权益工具在授予日的公允价值来计量获取的相应服务,除非因不能满足权益工具的可行权条件(除市场条件外)而无法可行权。

(一)条款和条件的有利修改

企业应当分以下情况,确认导致股份支付公允价值总额升高以及其他对职工有利的修改的影响:

1. 如果修改增加了所授予的权益工具的公允价值,企业应按照权益工具公允价值的增加相应地确认取得服务的增加。权益工具公允价值的增加,是指修改前后的权益工具在修改日的公允价值之间的差额。

2. 如果修改增加了所授予的权益工具的数量,企业应将增加的权益工具的公允价值相应地确认为取得服务的增加。

3. 如果企业按照有利于职工的方式修改可行权条件,如缩短等待期、变更或取消业绩条件(非市场条件),企业在处理可行权条件时,应当考虑修改后的可行权条件。

(二)条款和条件的不利修改

如果企业以减少股份支付公允价值总额的方式或其他不利于职工的方式修改条款和条件,企业仍应继续对取得的服务进行会计处理,如同该变更从未发生,除非企业取消了部分或全部已授予的权益工具。具体包括如下几种情况:

1. 如果修改减少了授予的权益工具的公允价值,企业应当继续以权益工具在授予日的公允价值为基础,确认取得服务的金额,而不应考虑权益工具公允价值的减少。

2. 如果修改减少了授予的权益工具的数量,企业应当将减少部分作为已授予的权益工具的取消来进行处理。

3. 如果企业以不利于职工的方式修改了可行权条件,如延长等待期、增加或变更业绩条件(非市场条件),企业在处理可行权条件时,不应考虑修改后的可行权条件。

(三)取消或结算

如果企业在等待期内取消了所授予的权益工具或结算了所授予的权益工具(因未满足可行权条件而被取消的除外),企业应当:

1. 将取消或结算作为加速可行权处理,立即确认原本应在剩余等待期内确认的金额。

2. 在取消或结算时支付给职工的所有款项均应作为权益的回购处理,回购支付的金额高于该权益工具在回购日公允价值的部分,计入当期费用。

3. 如果向职工授予新的权益工具,并在新权益工具授予日认定所授予的新权益工具是用于替代被取消的权益工具的,企业应以与处理原权益工具条款和条件修改相同的方式，对所授予的替代权益工具进行处理。权益工具公允价值的增加，是指在替代权益工具的授予日，替代权益工具公允价值与被取消的权益工具净公允价值之间的差额。被取消的权益工具的净公允价值，是指其在取消前立即计量的公允价值减去因取消原权益工具而作为权益回购支付给职工的款项。如果企业未将新授予的权益工具认定为替代权益工具，则应将其作为一项新授予的股份支付进行处理。

企业如果回购其职工已可行权的权益工具，应当借记所有者权益，回购支付的金额高于该权益工具在回购日公允价值的部分，计入当期费用。

三、企业集团股份支付的会计处理

企业集团由母公司和其全部子公司构成，集团内部发生股份支付时，其会计处理有一定的特殊性，主要表现在不同情况下股份支付应视为何种类型的股份支付，即应归属于权益结算的股份支付还是现金结算的股份支付。

2010年7月，财政部发布的《企业会计准则解释第4号》对上述问题的处理做出了规定：

（一）结算企业以其本身权益工具结算的，应当将该股份支付交易作为权益结算的股份支付处理；除此之外，应当作为现金结算的股份支付处理。

结算企业是接受服务企业的投资者的，应当按照授予日权益工具的公允价值或应承担负债的公允价值确认为对接受服务企业的长期股权投资，同时确认资本公积（其他资本公积）或负债。

（二）接受服务企业没有结算义务或授予本企业职工的是其本身权益工具的，应当将该股份支付交易作为权益结算的股份支付处理；接受服务企业具有结算义务且授予本企业职工的是企业集团内其他企业权益工具的，应当将该股份支付交易作为现金结算的股份支付处理。

四、股份支付的信息披露

与股份支付有关的信息披露，包括已经确认与计量的项目在表内的披露，还有一些在报表附注中的披露。

（一）表内披露

无论权益结算的股份支付，还是现金结算的股份支付，在等待期内的每个资产负债表日确认与计量的资产成本应在资产负债表中列示，而相关费用应在利润表中列示。权益结算的股份支付确认的资本公积在资产负债表的所有者权益中列示，现金结算的股份支付确认的应付职工薪酬在资产负债表的流动负债中列示。其他相关的确认与计量的信息披露基本上按照会计分录中的项目进行。

（二）表外披露

表外披露分为两个方面：一是与股份支付本身有关的信息，二是股份支付交易对当期财务状况和经营成果的影响。

1. 与股份支付本身有关的信息披露

企业应当在附注中披露与股份支付有关的下列信息：

（1）当期授予、行权和失效的各项权益工具总额；

（2）期末发行在外的股份期权或其他权益工具行权价格的范围和合同剩余期限；

（3）当期行权的股份期权或其他权益工具以其行权日价格计算的加权平均价格；

（4）权益工具公允价值的确定方法。

2. 股份支付对当期财务状况和经营成果的影响的信息披露

企业应当在附注中披露股份支付交易对当期财务状况和经营成果的影响，至少包括下列信息：

（1）当期因以权益结算的股份支付而确认的费用总额；

（2）当期因以现金结算的股份支付而确认的费用总额；

（3）当期以股份支付换取的职工服务总额及其他方服务总额。

同步练习题

一、单项选择题

1. 对现金结算的股份支付，企业在可行权日之后至结算日前的每个资产负债表日，因负债公允价值的变动应计入（　　）。
   A. 管理费用　　　　　　　　　B. 制造费用
   C. 资本公积　　　　　　　　　D. 公允价值变动损益

2. 根据相关会计准则规定，下列有关等待期表述不正确的是（　　）。
   A. 等待期，是指可行权条件得到满足的期间
   B. 对可行权条件为规定服务期间的股份支付，等待期为授予日至可行权日的期间
   C. 对可行权条件为规定服务期间的股份支付，等待期为授予日至行权日的期间
   D. 对可行权条件为规定业绩的股份支付，应当在授予日根据最可能的业绩结果预计等待期的长度

3. 甲公司为一上市公司，2016年1月1日，公司向其100名管理人员每人授予200股股票期权，这些职员自2016年1月1日起在该公司连续服务3年，即可以10元每股购买200股股票，公司估计此期权在授予日的公允价值为15元。第一年有20名职工离开企业，预计离职总人数会达到30%，则2016年末企业应当按照取得的服务贷记"资本公积——其他资本公积"（　　）元。
   A. 70000　　　B. 90000　　　C. 85000　　　D. 100000

4. A公司为上市公司。2012年1月1日，A公司向其100名管理人员每人授予100份股票期权，这些职员从2012年1月1日起在公司连续服务3年，即可以每股5元购买100股A公司股票。A公司估计该期权在授予日的公允价值为25元。至2014年12月31日100名管理人员的离开比例为10%。假设剩余90名职员在2015年12月31日全部行权，A公司股票面值为1元。则2015年12月31日行权时计入"资本公积——股本溢价"科目的金额为（　　）元。
   A. 9000　　　B. 45000　　　C. 261000　　　D. 225000

5. 下列关于股份支付会计处理的表述中，不正确的是（　　）。
   A. 股份支付的确认和计量，应以符合相关法规要求、完整有效的股份支付协议为基础
   B. 对以权益结算的股份支付换取职工提供服务的，应按所授予权益工具在授予日的公允价值计量
   C. 对以现金结算的股份支付，在可行权日之后应将相关负债的公允价值变动计入当期损益
   D. 对以权益结算的股份支付，在可行权日之后应将相关的所有者权益按公允价值进行调整

6. 下列关于企业以现金结算的股份支付的会计处理中，不正确的是（　　）。
　　A. 等待期内按照所确认负债的金额计入成本费用
　　B. 初始确认时以企业所承担负债的公允价值计量
　　C. 初始确认时确认所有者权益
　　D. 可行权日后相关负债的公允价值变动计入公允价值变动损益

7. 除授予日立即行权外，对股份支付的价值确定方法，不正确的是（　　）。
　　A. 权益结算的股份支付，应按授予日权益工具的公允价值计量
　　B. 现金结算的股份支付，应按资产负债表日当日权益工具的公允价值重新计量
　　C. 现金结算的股份支付，应按授予日权益工具的公允价值计量
　　D. 无论权益结算的股份支付，还是现金结算的股份支付，在等待期内的每个资产负债表日，根据职工人数变动情况等后续信息修正预计可行权权益工具数量

8. 对以权益结算换取职工服务的股份支付，企业应当在等待期内每个资产负债表日，按授予日权益工具的公允价值，将当期取得的服务计入相关资产成本或当期费用，同时计入的会计科目是（　　）。
　　A. 资本公积——股本溢价
　　B. 资本公积——其他资本公积
　　C. 盈余公积
　　D. 应付职工薪酬

9. 关于权益结算的股份支付的计量，下列说法中错误的是（　　）。
　　A. 应按授予日权益工具的公允价值计量，不确认其后续公允价值变动
　　B. 对换取职工服务的股份支付，企业应当按在等待期内的每个资产负债表日的公允价值计量
　　C. 对授予后立即可行权的换取职工提供服务的权益结算的股份支付，应在授予日按照权益工具的公允价值计量
　　D. 对换取职工服务的股份支付，企业应当按照权益工具在授予日的公允价值，将当期取得的服务计入相关资产成本或当期费用，同时计入资本公积中的其他资本公积

10. A公司为一上市公司。2014年1月1日，A公司向其200名管理人员每人授予5万股股票期权，规定这些职员从2014年1月1日起在该公司连续服务3年，每人即可按每股4元的价格购买5万股A公司股票，从而获益。A公司估计每份期权在授予日的公允价值为15元。第一年有20名职员离开A公司，A公司估计3年中离开的职员的比例将达到20%；第二年又有10名职员离开公司，公司将估计的职员离开比例修正为18%。A公司2015年因该股份支付应计入管理费用的金额为（　　）万元。
　　A. 50000　　　　B. 40000　　　　C. 12000　　　　D. 4200

二、多项选择题

1. 下列有关股份支付的说法中，正确的有（ ）。
   A. 权益结算的股份支付，应按所授予权益工具在授予日的公允价值计量
   B. 除了立即可行权的股份支付外，企业在授予日均不做会计处理
   C. 现金结算的股份支付，在可行权日之后不再确认成本费用，可行权日与结算日之间负债公允价值的变动计入资本公积
   D. 权益结算的股份支付，在可行权日之后不再调整已确认的成本费用和所有者权益总额

2. 以现金结算的股份支付的会计处理可能涉及的会计科目有（ ）。
   A. 应付职工薪酬　　　　　　B. 管理费用
   C. 资本公积　　　　　　　　D. 公允价值变动损益

3. 下列关于企业以现金结算的股份支付形成的负债的会计处理中，正确的有（ ）。
   A. 除了立即可行权的股份支付外，在授予日不做会计处理
   B. 在资产负债表日，不需按资产负债表日该负债的公允价值重新计量
   C. 等待期内所确认的负债金额计入相关成本费用
   D. 在行权日之后，负债的公允价值变动直接计入所有者权益相关科目

4. 下列关于股份支付可行权条件修改的表述中，正确的有（ ）。
   A. 如果修改增加了所授予的权益工具的公允价值，企业应按照权益工具公允价值的增加相应地确认取得服务的增加
   B. 如果修改增加了所授予的权益工具的数量，企业应将增加的权益工具的公允价值相应地确认为取得服务的增加
   C. 如果修改减少了授予的权益工具的公允价值，企业应按照权益工具公允价值的减少相应地确认取得服务的减少
   D. 如果修改减少了所授予的权益工具的数量，企业应当将减少的权益工具的公允价值相应地确认为取得服务的减少

5. 下列关于股份支付说法正确的有（ ）。
   A. 授予日是指股份支付协议获得批准的日期
   B. 可行权日是指股份支付协议获得批准的日期
   C. 从授予日至可行权日的时段，是可行权条件得到满足的期间，因此称为"等待期"，又称"行权限制期"
   D. 出售日是指股票的持有人将行使期权所取得的期权股票出售的日期

6. 下列项目中，属于股份支付可行权条件中的非市场条件的有（ ）。
   A. 最低股价增长率　　　　　　B. 营业收入增长率
   C. 最低利润指标的实现情况　　D. 将部分年薪存入公司专门建立的内部基金

三、判断题

1. 对于权益结算的股份支付，应当按照每个资产负债表日权益工具的公允价值重新计量，确定成本费用和资本公积。（　　）

2. 对于现金结算的股份支付，企业在可行权日之后不再确认成本费用，也无须对应付职工薪酬进行调整。（　　）

3. 行权是按期权的约定价格实际购买股票，一般是在可行权日之后到期权到期日之前的可选择时段内行权。（　　）

4. 企业授予职工的权益结算的股份支付和现金结算的股份支付，都构成企业人工成本的一部分。（　　）

5. 在股份支付的会计处理中，等待期内的每个资产负债表日，应将取得职工或其他方提供服务计入成本费用，同时确认所有者权益。（　　）

6. 完成等待期内的服务或达到规定业绩条件以后才可行权的以现金结算的股份支付，在等待期内的每个资产负债表日，按照账面价值计量。（　　）

7. 无论现金结算还是权益结算的股份支付，除了立即可行权的外，在授予日均不做会计处理。（　　）

8. 附市场条件的股份支付，应在市场及非市场条件均满足时确认相关成本费用。（　　）

四、计算及业务处理题

1. A公司为上市公司。2013年1月1日，A公司向其200名管理人员每人授予100份股票期权，这些人员从2013年1月1日起在该公司连续服务3年，服务期满时每人才能以每股5元的价格购买100股A公司股票，A公司股票面值为每股1元。每份期权授予日的公允价值为12元。

2013年有20名管理人员离开A公司，A公司估计3年中离开的职员的比例将达到20%；2014年又有10名管理人员离开公司，公司将3年中管理人员离开比例修正为18%；2015年又有8名管理人员离开。2015年12月31日未离开公司的管理人员全部行权。

要求：分别计算2013-2015年每年计入当期费用的金额；编制2013—2015年与股份支付有关的会计分录。

2. 2010年1月1日，B公司为其100名中层以上管理人员每人授予100份现金股票增值权，这些人员从2010年1月1日起必须在该公司连续服务3年，即可自2012年12月31日起根据股价的增长幅度获得现金，该增值权应在2014年12月31日之前行使完毕。公司估计，该增值权在负债结算之前的每一资产负债表日以及结算日的公允价值和可行权后的每份增值权现金支出额如下：

单位：元

年份	公允价值	支付现金
2010	12	
2011	14	
2012	15	16
2013	20	18
2014		22

2010年有10名管理人员离开，公司估计三年中还将有8名管理人员离开；2011年又有6名管理人员离开公司，公司估计还将有6名管理人员离开；2012年又有4名管理人员离开，假定有40人行使股票增值权取得了现金，2013年有30人行使股票增值权取得了现金，2014年有10人行使股票增值权取得了现金。

要求：计算2010年至2014年每年应确认的费用（或损益）、应付职工薪酬余额和支付的现金，并编制有关会计分录。

第四章

外币业务会计

本章知识结构

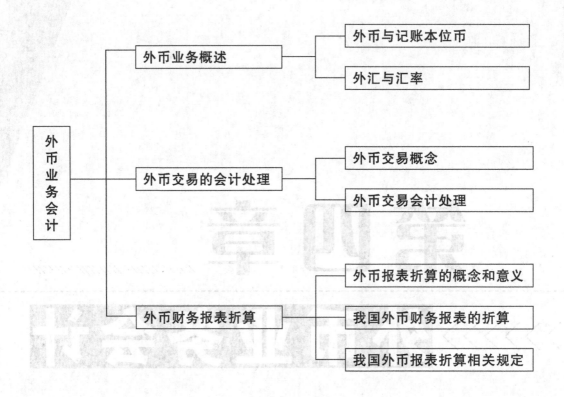

学习目标	1. 掌握外币、记账本位币的概念，熟知境内、境外经营记账本位币的确定条件。 2. 掌握外汇和汇率的相关概念，理解汇率的分类。 3. 掌握外币交易的构成内容，熟练掌握交易日、结算日和资产负债表日的外币交易会计处理方法。 4. 熟练掌握我国会计准则对外币财务报表折算处理的要求，能够准确、灵活地进行外币财务报表折算的业务处理。 5. 理解我国外币报表折算的其他相关规定。

第四章 外币业务会计

引入案例

某公司属于增值税一般纳税企业，其外币业务采用业务发生时的市场汇率折算。本期从美国购入某种工业原料500吨，每吨价格为4000美元，当日的市场汇率为1美元＝8.3元人民币，进口关税为1660000元人民币，支付进口增值税3104200元人民币，货款尚未支付，进口关税及增值税由银行存款支付。

学习完本章之后大家应当知道，在处理诸如上述外币业务时，应当采用何种汇率进行折算？到了期末，以外币表示的财务报表应当如何折算？

第一节 外币业务概述

一、外币与记账本位币

根据我国企业会计准则，外币是指企业记账本位币以外的货币。因此，在探讨外币业务时，深入理解记账本位币的概念是十分必要的。

（一）记账本位币的概念

记账本位币是指企业经营所处的主要经济环境中的货币。主要经济环境是指企业主要取得和支出现金的经济环境。在现代经济条件下，企业在经营活动中除了发生以本国货币计价的业务之外，还会涉及用其他国家货币计价的业务，为了在会计上统一反映以不同货币计价的业务，企业需要在多种货币中选择一种统一货币，即记账本位币。

（二）记账本位币的确定

按照我国2006年新修订的《企业会计准备第19号——外币折算》的规定，企业在会计核算时，通常应选择人民币作为记账本位币，业务收支以人民币以外的货币为主的企业，可以其中的一种作为记账本位币，但是编报的财务报表应当折算为人民币。企业在选定记账本位币时应考虑如下因素：

该货币主要影响商品和劳务的销售价格，通常以该货币进行商品和劳务的计价和结算。例如国内某从事商品贸易的企业，80%以上的销售收入以人民币计价和结算，则人民币是影响该公司商品销售价格的主要货币。

该货币主要影响商品和劳务所需人工、材料和其他费用，通常以该货币进行上述费用的计价和结算。如某制造业企业，其所需机械设备、人工、原材料等均在国内采购，以人民币计价和结算，那么人民币是主要影响该企业所需人工、材料和其他费用的货币。

该货币是融资活动获得的货币以及保存从经营活动中收取款项所使用的货币。

企业在确定记账本位币时，上述各因素的重要程度视不同企业的具体情况而定，需要企业管理层根据实际情况进行判断。一般情况下，综合考虑前两项因素即可确定企业的记账本位币，但有时仅根据收支情况仍无法确定的，需要进一步结合第三项因素进行判定。但企业无权根据需要随意选择记账本位币，最终确定的记账本位币只能有一种。

●（三）境外经营记账本位币的确定

按照企业会计准则的规定，确定是否为境外经营，不是位置是否在境外为标准，而要看选定的记账本位币是否与企业的记账本位币相同。由此，境外经营包含了两方面含义：一是指企业在境外的子公司、合营企业、分支机构；二是指企业在境内的子公司、合营企业、联营企业、分支机构，采用不同于本企业记账本位币的，也视同境外经营。

确定境外经营记账本位币时，除考虑上述（二）中确定企业记账本位币需要考虑的因素外，还应当考虑下列有关境外经营与企业之间关系的因素：

境外经营对其所从事的活动是否拥有很强的自主性。如果境外经营所从事的活动是对本企业经营活动的延伸，构成企业经营活动的组成部分，该境外经营应当选择与企业记账本位币相同的货币作为记账本位币；反之，若境外经营所从事的活动拥有极大的自主性，境外经营就不能选择与企业记账本位币相同的货币作为记账本位币。

境外经营活动中与企业的交易是否在境外经营活动中占有较大比重。如果营外经营与企业之间的交易在境外经营活动中所占比例较高，境外经营应当选择与企业记账本位币相同的货币作为记账本位币；反之，应选择其他货币。

境外经营活动产生的现金流量是否直接影响企业的现金流量、是否可以随时汇回。如果境外经营活动产生的现金流量直接影响企业的现金流量，并可随时汇回，境外经营应当选择与企业记账本位币相同的货币作为记账本位币；反之，应选择其他货币。

境外经营活动产生的现金流量是否足以偿还其现有债务和可预期的债务。如果境外经营活动产生的现金流量在企业不提供资金的情况下，难以偿还其现有债务和正常情况下可预期的债务，境外经营应当选择与企业记账本位币相同的货币作为记账本位币；反之，应选择其他货币。

综上所述，企业在确定本企业记账本位币或其境外经营记账本位币时，在面临多种因素无法直接确定记账本位币的情况下，应当优先考虑上述（二）中的前两项因素，然后考虑融资活动获得的货币、保存经营活动中收取款项时所使用的货币，以及上述（三）中的因素，以确定记账本位币。

●（四）记账本位币的变更

企业记账本位币一经确定，不得随意变更，除非企业经营所处的主要经济环境发生重大变化。主要经济环境发生重大变化,通常是指企业主要收取和支出现金的环境发生重大变化。

企业变更记账本位币时,应当采用变更当日即期汇率将所有项目折算为变更后的记账本位币,折算后的金额作为以新的记账本位币计量的历史成本,由于所有项目采用同一即期汇率进行折算,不产生汇兑差额。企业的比较财务报表应当以可比当日的即期汇率折算所有资产负债表和利润表项目。

企业需提供确凿证据证明企业经营所处的主要经济环境确实发生了重大变化,并在附注中披露变更的理由。

二、外汇与汇率

(一)外汇的概念

我国外汇管理暂行条例规定,外汇是指以外币表示的用于国际结算的支付手段以及可用于国际支付的特殊债权和其他货币资产。外汇具体包括外国货币,包括纸币、铸币等;外币有价证券,包括政府公债、国库券、公司债券、股票、息票等;外汇收支凭证,包括票据、银行存款凭证、邮政储蓄凭证等;其他外汇资金。按照国际货币基金组织的解释,外汇是货币行政当局以银行存款、国库券、长短期政府债券等形式保有的在国际收支逆差时可以使用的债权。

从上述定义中可以看出,外汇包括静态和动态两方面含义:以外币表示的能用于国际结算的支付手段——静态含义;把一个国家的货币兑换成另一个国家的货币,以清偿国际债权债务关系的一种支付行为——动态含义。

(二)汇率及其标价方法

汇率又称外汇汇价,是指两个国家的货币在指定时间相互交换的比价。

汇率有直接标价法和间接标价法两种形式:

直接标价法,又称应付标价法,是指每单位外币可兑换的本国货币金额。或者说,它是以一定单位的外国货币为标准,来计算应付若干单位的本国货币。例如,以人民币为本国货币,美元为外币,如表述为$1.00=￥6.26则为直接标价。这种方法被包括我国在内的大多数国家所采用。

间接标价法,又称应收标价法,是指每单位本国货币可兑换的外币金额。或者说,它是以一定单位的本国货币为标准,来计算应收若干单位的外国货币。例如,直接标价法下的$1.00=￥6.26,表述为￥1.00=$0.1597则为间接标价。

显然,直接标价和间接标价互为倒数关系。直接标价法下,如果兑换1单位外币所支付的本国货币比以前多,则表明外币的币值上升,本国货币的币值在下降;反之,则表明外币币值下降,本国货币币值上升。在间接标价法下,兑出1单位本国货币收回的外币比以前少,则表明外币币值上升,本国货币币值下降;反之,则表明外币币值下降,本国货币币值上升。

（三）汇率的种类

汇率可按不同的标准进行分类，现介绍如下几种分类方式。

1. 固定汇率和浮动汇率按汇率制度分类

按照经济活动中所实行的汇率制度可分为固定汇率和浮动汇率两种类型。

（1）固定汇率，是指某一国家的货币与别国货币的兑换比率是基本不变的，或者是指因某种限制而在一定幅度内进行波动的汇率。固定汇率一般是政府规定的，将汇率变动规定在一定幅度之内，超出幅度，则实行政府干预。1944年召开的"布雷顿森林会议"确定了固定汇率制，国际货币基金组织将各国货币与美元建立固定比价，直到20世纪70年代，随着美元的一再贬值，固定汇率制逐步崩溃。

（2）浮动汇率，指一国货币与另一国货币的兑换比率是根据外汇市场的供求情况而定，不受管理当局的限制。随着固定汇率制的瓦解，不少国家相继实行浮动汇率制。在浮动汇率制下，政府原则上不对汇率变动进行干预，但事实上，如果汇率波动太大，对国家的进出口业务和国际收支等产生重大影响时，政府也会对汇率的波动进行一定的干预。所以，浮动汇率制又分为"自由浮动"和"管理浮动"两种。当前，世界各国一般都实行管理浮动汇率制。

2. 买入汇率、卖出汇率和中间汇率

按银行经营外汇买卖的角度分类，大多数外汇交易都与银行相关联，因此从银行买卖外汇的角度可分为买入汇率、卖出汇率和中间汇率三种类型。

（1）买入和卖出汇率，银行向客户买入和卖出外汇时所采用的折算汇率，也称买入价和卖出价。

我国人民币与外币汇率采用直接标价法，银行的买入汇率总要低于银行的卖出汇率，并同时公布买入汇率和卖出汇率。买入价与卖出价的差额即为银行或其他经纪人买卖外汇的收益。此外，国内企业出口销售所取得的外汇在结算后可通过银行兑换为人民币，这一过程称为结汇，外汇价格也就是银行的买入价，称为结汇价。相应地，企业用汇时，可以向银行用人民币按当日的卖出价购入外汇，称之为售汇，售汇价也就是银行的卖出价。

（2）中间汇率，银行公布的买入汇率和卖出汇率二者的平均数，也称中间价，在实际外币业务中经常会用到中间价。

表4-1中的汇率为中国银行公布的（2017年3月27日）美元、日元、英镑、欧元、港币与人民币的买入、卖出及相应的中间价。

表4-1　主要外币与人民币的买入、卖出及中间价（100外币兑换人民币）

项目	美元	日元	欧元	英镑	港币
中间汇率	687.735	6.2395	747.555	864.275	88.51
买入汇率	686.36	6.2177	744.94	861.25	88.34
卖出汇率	689.11	6.2613	750.17	867.3	88.68

3. 现行汇率和历史汇率

按处理外币业务登记入账的时间分类，根据外币业务会计处理和登记入账的时间，可分为现行汇率和历史汇率两种类型。

（1）现行汇率，外币业务发生时的当天汇率，即企业将外汇款项计入账中或编制报表时采用的汇率，又称记账汇率。

（2）历史汇率，经济业务最初发生时的汇率，即最初取得外币资产或承担外币负债时记录入账的汇率，因此也称为账面汇率。

现行汇率和历史汇率是相对而言的，业务发生时记录所采用的是当时的现行汇率，到了期末，汇率很可能发生了变化，变化了的汇率为新的现行汇率，账面上已记录的汇率变成历史汇率。

4.即期汇率和即期汇率的近似汇率

按会计准则对外币交易的处理规定分类，我国企业会计准备规定，企业在处理外币交易和对外币报表进行折算时，应当采用交易发生日的即期汇率将外币金额折算为记账本位币金额反映；也可以采用按照系统合理的方法确定的，与交易日即期汇率近似的汇率折算。

（1）即期汇率，通常是指中国人民银行公布的当日人民币外汇牌价的中间价。所谓中间价，如上所述，是银行买入价和卖出价的平均价。若企业发生外币兑换业务或涉及外币兑换的交易事项，应当按照交易实际采用的汇率，即银行买入价或卖出价进行折算。

（2）即期汇率的近似汇率，是指按照系统合理的方法确定的与交易发生日即期汇率近似的汇率，通常采用当期平均汇率或加权平均汇率等。

企业通常应当采用即期汇率进行折算，当汇率变动不大时，为简化核算，企业在外币交易日或对外币报表的某些项目进行折算时，也可以选择即期汇率的近似汇率。

第二节 外币交易的会计处理

一、外币交易的概念

外币交易又称外币业务，主要是指下列以外币计价或者结算的交易：

货币之间的相互兑换；

买入或卖出以外币计价的商品或劳务；

借入或借出外币资金；

收到外币资本投资；

购买或处置以外币计价的资产，如外币证券投资；

外汇衍生工具交易。

除外汇衍生工具交易外，上述外币业务的会计处理方法都将在下文中讲述。

二、外币交易的会计处理

（一）外币交易发生日的初始确认

企业发生外币交易，应在初始确认时采用交易发生日的即期汇率或即期汇率的近似汇率将外币金额折算为记账本位币金额，按照折算后的记账本位币金额登记有关账户；在登记有关记账本位币账户的同时，按照外币金额登记相应的外币账户。

企业通常应当采用即期汇率进行折算。即期汇率一般指中国人民银行公布的当日人民币汇率的中间价。但是，在企业发生单纯的货币兑换交易或涉及货币兑换的交易事项时，仅用中间价不能反映货币买卖的损益，应当按照交易实际采用的汇率（银行买入或卖出价）折算。当汇率变化不大时，为简化核算，企业也可采用即期汇率的近似汇率进行折算，通常选取当期平均汇率或加权平均汇率等。加权平均汇率需要采用外币交易的外币金额作为权重进行计算。

1. 外币兑换业务

这里的外币兑换业务主要是指企业到银行将人民币兑换为外币，或将外币兑换为人民币。

（1）企业以外币兑换人民币

企业以外币兑换人民币时，将其持有的外币卖给银行，并获得人民币，银行则买进外汇并按外汇买入价将人民币兑付给企业，这一过程称为结汇业务。结汇时，企业按实际收到的人民币金额（按买入价折算）借记"银行存款——人民币"账户；将卖出的外币按一定汇率（通常为中间价）折算为记账本位币并贷记"银行存款——某外币"账户；二者之间的差额计入"财务费用——汇兑损益"账户。

【例4-1】某公司的记账本位币为人民币，其外币交易采用交易日的即期汇率折算。2016年5月16日，该公司将持有的2000美元到银行兑换为人民币，银行当日美元买入价为$1.00=￥6.40，中间价为$1.00=￥6.50。该公司账务处理如下：

借：银行存款——人民币（2000×6.40）　　　　12800
　　财务费用——汇兑损益　　　　　　　　　　　200
　　贷：银行存款——美元（2000×6.50）　　　　13000

（2）企业以人民币兑换外币

企业因业务需要从银行买入外币，银行按外币卖出价向企业结算收取人民币，这一过程称为售汇。企业一般按照当日即期汇率（中间价）将买入的外币折算为记账本位币，借记"银行存款——某外币"账户；按实际付出的人民币金额（以卖出价折算）贷记"银行存款——人民币"账户；二者之间的差额计入"财务费用——汇兑损益"账户。

【例4-2】某公司的记账本位币为人民币，其外币交易采用交易日的即期汇率折算。2016年5月26日，公司从银行买入10000美元，银行当日美元卖出价为$1.00=￥6.60，中间价为$1.00=￥6.40。该公司账务处理如下：

借：银行存款——美元（10000×6.40）　　　　64000
　　财务费用——汇兑损益　　　　　　　　　　2000

贷：银行存款——人民币（10000×6.60）　　　　　66000

2.外币进出口业务

（1）外币进口业务

企业发生以外币结算的进口业务时，应按业务发生当日的即期汇率或即期汇率近似汇率，将应支付的外币金额折算为记账本位币，计入"应付账款——某外币"账户。折算后的金额构成购入的存货或设备的记账本位币历史成本。

【例4-3】 某公司为增值税一般纳税人，记账本位币为人民币，外币交易采用交易日的即期汇率折算。2016年2月5日，该公司从国外公司购入原材料，货款共计200000美元，交易日即期汇率为 $1.00=￥6.80，按规定应缴纳的进口关税为人民币136000元，支付进口增值税人民币231200元，货款尚未支付，进口关税和增值税已由银行存款支付。公司的账务处理如下：

　　借：原材料（200000×6.80+136000）　　　　　1496000
　　　　应交税费——应交增值税（进项税额）　　　　231200
　　贷：应付账款——美元　　　　　　　　　　　　1360000
　　　　银行存款（136000+231200）　　　　　　　　367200

（2）外币出口业务

当企业发生以外币结算的出口业务时，也应按业务发生当日的即期汇率或即期汇率近似汇率，将收到的外币或者应收的外币金额折算为记账本位币，同时按折算后的数额确认销售收入。

【例4-4】 某公司记账本位币为人民币，外币交易采用交易日的即期汇率折算。2016年3月16日，该公司向国外公司出口商品一批，货款共计600000美元，交易日即期汇率为 $1.00=￥6.70。假定不考虑增值税等相关税费，货款尚未收到。公司的账务处理如下：

　　借：应收账款——美元（600000×6.70）　　　　4020000
　　贷：主营业务收入　　　　　　　　　　　　　　4020000

3.外币借款业务

外币借款是企业外币筹资的重要方式。会计处理时，企业应将借入的外币按当日即期汇率折算为记账本位币入账。

【例4-5】 某公司记账本位币为人民币，外币交易采用交易日的即期汇率折算。2016年2月2日，公司从银行借入300000美元，期限为6个月，年利率为5%，借入的美元暂存银行。借入当日即期汇率为 $1.00=￥6.90。公司的账务处理如下：

　　借：银行存款——美元（300000×6.90）　　　　2070000
　　贷：短期借款——美元　　　　　　　　　　　　2070000

4.收到外币投入资本业务

企业收到投资者以外币投入的资本，无论是否有合同约定汇率，均不得采用合同约定汇率或即期汇率的近似汇率折算，而应当采用交易发生日的即期汇率折算。此时，外币投入资本与相应的货币性项目的记账本位币金额相等，不产生外币资本折算差额。

【例4-6】某公司记账本位币为人民币,外币交易采用交易日的即期汇率折算。2016年5月21日,该公司与外商签订投资合同,并于当日收到外商投入资本2000000美元,当日即期汇率为 $1.00=¥6.80,其中,人民币12000000元作为注册资本。假定投资合同约定的汇率为 $1.00=¥6.70。公司的账务处理如下:

借:银行存款——美元(2000000×6.80)　　　　　13600000
　　贷:实收资本　　　　　　　　　　　　　　　　12000000
　　　　资本公积　　　　　　　　　　　　　　　　 1600000

(二)资产负债表日或结算日的会计处理

在资产负债表日,企业应当对外币货币性项目和外币非货币性项目进行分别处理。

1.外币货币性项目

货币性项目是指,企业持有的货币和将以固定或可确定金额的货币收取的资产或者偿付的负债。货币性项目分为货币性资产和货币性负债两种类型。货币性资产包括库存现金、银行存款、应收账款、其他应收款、长期应收款等;货币性负债包括应付账款、其他应付款、短期借款、应付债券、长期借款、长期应付款等。

在资产负债表日或结算日,对于外币货币性项目,企业应当采用资产负债表日或结算日的即期汇率折算,因当日即期汇率与初始确认时或前一资产负债表日即期汇率不同产生的汇兑差额,作为财务费用处理,同时调增或调减外币货币性项目的记账本位币金额。

(1)外币进出口业务

在以外币结算的进出口业务中,企业在资产负债表日或结算日,均采用当日即期汇率对外币货币性项目进行折算,因与初始确认时或前一资产负债表日即期汇率不同导致的折算差额计入当期损益。

【例4-7】沿用**【例4-3】**,2016年2月29日,公司尚未向国外公司支付所欠货款,当日即期汇率为 $1.00=¥6.70。此时,应对该笔交易产生的外币货币性项目"应付账款"采用期末的即期汇率($1.00=¥6.70)进行折算,折算为记账本位币人民币1340000(200000×6.70)元,与原记账本位币(人民币1360000元)之间的差额20000元计入当期损益。公司的账务处理如下:

借:应付账款——美元[200000×(6.70-6.80)]　　 20000
　　贷:财务费用——汇兑损益　　　　　　　　　　　 20000

假定公司于2016年3月15日为偿还货款向银行购入外汇,当日银行的美元卖出价为 $1.00=¥6.90,当天的即期汇率为 $1.00=¥6.60,应分别做向银行购买美元和偿还货款的会计分录如下:

向银行购入美元:

借:银行存款——美元(200000×6.60)　　　　　　 1320000
　　财务费用——汇兑损益　　　　　　　　　　　　　　60000
　　贷:银行存款——人民币(200000×6.90)　　　　 1380000

清偿外币货款：

  借：应付账款——美元（200000×6.60）   1320000
    贷：银行存款——美元（200000×6.60）   1320000

上面两个会计分录也可写成：

  借：应付账款——美元（200000×6.60）   1320000
    财务费用——汇兑损益   60000
    贷：银行存款——人民币（200000×6.90）   1380000

【例4-8】沿用【例4-4】，2016年3月31日，公司仍未收到国外公司的购货款，当日即期汇率为 $1.00=￥6.90$。此时，应对该笔交易产生的外币货币性项目"应收账款"采用期末即期汇率进行折算，折算为记账本位币人民币4140000（600000×6.90）元，与原记账本位币（人民币4020000）之间的差额120000元计入当期损益。公司的账务处理如下：

  借：应收账款——美元[600000×（6.90−6.70）] 120000
    贷：财务费用——汇兑损益   120000

又假设，公司于2016年4月20日收到外汇并结汇售给银行，当日银行的美元买入价为 $1.00=￥6.50$，当天市场汇率为 $1.00=￥6.70$。公司的账务处理如下：

收到外币货款：

  借：银行存款——美元（600000×6.70）   4020000
    贷：应收账款——美元（600000×6.70）   4020000

收到外汇并结汇售给银行：

  借：银行存款——人民币（600000×6.50）   3900000
    财务费用——汇兑损益   120000
    贷：银行存款——美元（600000×6.70）   4020000

上面两个会计分录也可写成：

  借：银行存款——人民币（600000×6.50）   3900000
    财务费用——汇兑损益   120000
    贷：应收账款——美元（600000×6.70）   4020000

（2）外币借款业务

企业发生外币借款业务时，在资产负债表日或结算日，企业采用当日即期汇率折算外币货币性负债（包括应支付的利息金额），同样，与初始确认时或前一资产负债表日即期汇率不同导致的折算差额作为财务费用处理，计入当期损益。

【例4-9】沿用【例4-5】，假定2016年2月29日即期汇率为 $1.00=￥6.80$，则对该笔交易中的外币货币性项目"短期借款——美元"采用期末的即期汇率进行折算，折算为记账本位币人民币2040000元（300000×6.80），与该账户原记账本位币之间的差额人民币30000元（2070000−2040000）计入当期损益。企业应当做如下会计分录：

  借：短期借款——美元[300000×（6.80−6.90）] 30000
    贷：财务费用——汇兑损益   30000

2016年8月2日归还所借美元,当日的即期汇率为$1.00=￥6.70,假设借款利息在到期归还本金时一并支付,则当日应归还银行借款利息7500美元(300000×5%÷12×6),折合为人民币50250元(7500×6.70)。企业账务处理如下:

一方面支付利息:

  借:财务费用   50250

   贷:银行存款——美元(7500×6.70)   50250

另一方面偿还本金:

  借:短期借款——美元(300000×6.70) 2010000

   贷:银行存款——美元(300000×6.70) 2010000

(3)收到外币投入资本业务

我国企业会计准则规定,企业收到投资者以外币投入的资本,应当采用交易发生日的即期汇率折算。不得采用合同约定汇率和即期汇率的近似汇率折算,外币投入资本与相应的货币性项目的记账本位币之间不产生外币资本折算差额。因此,在会计期末,不需要按照期末的即期汇率对收到外币投资业务进行重新调整,相关的账务处理见例4-6,此处不再赘述。

2.外币非货币性项目

非货币性项目是指货币性项目以外的项目,如存货、长期股权投资、交易性金融资产(股票、基金等)、固定资产、无形资产等。非货币性项目包括非货币性资产和非货币性负债。

(1)以历史成本计量的外币非货币性项目

对于以历史成本计量的外币非货币性项目,已经在交易发生日按照当日即期汇率折算,资产负债表日不应改变其原记账本位币金额,不产生汇兑差额。由于这些项目在取得时已按取得当日的即期汇率折算,便构成了该项目的历史成本,如果再按照资产负债表日的即期汇率折算,就会导致这些项目的价值不断变动,进而使得这些项目的折旧、摊销和减值也随之不断变动,与客观事实不符。

【例4-10】某公司的记账本位币为人民币,外币交易采用交易日的即期汇率折算。2016年3月7日进口设备一台,该设备价款为3000000美元,货款尚未支付,当天的即期汇率为$1.00=￥6.50,企业按当日即期汇率折算为人民币19500000元并计入"固定资产"账户。由于"固定资产"账户属于以历史成本计量的非货币性项目,因此,资产负债表日不需要再按照当日即期汇率对该项目进行调整。

(2)以成本与可变现净值孰低计量的外币非货币性项目

作为外币非货币性项目,存货具有一定的特殊性。由于存货在资产负债表日是按照成本与可变现净值孰低原则计量,因此,在以外币购入存货并且在资产负债表日该存货的可变现净值也以外币反映的情形下,确定资产负债表日存货价值时应当考虑汇率变动的影响。也就是说,先将可变现净值按资产负债表日即期汇率折算为记账本位币金额,再与以记账本位币反映的存货成本进行比较,从而确定该项存货的期末价值。

【例4-11】:公司以人民币为记账本位币,外币交易采用交易日即期汇率折算。

2016年11月20日，以1000美元／台的价格从美国某供货商处购入国际最新型号的甲器材12台（该器材在国内市场尚无供应），并于当日支付了相应货款。2016年12月31日，已经售出甲器材2台，库存尚有10台，国内市场仍无甲器材供应，其在国际市场的价格已降至980美元／台。11月20日的即期汇率是 \$1.00=￥6.80，12月31日的即期汇率是 \$1.00=￥6.70。假定不考虑增值税等相关税费。

本例中，由于存货在资产负债表日采用成本与可变现净值孰低计量，因此，在以外币购入存货并且该存货在资产负债表日获得的可变现净值以外币反映时，在计提存货跌价准备时应当考虑汇率变动的影响。因此，该公司应进行如下账务处理：

借：资产减值损失（10×1000×6.80－10×980×6.70）　　2340
　　贷：存货跌价准备　　　　　　　　　　　　　　　　　　2340

（3）以公允价值计量的外币非货币性项目

以公允价值计量的外币非货币性项目是指FVTPL，如股票、基金等，应采用公允价值确定日的即期汇率折算，折算后的记账本位币金额与原记账本位币金额的差额，作为公允价值变动（含汇率变动）处理，计入当期损益。

【例4-12】国内某公司的记账本位币为人民币，外币交易采用交易日的即期汇率折算。2016年12月5日以每股3.5美元的价格购入A公司的B股10000股作为交易性金融资产，当日汇率为 \$1.00=￥6.40，款项已支付。2016年12月31日，当月购入的A公司B股的市价变为每股4美元，当日汇率为 \$1.00=￥6.50。假定不考虑相关税费的影响。

2016年12月5日购入股票时，该公司应进行如下账务处理：

借：交易性金融资产（3.5×10000×6.4）　　224000
　　贷：银行存款——美元　　　　　　　　　　224000

根据企业会计准则的规定，交易性金融资产以公允价值计量。由于该项交易性金融资产是以外币计价的，在资产负债表日，不仅应考虑美元股票市价的变动，还应一并考虑美元与人民币之间汇率变动的影响。上述交易性金融资产在资产负债表日应按260000元人民币（4×10000×6.50）入账，与原账面价值224000元的差额为36000元人民币，应计入公允价值变动损益。相应的账务处理如下：

借：交易性金融资产　　　　　　　　　　36000
　　贷：公允价值变动损益　　　　　　　　36000

4-1

第三节 外币财务报表折算

一、外币财务报表折算的概念和意义

(一) 外币财务报表折算的概念

外币财务报表折算是指将以外币表示的财务报表折算为以另一特定货币表示的财务报表。就跨国公司而言，要定期将其分布在不同国家和地区的子公司及分支机构的会计报表进行合并，以全面综合地反映一个企业集团总的财务状况和经营成果。由于在国外的子公司通常使用所在国当地货币编制会计报表，编报货币与母公司不同，因而在合并报表之前，先要将以外币表示的子公司会计报表折算为以母公司记账本位币表示的会计报表，然后再进行合并。由此可见，外币财务报表折算是从事国际经营活动的公司在会计处理中必不可少的环节。

外币财务报表折算不同于外币兑换，后者是以一种货币兑换成另一种货币，而前者并不涉及不同货币的实际兑换，只是将会计报表中的各项目的表述从一种货币单位转化为另一种货币单位。从理论上讲，外币报表折算并不影响报表中资产、负债的计量基础，折算只是为了满足报表使用者的需要，不涉及按照一定会计原则重新计算原来的会计资料的问题。

(二) 外币财务报表折算的意义

外币财务报表折算的意义可以概括为以下三个方面。

1. 满足编制合并报表的需要

跨国公司通过控制股权的方式达到合并经营的目的，从而使母公司与子公司之间形成特殊的经济关系。一方面，母公司与子公司各自是独立的法律实体或会计主体；另一方面，它们又共同结合成为一个经济实体，因此需要编制跨国公司的合并会计报表，以反映整个公司集团整体的财务状况。但是，由于母公司与其国外子公司的个别会计报表是用不同的货币表述的，因而在编制合并报表时，不能把母、子公司不同种类的货币数量放在一起相加，必须使用一种统一的货币单位，才能把母、子公司的经营成果汇总起来。这就意味着必须将国外子公司按某种外币表述的会计报表折算为按另一种货币表述的会计报表。由于编制合并报表的主要目的是满足母公司股东和债权人的需要，所以，合并报表通常以母公司报表所用货币来表述。

2. 满足各方面信息使用者的需要

编制会计报表的主要目的就是为不同的信息使用者提供他们所需要的信息，而对于各种信息使用者来说，概括起来可以分为两大类，一类是现实的投资者和债权人，另一类是潜在的投资者和债权人。对于前者，企业有义务向他们提供所需要的会计信息，并成为企业的一项基本会计工作；而对于后者，随着企业在国际间投资、融资业务的不断扩大，会计信息在国际间交流的重要性日益增强。企业为了在国际金融市场上融资，就必须向各国潜在的投资者和债权人提供相关的信息。也就是说，当企业需要在国外发行股票、债权时，就要将以本国货币编制的会计报表折算为按某种外国货币表述的会计报表，以便于国外潜在的投资者和债权人了解企业的财务状况，有助于他们做出投资决策，从而达到企业国际融资的目的。

3.满足母公司对国外子公司财务状况、经营成果考核与评价的需要

子公司、分支机构的经营活动往往是母公司经济活动整体中的一个组成部分，母公司为了统一管理和控制整个公司的经营，必须考核、评价国外子公司的财务状况、经营成果以及财务状况的变动情况，需要将国外子公司用外币编制的会计报表转换为按母公司报告货币表述的会计报表。特别是对于跨国公司而言，在国外拥有多家子公司，且这些子公司通常以所在国货币作为其功能货币，因此，要比较各子公司的财务状况与经营业绩，就需要对以不同外币表述的会计报表进行折算。

二、我国外币财务报表的折算

（一）外币财务报表折算的一般原则

企业将境外经营通过合并财务报表或权益法核算等纳入本企业财务报表中时，如果境外经营的记账本位币不同于本企业的记账本位币，且境外经营处于非恶性通货膨胀经济情况下，需要将境外经营的财务报表折算为以企业记账本位币反映的财务报表，这一过程就是外币财务报表的折算。如果境外经营采用与企业相同的记账本位币，则其财务报表不存在折算问题。

在对企业境外经营财务报表进行折算前，应当调整境外经营的会计期间和会计政策，使之与企业会计期间和会计政策相一致，根据调整后的会计政策和会计期间编制相应货币（记账本位币以外的货币）的财务报表，然后再按以下规定进行折算。

资产负债表中的资产和负债项目，采用资产负债表日的即期汇率折算，所有者权益项目除"未分配利润"项目外，其他项目采用发生时的即期汇率折算。

利润表中的收入和费用项目，采用交易发生日的即期汇率折算；也可以采用按照系统合理的方法确定的、与交易发生日即期汇率近似的汇率折算。

按照上述规定折算产生的外币财务报表折算差额，在资产负债表中所有者权益项目下单独列示。

【例4-13】 A公司记账本位币为人民币，其在美国有一子公司B公司，B公司的记账本位币为美元。A公司拥有B公司65%的股权，并能够对B公司的财务和经营政策实施控制。A公司采用当期平均汇率折算B公司利润表项目。B公司有关资料如下：

2016年12月31日的即期汇率为\$1.00=￥6.70，2016年的平均汇率为\$1.00=￥6.64，实收资本、资本公积发生日的即期汇率为\$1.00=￥6.60。2015年12月31日的股本为6000000美元，折算为人民币39600000元；盈余公积为600000美元，折算为人民币4020000元；未分配利润为1400000美元，折算人民币为9380000元，A、B两公司均在年末提取盈余公积，B公司2016年提取的盈余公积为800000美元。

利润表和资产负债表见表4-2、表4-3。

表4-2 利润表

编制单位：B公司　　　　　　　　　　　2016年度　　　　　　　　　　　　　　单位：万元

项目	本年金额（美元）	折算汇率	折算为人民币金额
一、营业收入	2500	6.64	16600
减：营业成本	1700	6.64	11288
营业税金及附加	60	6.64	398.4
管理费用	110	6.64	730.4
财务费用	20	6.64	132.8
加：投资收益	30	6.64	199.2
二、营业利润	640	—	4249.6
加：营业外收入	50	6.64	332
减：营业外支出	30	6.64	199.2
三、利润总额	660	—	4382.4
减：所得税费用	180	6.64	1195.2
四、净利润	480	—	3187.2
五、每股收益	—	—	—

上述 B 公司2016年度的利润表中，收入和费用项目统一采用年度内的平均汇率（$1.00=¥6.64）折算，而不是每一笔交易的汇率，这是由于假设会计年度内收入和费用项目发生非常频繁。若采用计算机进行系统处理，或者是业务发生次数较少且数额较大时，则要按照每笔交易发生时的汇率计算并调整。

表4-2 资产负债表

编制单位：B公司　　　　　　　　　　　2016年度　　　　　　　　　　　　　　单位：万元

资产	期末数（美元）	折算汇率	折算为人民币金额	负债和所有者权益	期末数（美元）	折算汇率	折算为人民币金额
流动资产：				流动负债			
货币资金	250	6.7	1675	短期借款	50	6.7	335
应收账款	230	6.7	1541	应付账款	350	6.7	2345
存货	270	6.7	1809	其他流动负债	120	6.7	804
其他流动资产	240	6.7	1608	流动负债合计	520	—	3484
流动资产合计	990	—	6633	非流动负债：			
非流动资产：				长期借款	160	6.7	1072
长期应收款	200	6.7	1340	应付债券	100	6.7	670
固定资产	700	6.7	4690	其他非流动资产	90	6.7	603
在建工程	90	6.7	603	非流动资产合计	350	—	2345
无形资产	120	6.7	804	负债合计	870	—	5829
其他非流动资产	50	6.7	335	所有者权益：			
非流动资产合计	1160	—	7772	实收资本	600	6.6	3960

续表

资产	期末数(美元)	折算汇率	折算为人民币金额	负债和所有者权益	期末数(美元)	折算汇率	折算为人民币金额
				盈余公积	140		933.2
				未分配利润	540		3594
				外币报表折算差额			133.8
				所有者权益合计	1280		8621
资产合计	2150		14405	负债和所有者权益合计	2150		14450

说明：B公司2016年末实收资本数额等同于上年年末，本年未发生变化；本年盈余公积外币数额为140万美元，由于上年年末盈余公积外币金额为60万美元，可知本年提取盈余公积140-60=80万美元，本年盈余公积记账本位币金额计算方法：上年末盈余公积记账本位币金额+本年提取盈余公积外币金额×本年度平均汇率，即402+80×6.64=933.2万元，注意盈余公积应与利润表项目采用一致的汇率折算；本年未分配利润540万美元为上年未分配利润加上本年净利润，然后减去本年提取盈余公积80万美元的差额，其记账本位币折算方法与盈余公积大致相同，也应当采用本年平均汇率折算，这里不再赘述。

通过对表4-2进行分析我们可以看到，在进行外币报表折算之前，资产负债表左右两边金额之和相等。折算时，资产、负债和所有者权益项目采用不同的折算汇率，导致资产负债表左右两边产生折算差额，即外币报表折算差额，应将其在所有者权益下单独列示。外币报表折算差额计算方法如下：

外币报表折算差额=资产的记账本位币总额－负债记账本位币总额－实收资本、资本公积、盈余公积、未分配利润的记账本位币总金额

三、我国外币报表折算的相关规定

（一）境外经营的处置

企业可能通过出售、清算、返还股本或放弃全部或部分权益等方式处置其在境外经营中的权益。企业在处置境外经营时，应当将资产负债表中所有者权益项目下列示的、与该境外经营相关的外币财务报表折算差额，自所有者权益项目转入处置当期损益；部分处置境外经营的，应当按处置的比例计算处置部分的外币财务报表折算差额，转入处置当期损益。

（二）外币折算信息的披露

我国《企业会计准则第19号——外币折算》对外币业务的披露要求着重于与记账本位币有关的事项和汇兑差额在本期的变动情况。

企业应当披露与记账本位币有关的事项，主要内容有，企业及其境外经营选定的记账本位币及选定原因，记账本位币发生变更的，需说明变更理由。采用近似汇率折算的，说明近似汇率的确定方法。

企业应当披露本期汇兑差额的变动情况，主要包括计入当期损益的汇兑差额和处置境外经营对外币财务报表折算差额的影响。

同步练习题

一、单项选择题

1. 某外商投资企业收到外商作为实收资本投入的固定资产一台,协议作价20万美元,当日的市场汇率为1美元=8.25元人民币。投资合同约定汇率为1美元=8.20元人民币。另发生运杂费2万元人民币,进口关税5万元人民币,安装调试费3万元人民币。该设备的入账价格为（　　）万元人民币。
   A. 164　　　　　B. 170　　　　　C. 174　　　　　D. 175

2. 某企业外币业务的记账汇率采用当日的市场汇率核算。该企业本月月初持有20000美元,月初市场汇率为1美元=8.30元人民币。本月15日将其中的5000美元售给中国银行,当日中国银行美元买入价为1美元=8.20元人民币,卖出价为1美元=8.24元人民币,当日市场汇率为1美元=8.22元人民币。企业售出该笔美元时应确认的汇兑损失为（　　）元。
   A. 500　　　　　B. 100　　　　　C. 200　　　　　D. 0

3. 按我国会计准则的规定,外币财务报表折算为记账本位币报表时,所有者权益变动表中的"未分配利润"项目应当（　　）。
   A. 按平均汇率折算
   B. 按历史汇率折算
   C. 根据折算后所有者权益变动表中的其他项目的数额计算确定
   D. 按即期汇率折算

4. 交易性金融资产,采用公允价值确定日的即期汇率折算,折算后的记账本位币金额与原记账本位币金额的差额,计入（　　）。
   A. 财务费用　　　　　　　　B. 公允价值变动损益
   C. 营业外收入　　　　　　　D. 资本公积

5. 企业采用外币业务发生时的市场汇率作为折算汇率的情况下,将人民币兑换成外币时所产生的汇兑损益,是指（　　）。
   A. 银行买入价与当日市场汇率之差所引起的折算差额
   B. 银行卖出价与当日市场汇率之差所引起的折算差额
   C. 账面汇率与当日市场汇率之差所引起的折算差额
   D. 账面汇率与当日银行卖出价之差所引起的折算差额

6. 我国外币报表折算中产生的外币报表折算差额,应反映在（　　）。
   A. 资产负债表　　　　　　　B. 现金流量表
   C. 利润表　　　　　　　　　D. 会计报表附注

7. 当期末市场汇率下降时，下列外币账户中会产生汇兑收益的是（　　）。
   A. 应收账款　　B. 存货　　C. 应付账款　　D. 预付账款

8. 甲股份有限公司对外币业务采用业务发生时的市场汇率折算，按月结算汇兑损益。2015年3月20日，该公司自银行购入240万美元，银行当日的美元卖出价为1美元=8.25元人民币，当日市场汇率为1美元=8.21元人民币。2015年3月31日的市场汇率为1美元——8.22元人民币。甲股份有限公司购入的该240万美元于2002年3月所产生的汇兑损失为（　　）万元人民币。
   A. 2.40　　B. 4.80　　C. 7.20　　D. 9.60

9. 我国某企业记账本位币为美元，下列说法中错误的是（　　）。
   A. 该企业以人民币计价和结算的交易属于外币交易
   B. 该企业以美元计价和结算的交易不属于外币交易
   C. 该企业编报货币为美元
   D. 该企业编报的货币为人民币

10. 企业销售产品形成的外币债权由于汇率变动而产生的外币债权折算差额，按我国企业会计准则的规定应计入（　　）。
    A. 营业收入　　　　　　　　B. 公允价值变动
    C. 财务费用　　　　　　　　D. 营业外收入

11. 某公司一境外子公司编报货币为美元，期初汇率为1美元=8.2元人民币，期末汇率为1美元=8.4元人民币，该企业利润和利润分配表采用平均汇率折算。资产负债表盈余公积期初数为50万美元，折合人民币405万元，本期提取盈余公积70万美元，则本期该企业资产负债表盈余公积的期末数额应该是人民币（　　）万元。
    A. 581　　B. 1008　　C. 99　　D. 986

12. 某中外合资经营企业注册资本为400万美元，合同约定分两次投入，但未约定折算汇率。中、外投资者分别于2015年1月1日和3月1日投入300万美元和100万美元。2015年1月1日、3月1日、3月31日和12月31日美元对人民币的汇率分别为1:8.20、1:8.25、1:8.24和1:8.30。假定该企业采用人民币作为记账本位币，外币业务采用业务发生日的汇率折算。该企业2015年年末资产负债表中"实收资本"项目的金额为人民币（　　）万元。
    A. 3280　　B. 3296　　C. 3285　　D. 3320

13. 国内甲公司的记账本位币为人民币。2014年12月5日以每股7港元的价格购入乙公司的H股10000股作为交易性金融资产，当日汇率为1港元=1元人民币，款项已支付。2015年12月31日，当月购入的乙公司H股的市价变为每股8元，当日汇率为1港元=0.9元人民币。假定不考虑相关税费的影响。甲公司2014年12月31日应确认的公允价值变动损益为（　　）元。
    A. 2000　　B. 0　　C. -1000　　D. 1000

14. 企业因经营所处的主要经济环境发生重大变化，确需变更记账本位币的，应当采用（　　）将所有项目折算为变更后的记账本位币。
   A. 变更当日的即期汇率的近似汇率　　B. 变更当日的即期汇率
   C. 当期平均汇率　　D. 当期期末汇率

二、多项选择题

1. 企业发生外币业务时，外币账户可以采用的折算汇率有（　　）。
   A. 历史汇率　　B. 账面汇率
   C. 即期汇率　　D. 即期汇率的近似汇率

2. 下列属于非货币性项目的有（　　）。
   A. 交易性金融资产　　B. 存货　　C. 长期股权投资
   D. 固定资产　　E. 无形资产

3. 企业对境外经营的财务报表进行折算时，下列项目中可用资产负债表日的即期汇率折算的有（　　）。
   A. 应收及预付款项　　B. 交易性金融资产
   C. 持有至到期投资　　D. 盈余公积

4. 企业发生各类外币业务形成的折算差额，根据不同业务可能计入的科目有（　　）。
   A. 公允价值变动损益　　B. 财务费用
   C. 在建工程　　D. 管理费用

5. 下列交易中属于外币交易的有（　　）。
   A. 卖出以外币计价的商品或者劳务　　B. 买入以外币计价的商品或者劳务
   C. 借出外币资金　　D. 借入外币资金

三、判断题

1. 企业确定了记账本位币以后不可以进行变更。（　　）
2. 企业收到投资者投入的资本，应按照合同约定的汇率进行折算。（　　）
3. 境外经营是指企业在境外的子公司、合营企业、联营企业、分支机构。在境内的子公司、合营企业、联营企业、分支机构，采用不同于企业记账本位币的，不应作为境外经营。（　　）
4. 利润表中的收入和费用项目，必须采用交易发生日的即期汇率折算。（　　）
5. 非货币性项目中，有些是以资产负债表日的计量单位列示的，如存货如果已经以可变现净值列示，资产负债表日就不需要进行重述。（　　）

四、计算分析题

A工业企业采用当日即期汇率对外币业务进行折算。该企业2015年9月份发生如下外币业务：

1. 9月3日对外销售产品一批，销售收入为40万欧元，当日汇率为1欧元＝10.5元人民币，款项尚未收回。
2. 9月9日从银行借入短期外币借款30万欧元，当日汇率为1欧元＝10.8元人民币。
3. 9月16日从国外进口原材料一批，共计50万欧元，款项由外币存款支付，当日汇率为1欧元＝10.5元人民币。
4. 9月20日购进原材料一批，价款总计20万欧元，款项尚未支付，当日汇率为1欧元＝11元人民币。
5. 9月26日收到1月8日赊销款15万欧元，当日汇率为1欧元＝11.5元人民币。
6. 9月30日偿还1月10日借入的外币30万欧元，当日汇率为1欧元＝11元人民币。

要求：编制该企业9月份外币业务的相关会计分录（假设不考虑所发生的各项税费）。

第五章

金融资产转移

第五章 金融资产转移

本章知识结构

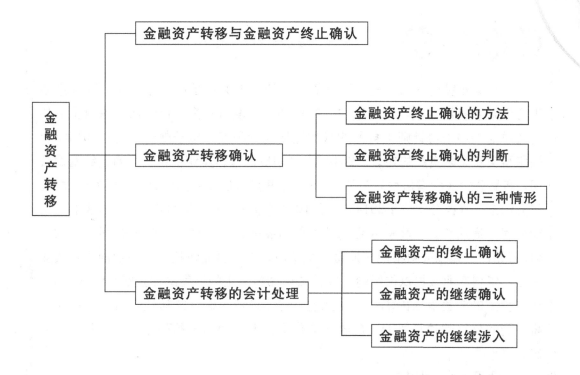

学习目标

1. 掌握金融资产转移与金融资产终止确认的区别。
2. 掌握被转移金融资产终止确认、继续确认和继续涉入的判断。
3. 掌握金融资产转移的会计处理。

高级财务会计

引入案例

华科实业股份有限公司（以下简称华科实业）系国内一家上市公司，系中天会计师事务所的常年审计客户。在对2014年度财务报表审计前，华科实业的财务总监向中天会计师事务所的张杰注册会计师发来电子邮件，沟通2014年有关华科实业金融资产的处理。2014年4月10日，华科实业销售一批商品给嘉德公司，商品总价（含增值税）为585万元，已开具增值税专用发票，款项尚未收到。双方约定，嘉德公司应于2014年11月10日付款。2014年9月20日，华科实业与嘉德公司协商后约定，将应收嘉德公司的货款转让给万佳置业信托公司，价款为512万元，在嘉德公司不能按期偿还货款时，万佳置业信托公司不能向华科实业追偿。华科实业根据以往经验，预计该商品将发生的销售退回金额为9.36万元，实际发生的销售退回由华科实业承担。对于该应收账款的转让业务，华科实业将收到的转让款项与所转让应收账款账面价值之间的差额73万元计入营业外支出。

处理不正确。理由如下：

根据转让协议，当嘉德公司不能偿还货款时，万佳置业信托公司不能向华科实业追索，说明华科实业已将该应收账款所有权上几乎所有的风险和报酬转移了，应终止确认，对于按照协议约定预计将发生的销售退回9.36万元确认为其他应收款，同时对转让款项、确认的预计销售退回金额与所转让应收账款账面价值的差额63.64万元确认为营业外支出。

第一节 金融资产转移的概述

一、金融资产转移与终止确认

金融资产转移，是指企业（转出方）将金融资产（或其现金流量）让与或交付给该金融资产发行方之外的另一方（转入方）。金融资产终止确认，是指将企业之前确认的金融资产从其账户和资产负债表中予以转销。金融资产终止确认有两种情况，一是收取该金融资产现金流量的权利终止，二是该金融资产已转移，但金融资产转移并不意味着金融资产就一定终止确认，具体要看金融资产转移的条款设计，只有在其符合终止确认条件时，该金融资产转移才能被终止确认。

二、金融资产终止确认的范围

这里所指的金融资产，既包括单项金融资产，也包括一组类似的金融资产；既包括单项金融资产（或一组类似金融资产）的一部分，也包括单项金融资产（或一组类似金融资产）整体。如果金融资产的一部分满足下列条件之一的，企业应当将终止确认的规定适用于该金融资产的部分，除此之外，企业应当将终止确认的规定适用于该金融资产整体。

该金融资产部分仅包括金融资产所产生的特定可辨认现金流量。如企业就某债务工具与转入方签订一项利息剥离合同，合同规定转入方拥有获得该债务工具利息现金流量的权利，但无权获得该债务工具本金现金流量，终止确认的规定适用于该债务工具的利息现金流量。

该金融资产部分仅包括与该金融资产所产生的全部现金流量完全成比例的现金流量部分。如企业就某债务工具与转入方签订转让合同，合同规定转入方拥有获得该债务工具全部现金流量一定比例的权利，终止确认的规定适用于该一定比例的部分。

该金融资产部分仅包括与该金融资产所产生的特定可辨认现金流量完全成比例的现金流量部分。如企业就某债务工具与转入方签订转让合同，合同规定转入方拥有获得该债务工具利息现金流量一定比例的权利，终止确认的规定适用于该债务工具利息现金流量一定比例的部分。

企业金融资产转移既可以转移给单一的转入方，也可以存在一个以上的转入方的，只要企业转移的份额与金融资产全部现金流量或特定可辨认现金流量完全成比例即可，且不要求每个转入方均持有成比例的份额。

三、金融资产转移的情形

金融资产转移的情形有两种。

第一种,企业将收取金融资产现金流量的合同权利转移给其他方,比如某企业将应收票据贴现,企业将收取该项金融资产现金流量的权利转移给银行。

第二种,企业保留了收取金融资产现金流量的合同权利,但承担了将收取的该现金流量支付给一个或多个最终收款方的合同义务,这种金融资产转移的情形通常被称作"过手协议",因为金融资产未来现金流量的最终收款方通常是独立于转入方和转出方的第三方,转出方扮演了现金流量最终收款人的代理人的角色。这种金融资产转移情形常见于资产证券化业务。例如,当商业银行转移住房抵押信贷的收益权时,银行可能负责收取所转移信贷的本金和利息并最终支付给收益权凭证的持有者,同时相应地收取服务费。因此,这种资产转移在表现形式上不同于第一种金融资产转移的情形。根据金融资产转移准则规定,如果"过手协议"作为金融资产转移处理,必须同时符合下列三个条件:

(1)企业只有从该金融资产收到对等的现金流量时,才有义务将其支付给最终收款方。在企业没有收到对等的现金流量时,如企业提供短期垫付款,但有权全额收回该垫付款并按照市场利率计收利息的,也视同满足本条件。

(2)转让合同规定禁止企业出售或抵押该金融资产,除非将其作为向最终收款方支付现金流量义务的保证。

(3)企业有义务将代表最终收款方收取的所有现金流量及时划转给最终收款方,且无重大延误。企业无权对该现金流量进行再投资,但在收款日和最终收款方要求的划转日之间的短暂结算期内,对所收到的现金流量进行现金或现金等价物投资,并且按照合同约定将此类投资的收益支付给最终收款方的。

5-1

第二节 金融资产转移确认

金融资产终止确认,主要有两方面情况,一是收取该金融资产现金流量的合同权利已终止,也即和约的基本权利和义务已得到履行、清偿、取消或终止。比如说,应收账款已经收到就自然终止。二是因为金融资产转移,这不同于收取该金融资产现金流量的合同权利的终止,必须要满足一定的条件才能确认终止,这里我们介绍的是金融资产转移终止确认。

一、金融资产转移终止确认的方法

我国金融资产、金融负债终止确认标准是建立在"风险报酬分析法"(Risk and Reward Approach)和"金融合成分析法"(Financial Component Approach)的基础上的。

(一) 风险报酬分析法

1. 概念

风险报酬分析法是指只有当被转让资产上的全部风险和报酬都转移了的时候,即出售出去了,才能使用风险报酬分析法对该资产进行终止确认。在资产转移过程中,如果资产转移发起人还保留有资产上的风险和收益,那么就应该将该次转移认定为是担保融资。风险报酬分析法是建立在金融资产、金融负债有关风险和报酬是否已全部转移出该企业的判断之上。

2. 评价

20世纪80年代后期特别是90年代以来,随着金融创新浪潮的涌起,金融资产的转移方式也越来越复杂,并呈现两个明显的特点。

(1)在金融资产转移中,转移方仍然与该项资产继续有关联,致使对于该资产是否已经真正出售难以判断。

(2)因为实施风险和报酬分析法,首先,要找出相关资产上所隐含的所有风险与报酬,并对它们进行评价,这显然是件不太容易的事;其次,要确定风险和报酬是否"几乎全部"或"大部分"转移出去,就更加困难了,所以这种方法在理论和实务操作中存在一些缺陷。

第一,风险报酬分析法把金融工具及其附属的风险和报酬看成是一个不可分割的整体。在金融资产的转移中,串接与分割的现象越来越普遍,操作起来也就越来越困难,极易导致将具有相同性质的情况在不同的时候采用不同的会计处理方法。在涉及金融资产转移的情况下,若转出方保留了与金融资产相关的部分风险和报酬的,那么转出方在资产负债表上仍要继续确认这项资产(实际上这项金融资产已不被企业所控制),使企业确认不属于企业的资产,从而导致了与资产定义的不一致。

第二，按照风险报酬分析法中"实质上已转移"的观点，这需要会计人员将金融资产的风险和报酬全部揭示出来，从而判断风险和报酬是否"实质上"转移出去。这在实务操作中将会遇到十分大的困难，并可能会对同一事项有不同的会计处理，最终导致企业间会计信息的不可比。

鉴于风险报酬分析法在会计终止确认标准上的诸多弊端，FASB和IASC先后提出了金融合成分析法的终止确认标准。

（二）金融合成分析法

1.概念

金融合成分析法是指将金融资产、金融负债的终止确认建立在主体是否失去对金融资产的控制和对金融负债的解除之上的。当且仅当对构成金融资产或金融资产的一部分的合同权利失去控制时，企业应终止确认该金融资产或该金融资产的一部分。如果企业行使了合同中规定的获利权利，这些权利逾期或企业放弃了这些权利，则表明企业对这些权利失去了控制；当且仅当金融负债（或金融负债的一部分）消除时（即当合同中规定的义务解除、取消或逾期），企业才能在资产负债表上将其剔除。

在金融分析法下，转出方对于金融资产转让之后仍继续控制的部分，继续确认为资产，而终止确认不再控制的部分，把其从资产负债表中转出。因此，转出方只把放弃了控制权的部分确认为销售，仍继续保留未被销售部分，并同时确认其他与继续介入部分相关的资产或负债。

2.评价

金融合成分析法是从风险与报酬分析法的基础上发展而来的，是一种新型金融资产与金融负债的终止确认标准，在终止确认上具有一致性，相对于风险报酬分析法的不完善以及不一致性是一个重大进步。

3.金融合成分析法的优势

其一，会计确认更符合资产定义。每项资产都属于特定的会计主体，一项资产不可以同时属于一个以上的会计主体。当企业获得一项资产时，就必须能控制该资产未来能够产生的经济利益。并且明确该企业拥有资产的获益。金融合成分析法使会计确认超越了与资产相关的风险和报酬是否转移的标准，而依据该资产所拥有的权利和所承担的义务是否转移，即对资产带来的未来收益是否具有控制权。这种以"可控制"作为确认的标准，体现了资产的实质，更符合资产的定义，同时遵循了实质重于形式原则。

其二，提升了会计方法的应用性。国际金融市场上有一种显著的趋势，即分割基本金融工具上所包含的风险和权利与义务，形成不同的变量或标的，如股票价格、商品价格、不同期限的期货价格、各种价格指数、各种利率和汇率等，使金融市场上出现了多品种的衍生金融工具。若按照风险和报酬分析，终止确认某一部分金融资产，必须使资产的风险和报酬同时按比例转移。此外，任何资产都要被看作是一个不可分割的整体。这样会计在确认金融资产转移交易中的大部分衍生金融工具时，由于没有风险和报酬的分析测试而无法进行。因此，金融资产会计确认某一部分金融资产时放弃对于与资产相关风险和报酬的依赖,将会计判断立足于资产的控制权,不再把金融工具及其附属的风险和报酬看作一个不可分割的整体,会计人员不再为如何判断"实质上已转移"而烦恼,提升了会计实务的可操作性。

其三,控制权转移的确认标准更符合会计信息质量的可靠性要求。透视企业资金运动,我们可以认识到其内含的价值关系、价值权利。以"权属责任"的观点深入认识会计对象,提供的相关会计信息更可靠。金融合成分析法把会计确认的标准定位在控制权转移上,合乎认知的规律,从而较好地满足了会计信息质量可靠性要求。

【例5-1】假设甲公司将一定数额的一组应收账款转移给乙公司以交换急需的现金,但甲公司仍要承担应收账款不能回收的损失。双方为此签订了转移交易合同,并为甲公司承担的损失额规定了一个上限。这笔交易的明显结果是,甲公司失去了对这组应收账款的控制权,而由乙公司来接管催收。另外,甲公司根据转移合同承担了坏账损失的风险,相应地乙公司也拥有了一项由甲公司提供的赔偿损失担保的合同权利。

【解】这笔交易的会计处理,按照金融合成分析法,甲公司应终止确认这组应收账款,把它们从资产负债表上剔除;同时,按照转移合同确认相应的坏账损失的担保责任(金融负债),乙公司则由于获得了应收账款的控制权,因而要在其资产负债表上确认这项资产,同时将由甲公司提供坏账损失赔偿的担保合同权利确认为一项金融资产。如果按照风险和报酬分析法,由于甲公司仍然保留了应收账款的坏账损失风险,如果认定风险是相当重要的话,甲公司就应该在其资产负债表上继续确认这组应收账款而不应把它们剔除;而把转移应收账款得到的现金视为由乙公司提供的以这组应收账款为抵押的融资借款(即金融负债)。

二、金融资产转移终止确认的判断

我国金融资产、金融负债终止确认标准是建立在"风险报酬分析法"(Risk and Reward Approach)和"金融合成分析法"(Financial Component Approach)的基础上的。风险报酬分析法和金融合成分析法的结合运用是我国会计准则与国际会计准则实质上趋同的一个重大体现,更是会计理论研究的重大进步。两种方法的结合运用是日益创新的衍生金融工具发展的必要,是会计理论的创新。

(一)金融资产转移终止确认条件

企业在判断金融资产转移是否导致金融资产终止确认时,应当评估其在多大程度上保留了金融资产所有权上的风险和报酬,并分下列情形进行处理:

企业转移了金融资产所有权上几乎所有风险和报酬的,应当终止确认该金融资产,并将转移中产生或保留的权利和义务单独确认为资产或负债。比如说企业将按摊余成本计量的金融资产、以公允价值计量的金融资产甚至是贷款全部卖掉,已经收到全部价款,转移资产与企业再无关系,这是最典型的转移所有的风险和报酬,此时应用《企业会计准则第22号——金融工具确认与计量》进行核算,即处置该金融资产。

企业保留了金融资产所有权上几乎所有风险和报酬的,应当继续确认该金融资产。

企业既没有转移也没有保留金融资产所有权上几乎所有风险和报酬的（即除上述两种之外的其他情形），就是金融资产转移了但是仍与转移方有一定的联系，即转移方还保留了一部分，应当根据其是否保留了对金融资产的控制来判断，尽管可能还与转出方有一定的联系，按实质重于形式原则，只要放弃了对该金融资产控制，也是要终止确认该转移的金融资产的。具体分下列情形处理：企业未保留对该金融资产控制的，应当终止确认该金融资产，并将转移中产生或保留的权利和义务单独确认为资产或负债。企业保留了对该金融资产控制的，应当按照其继续涉入被转移金融资产的程度确认有关金融资产，并相应确认相关负债。继续涉入被转移金融资产的程度，是指被转移金融资产价值变动使企业面临风险的程度。

（二）风险和报酬转移的判断

企业在判断金融资产所有权上风险和报酬的转移程度时，应当比较转移前后该金融资产未来净现金流量金额及其时间分布的波动使其面临的风险。

企业承担的金融资产未来净现金流量现值变动的风险没有因转移而发生显著变化的，表明该企业仍保留了金融资产所有权上几乎所有风险和报酬。如将贷款整体转移并对该贷款可能发生的所有损失进行全额补偿，或者出售一项金融资产但约定以固定价格或者售价加上出借人回报的价格回购。

企业承担的金融资产未来净现金流量现值变动的风险与金融资产的未来净现金流量现值的全部变动风险相比不再重要的，表明该企业已经转移了金融资产所有权上几乎所有风险和报酬。如无条件出售金融资产，或者出售金融资产且仅保留以其在回购时的公允价值进行回购的选择权。

企业通常不需要通过计算即可判断其是否转移或保留了金融资产所有权上几乎所有风险和报酬。在其他情况下，企业需要通过计算判断是否已经转移了金融资产所有权上几乎所有风险和报酬的，在计算金融资产未来现金流量净现值时，应当考虑所有合理、可能的现金流量波动，对于更可能发生的结果赋予更高的权重，并采用适当的市场利率作为折现率。

（三）控制的判断

企业（转出方）在判断是否保留了对被转移金融资产的控制时，应当根据转入方是否具有出售被转移金融资产的实际能力而确定。转入方能够单方面将被转移金融资产整体出售给与其不存在关联方关系的第三方，且没有额外条件对此项出售加以限制的，表明转入方有出售被转移金融资产的实际能力，从而表明企业（转出方）未保留也即失去了对被转移金融资产的控制；在其他情形下，表明企业（转出方）保留了对被转移金融资产的控制。

如何判断转入方是否具有出售被转移金融资产的实际能力？企业考虑的关键应当是转入方实际上能够采取的行动。被转移金融资产不存在市场或转入方不能单方面自由地处置被转移金融资产的，通常表明转入方不具有出售被转移金融资产的实际能力。

需要注意的是，转入方不具有出售被转移金融资产的实际能力也就是不能出售，如果转入方从自身考虑不可能出售那应另当别论，也即转入方不可能出售被转移金融资产本身并不意味着企业（转出方）保留了对被转移金融资产的控制，但因存在看跌期权或担保而限制转入方出售被转移金融资产的除外。如存在看跌期权或担保且很有价值，导致转入方实际上不能在不附加类似期权或其他限制条件的情形下将该被转移金融资产出售给第三方，从而限制了转入方出售被转移金融资产的能力，转入方将持有被转移金融资产以获取看跌期权或担保下相应付款的，在这种情形下，企业保留了对被转移金融资产的控制。

三、金融资产转移确认的情形

企业在判断金融资产转移是否满足金融资产终止确认条件时，应当注重金融资产转移的实质。

（一）终止确认的情形

企业转移了所有权上几乎所有风险和报酬，应当终止确认被转移金融资产的常见情形如下：

企业无条件出售金融资产，没有任何附加条款，不附任何追索权，可以说明此项金融资产已完全转移；

企业出售金融资产，同时约定按回购日该金融资产的公允价值回购。由于回购价款是公允价值，说明回购行为具有商业实质，所以出售时没有承担义务；

企业出售金融资产，同时与买入方签订看跌期权合同（即买入方有权将该金融资产返售给企业）或看涨期权合同（即转出方有权回购该金融资产），且根据合同条款判断，该看跌、看涨期权为一项重大价外期权，使得金融资产的转入方或转出方极小可能会到期行权。

【例5-2】A公司将持有的C公司的股票2000股出售给B公司，同时与B公司签订了未来一年后以每股10元回购的期权，若预计1年后该股票的价值是每股5元，则对于A公司来说就是重大价外的看涨期权，到期不会行使该权利，所以A公司处置的金融资产应该终止确认。若A公司将股票出售给B公司后，B公司与A公司签订了一份未来一年后以每股10元出售给A公司的期权，假定未来一年后股票市价是每股15元，则对于A公司来说是重大价外的看跌期权，B公司到期肯定是不将股票出售给A公司的，所以A公司处置的金融资产可以终止确认。

（二）继续确认的情形

企业保留了所有权上几乎所有风险和报酬，应当继续确认被转移金融资产的常见情形如下：

企业出售金融资产并与转入方签订回购协议，协议规定企业将回购原被转移金融资产，或者将予回购的金融资产与售出的金融资产相同或实质上相同、回购价格固定或是原售价加上合理回报。如采用买断式回购、质押式回购交易卖出债券等。这种情形下出售其实转出方承担了以非市场价回购的义务，显然转出方并未解除该项金融资产的风险。

企业进行融出证券或证券出借。融出证券是指证券公司将自有股票或客户投资账户中的股票借给做空投资者。投资者借证券来出售，到期返还相同种类和数量的证券并支付利息。证券出借交易是指证券出借人（以下简称"出借人"）以一定的费率通过交易所综合协议交易平台（以下简称"协议平台"）向证券借入人（以下简称"借入人"）出借本所上市证券，借入人按期履行归还所借证券、支付借券费用及相应权益补偿的业务。融出证券或证券出借虽然是转移了金融资产，但只是借出，并未转移其风险和报酬。

企业出售金融资产并附有将市场风险敞口转回给企业的总回报互换。在附总回报互换的金融资产出售中，企业出售了一项金融资产，并与转入方达成一项总回报互换协议，如将该资产产生的利息现金流量支付给企业以换取固定付款额或变动利率付款额，该项资产公允价值的所有增减变动由企业承担，从而使市场风险等又转回企业。在这种情况下，企业保留了该金融资产所有权上几乎所有的风险和报酬，因此不应当终止确认所出售的金融资产。

企业出售短期应收款项或信贷资产，并且全额补偿转入方可能因被转移金融资产发生的信用损失。

企业出售金融资产，同时与买入方签订看跌期权合同（即买入方有权将该金融资产返售给企业）或看涨期权合同（即转出方有权回购该金融资产），且根据合同条款判断，该看跌期权为一项重大价内期权（即期权合约的条款设计，使得金融资产的买方很可能会到期行权）。

● （三）继续涉入的情形

企业应当按照其继续涉入被转移金融资产的程度确认相关资产和负债的常见情形如下：

企业转移金融资产，并采用保留次级权益或提供信用担保等方式进行信用增级，企业只保留了被转移金融资产所有权上的部分（非几乎所有）风险和报酬，且保留了对被转移金融资产的控制。

信用增级是指运用各种有效手段和金融工具确保债务人按时支付债务本息，以提高资产证券化交易的质量和安全性，从而获得更高级的信用评级。信用增级可以有多种方式，大体上可分为两种方式：外部信用增级和内部信用增级。保留次级权益或提供信用担保等方式属于内部信用增级。次级权益的受偿权要落后于其他债务，只有当受偿权优先于次级债务的所有债务都得到支付之后，才能对此次级债务进行支付。因此，次级债务实际是一种受偿权利受到约束的债务，对于债权人来说次级债务比普通债务的风险更大，对于债务人来说，通过次级债务保留了被转移金融资产所有权上的部分（非几乎所有）风险和报酬。

企业转移金融资产并附有既非重大度价内也非重大价外的看涨期权或看跌期权，导致企业既没有转移也没有保留所有权上几乎所有风险和报酬，且保留了对被转移金融资产的控制。

企业保留了对该金融资产控制的，应当按照其继续涉入被转移金融资产的程度确认有关金融资产，并相应确认相关负债。继续涉入被转移金融资产的程度，是指被转移金融资产价值变动使企业面临风险的程度。

第三节 金融资产转移的会计处理

一、满足终止确认条件的会计处理

（一）金融资产整体转移

金融资产转移整体满足终止确认条件的，相关金融资产转移损益应按下列公式计算：

因转移收到的对价＋原直接计入其他综合收益的公允价值变动的累计利得（如为累计损失，应为减项）－所转移金融资产的账面价值＝金融资产整体转移损益

理解以上公式需要注意的几点：

对价：因转移收到的对价包括获得的所有新资产减去承担的所有新负债后的金额。

因转移收到的对价=因转移交易收到的价款+新获得金融资产的公允价值+因转移获得服务资产的价值-新承担金融负债的公允价值-因转移承担服务负债的公允价值

企业保留了向该金融资产提供相关收费服务的权利（包括收取该金融资产的现金流量，并将所收取的现金流量划转给指定的资金保管机构等），应当就该服务合同确认一项服务资产或服务负债。如果企业将收取的费用预计足以补偿所提供服务的，应当将该服务权利作为继续确认部分确认为一项服务资产，并根据所转移金融资产整体账面价值在终止确认和继续确认部分之间按相对公允价值分摊确定该服务资产的金额。如果将收取的费用预计不足以补偿企业所提供服务的，则应当将由此形成的服务义务确认一项服务负债，并以公允价值计量。企业确认的上述服务资产或服务负债应当作为上述对价的组成部分。

企业因金融资产转移导致整体终止确认金融资产，同时获得了新金融资产或承担了新金融负债或服务负债的，应当在转移日确认该金融资产、金融负债（包括看涨期权、看跌期权、担保负债、远期合同、互换等）或服务负债，并以公允价值计量。该金融资产扣除金融负债和服务负债后的净额应当作为上述对价的组成部分。

原计入其他综合收益的公允价值变动累计额中对应终止确认部分的金额，是指涉及转移的金融资产，应视为以公允价值计量且其变动计入其他综合收益的债务工具情形。

【例5-3】2016年3月15日，WL公司销售一批商品给Q公司，开出的增值税专用发票上注明的销售价款为300000元，增值税销项税额为51000元，款项尚未收到。双方约定Q公司于2016年10月31日付款。2016年6月1日，经与中国银行协商后约定，WL公司将应收Q公司的账款出售给中国银行，中国银行将付给WL公司200000元，并将持有的某公司债券以150000元作价给WL公司。互换的金融资产双方互不追偿。

会计分录：

```
借：银行存款                        200000
    以摊余成本计量的金融资产——成本   150000
    营业外支出                         1000
    贷：应收账款                            351000
```

（二）金融资产部分转移

企业转移了金融资产的一部分，且被转移部分整体满足终止确认条件的，应当按照下面这两项金额的差额计入当期损益：一是终止确认部分在终止日的账面价值，二是终止确认部分收到的对价，与原计入其他综合收益的公允价值变动累计额中对应终止确认部分的金额（涉及转移的金融资产为以公允价值计量且其变动计入其他综合收益的债务工具情形）之和。

这里需要注意的几点：

终止确认部分在终止确认日的账面价值，是指将转移前金融资产整体的账面价值，在终止确认部分和继续确认部分（在此种情形下，所保留的服务资产应当视同继续确认金融资产的一部分）之间，按照各自的相对公允价值进行分摊后确定。

对价包括获得的所有新资产减去承担的所有新负债后的金额。

原计入其他综合收益的公允价值变动累计额中对应终止确认部分的金额，应当按照金融资产终止确认部分和继续确认部分的相对公允价值，对该累计额进行分摊后确定。

企业将转移前金融资产整体的账面价值按相对公允价值在终止确认部分和继续确认部分之间进行分摊时，继续确认部分的公允价值应当按照下列规定确定：企业出售过与继续确认部分类似的金融资产，或继续确认部分存在其他市场交易的，最近实际交易价格可作为其公允价值的最佳估计；继续确认部分没有报价或者最近没有市场交易的，其公允价值的最佳估计为转移前金融资产整体的公允价值扣除终止确认部分的对价后的差额。

二、继续确认被转移金融资产的会计处理

企业保留了被转移金融资产所有权上几乎所有风险和报酬而不满足终止确认条件的，应当继续确认被转移金融资产整体，并将收到的对价确认为一项金融负债。资产与所确认的相关金融负债应当分别确认和计量，不得相互抵销。在后续会计期间，企业应当继续确认该金融资产产生的收入（或利得）和该金融负债产生的费用（或损失），

两者之间不得相互抵销。

【例5-4】甲公司将应收票据100万元向银行贴现，取得贴现净额98万元，银行拥有追索权。

分析：由于以后拥有追索权，所以该项金融资产转移应继续确认。

会计分录：

1. 贴现

借：银行存款	980000
财务费用	20000
贷：短期借款	1000000

2. 票据到期，承兑人支付款项

借：短期借款	1000000
贷：应收票据	1000000

3. 票据到期，承兑人没有支付款项

借：短期借款	1000000
贷：银行存款	1000000
借：应收账款	1000000
贷：应收票据	1000000

三、继续涉入金融资产会计处理

企业既没有转移也没有保留金融资产所有权上几乎所有风险和报酬，且保留了对该金融资产控制的，应当按照其继续涉入被转移金融资产的程度确认相关金融资产，并相应确认相关负债。被转移金融资产和相关负债的计量应当在充分反映企业所保留的权利和承担的义务的基础上进行计量。企业应当对因继续涉入被转移金融资产而形成的有关资产确认所产生的相关收入（或利得），对继续涉入形成的有关负债确认所产生的相关费用（或损失）。继续涉入所形成的相关资产和负债不应当相互抵销，且其后续计量仍按金融工具确认和计量会计准则处理。

（一）相关负债的计量

被转移金融资产以摊余成本计量的，相关负债的账面价值等于继续涉入被转移金融资产的账面价值减去企业保留的权利（如果企业因金融资产转移保留了相关权利）的摊余成本并加上企业承担的义务（如果企业因金融资产转移承担了相关义务）的摊余成本；确认的相关负债不得指定为以公允价值计量且其变动计入当期损益的金融负债。

对于按公允价值计量的被转移金融资产，相关负债的账面价值等于继续涉入被转移金融资产的账面价值减去企业保留的权利（如果企业因金融资产转移保留了相关权利）的公允价值并加上企业承担的义务（如果企业因金融资产转移承担了相关义务）的公允价值，该权利或义务的公允价值应为按独立基础计量时的公允价值。

（二）提供财务担保方式继续涉入

提供现金担保，企业通过对被转移金融资产提供财务担保方式继续涉入的，应当在转移日按照金融资产的账面价值和财务担保金额两者的较低者，确认继续被转移的金融资产，同时按照财务担保金额和财务担保合同的公允价值（通常是提供担保收到的对价）之和确认相关负债。担保金额，是指企业所收到的对价中，可被要求偿还的最高金额。

在后续会计期间，担保合同的初始确认金额应当随担保义务的履行进行摊销，计入当期损益。被转移金融资产发生减值的，计提的减值准备应从被转移金融资产的账面价值中抵减。

【例5-5】 甲银行与乙银行签订了一笔贷款转让协议，由甲银行将本金为1000万元、年利率为10%、贷款期限为9年的组合贷款出售给乙银行，售价990万元。双方约定，由甲银行为该笔贷款提供担保，担保金额为300万元，实际贷款损失超过担保金额的部分由乙银行承担。转移日，该笔贷款（包括担保）的公允价值为1000万元，其中担保的公允价值为100万元。甲银行没有保留对该笔贷款的管理服务权。

分析： 本例中，甲银行由于对该笔转移的贷款提供了部分违约担保，因此既没有转移也没有保留该笔组合贷款所有权上几乎所有的报酬和风险，而且事实上贷款没有活跃市场，乙银行也就不具备出售该笔贷款的实际能力，导致甲银行也未放弃对该笔贷款的控制，所以，应当按照继续涉入该笔贷款的程度确认有关资产或负债。

由于转移日该笔贷款的账面价值为1000万元，提供的财务担保金额为300万元，所以甲银行应该按300万元确认继续涉入形成的资产，继续涉入确认形成负债的金额为财务担保金额和财务担保合同的公允价值之和，即400万元（300万+100万），因此会计处理如下：

借：存放中央银行款项　　　　　　　9900000
　　继续涉入资产　　　　　　　　　3000000
　　其他业务成本　　　　　　　　　1100000
　　贷：贷款　　　　　　　　　　　　　10000000
　　　　继续涉入负债　　　　　　　　　4000000

非现金担保物，企业向金融资产转入方提供了非现金担保物（如债务工具或权益工具投资等）的，除了遵守现金担保继续涉入有关规定进行会计处理外，企业（转出方）和转入方应当按照下列规定处理：

（1）转入方按照合同或惯例有权出售该担保物或将其再作为担保物的，企业（转出方）应当将该非现金担保物在财务报表中单独列报。

（2）转入方已将该担保物出售的，转入方应当就归还担保物的义务，按照公允价值确认一项负债。

（3）除企业（转出方）因违约丧失赎回担保物权利外，企业应当继续将担保物确认为一项资产。

第五章 金融资产转移

企业（转出方）因违约丧失赎回担保物权利的，应当终止确认该担保物；转入方应当将该担保物确认为一项资产，并以公允价值计量。转入方已出售该担保物的，应当终止确认归还担保物的义务。

（三）附有期权方式继续涉入的

企业因持有看涨期权或签出一项看跌期权（或两者兼有，即上下期权）而继续涉入被转移金融资产，且该金融资产以摊余成本计量的，应当按照其可能回购的被转移金融资产的金额继续确认被转移金融资产，在转移日按照收到的对价确认相关负债。

被转移金融资产在期权到期日的摊余成本和相关负债初始确认金额之间的差额，应当采用实际利率法摊销，计入当期损益；同时，调整相关负债的账面价值。相关期权行权的，应当在行权时，将继续相关负债的账面价值与行权价格之间的差额计入当期损益。

企业因持有看涨期权或签出看跌期权（或两者兼有，即上下期权）而继续涉入使被转移金融资产，且以公允价值计量该金融资产的，应当分以下情形进行处理：

（1）企业因持有看涨期权而继续涉入被转移金融资产的，应当继续按照公允价值计量被转移金融资产，同时按照下列规定计量相关负债：

该期权是价内或平价期权的，应当按照期权的行权价格扣除期权的时间价值后的金额，计量相关负债。

该期权是价外期权的，应当按照被转移金融资产的公允价值扣除期权的时间价值后的金额，计量相关负债。

由于在转移金融资产的同时持有看涨期权，被转移的金融资产很有可能按照约定的行权价购回，所以要确认继续涉入被转移的金融资产，涉入程度其实通过期权来表现，那继续涉入被转移的金融资产和相关负债应当在充分反映该金融资产所保留的权利和承担的义务的基础上进行计量，而这些权利和义务是通过期权赋予的，其计量也就取决于期权的价值，简而言之，继续涉入被转移金融资产和相关负债计量结果要等于期权的公允价值。持有看涨期权下继续涉入，可能有两种情况，一是被转移金融资产的公允价值大于或等于期权行权价（价内或平价期权），涉入被转移金融资产的价值应当按公允价值计量；二是被转移金融资产的公允价值小于行权价（价外期权），作为转出方是不可能按高于被转移金融资产公允价值的行权价行权，继续涉入被转移金融资产的价值只能是公允价值，所以无论价内期权还是价外期权，持有看涨期权的涉入的被转移金融资产都应当按公允价值计量。

按照会计准则规定相关负债的计量，要分为价内（或平价）期权和价外期权，如果是价内期权：

$$期权的公允价值=该金融资产的公允价值-该期权的行权价+期权的时间价值$$
$$=该金融资产的公允价值-（期权的行权价-期权的时间价值）$$

通过这个计算公式可以清楚地发现，由于继续涉入被转移金融资产按公允价值计量，那么相对应的继续涉入相关负债就以期权的行权价扣除期权的时间价值计量，继续涉入资产和相关负债计量相抵的结果正好是期权的公允价值；如果期权到期，该期权时间价值为0，相关负债计量就是行权价，也即是购买该金融资产所要承担的支付义务，而该金融资产持续按公允价值计量。

如果是价外期权，说明该期权没有内在价值，期权的公允价值就是期权的时间价值。

期权的公允价值=期权的时间价值

=该金融资产的公允价值-该金融资产的公允价值+期权的时间价值

=该金融资产的公允价值-（该金融资产的公允价值-期权的时间价值）

价外期权下继续涉入的金融资产也是按金融资产的公允价值计量，那么相反的继续涉入相关负债就是按该金融资产的公允价值扣除期权的时间价值计量，继续涉入被转移金融资产和相关负债计量相抵的结果正好是期权的公允价值。期权到期，其时间价值为0，期权价值为0，继续涉入资产和相关负债都是该金融资产的公允价值，在不存在行权的情况下可以直接对冲。

(2) 企业因签出一项看跌期权形成的义务使被转移金融资产的，应当按照该金融资产的公允价值和该期权行权价格两者的较低者，确认继续涉入形成的资产；同时，按照该期权的行权价格与时间价值之和，计量相关负债。

由于在转移金融资产的同时签出看跌期权，被转移的金融资产很有可能被转入方按照约定的行权价售回，所以要确认继续涉入被转移的金融资产。同理，继续涉入被转移金融资产和相关负债计量结果要等于期权的公允价值。由于看跌期权下继续涉入可能会出现两种情况，一是金融资产的公允价值小于行权价（价内期权），转入方可能行权也即按行权价售回给转出方，显然涉入资产的价值不能按行权价计量，应该按成本与市价（公允价值）孰低者计价，也即按该项金融资产的公允价值计量；二是金融资产的公允价值大于行权价（价外期权），这意味着转入方未来应当不会行权，这样继续涉入的金融资产就不可能突破行权价，行权价也就成为该金融资产的最高限价，自然就应以行权价计量。统而言之，企业因签出看跌期权形成的义务而继续涉入被转移金融资产的，应当按照该金融资产的公允价值和该期权行权价格两者的较低者，计量继续涉入形成的金融资产。

对于相关负债的计量，我们也要分价内期权和价外期权两种情况，如果是价内期权，也即被转移金融资产的公允价值小于期权的行权价。

期权的公允价值=期权的行权价-该金融资产的公允价值+期权的时间价值=（期权的行权价+期权的时间价值）-该金融资产的公允价值

转出方签发看跌期权，这时价内期权是对期权的持有方（也即金融资产的转入方）而言的，对转出方来说签发的期权是一项负债，上述公式加减项要颠倒。所以，期权的行权价与期权的时间价值之和对转出方来说是承担的义务，这时继续涉入被转移的金融资产按公允价值计量，相对应的继续涉入的相关负债自然就是期权的行权价与期权的时间价值之和计量，期权到期，期权的时间价值为0，转出方相关负债的计量就是转入方售回该金融资产给转出方的行权价，该金融资产按公允价值计量；如果是价外期权，也即该金融资产的公允价值大于期权的行权价，继续涉入的金融资产按期权的行权价

第五章 金融资产转移

计量，期权到期，期权内在价值为0，期权的公允价值就是期权的时间价值。

期权的公允价值=期权的时间价值=期权的行权价-期权的行权价+期权的时间价值=（期权的行权价+期权的时间价值）-期权的行权价

对于转出方来说，同理上述公式加减顺序要颠倒，前已述及，价外期权下继续涉入被转移金融资产按期权的行权价计量，那么相反的继续涉入相关负债就按期权的行权价与期权的时间价值之和计量。期权到期，该期权的时间价值为0，期权的公允价值为0。资产和负债都是行权价，正好对冲。统而言之，转出方签出的无论价外期权还是价内期权，继续涉入相关负债均按该期权的行权价与时间价值之和计量。

（3）企业因持有一项看涨期权和签出一项看跌期权（即上下限期权）而继续涉入被转移金融资产的，应当继续按照公允价值计量被转移金融资产，同时按照下列规定计量相关负债：

①该看涨期权是价内或平价期权的，应当按照看涨期权的行权价格和看跌期权的公允价值之和，扣除看涨期权的时间价值后的金额，计量相关负债。

②该看涨期权是价外期权的，应当按照被转移金融资产的公允价值和看跌期权的公允价值之和，扣除看涨期权的时间价值后的金额，计量相关负债。

准则从看涨期权的视角出发将继续涉入被转移的金融资产分为价内（或平价）期权和价外期权两种情况，这两种情况下，继续涉入被转移的金融资产都按照其公允价值计量，其道理在前面已经阐述过，但是相关负债计量有区别。假如企业转移出一项金融资产，同时持有一项看涨期权和签发一项看跌期权，看涨期权的行权价为10万元，看跌期权的行权价为8万元；假如被转移的金融资产公允价值为12万元，从转出方看，这是价内看涨期权，从转入方来说，这是价外看跌期权；假如被转移的金融资产公允价值为7万元，从转出方来看是价外看涨期权，从转入方来看这是价内看跌期权；假如被转移金融资产公允价值为9万元，无论从转出方还是转入方看，看涨看跌都是价外期权。从这个角度说，其实有三种情形，一是看涨期权是价内或平价期权，看跌期权是价外期权；二是看涨期权是价外期权，看跌期权是价内期权；三是看涨期权、看跌期权都是价外期权。下面就具体情况进行分析、解读。

第一种情况，看涨期权是价内或平价期权，看跌期权是价外期权。前已述及，持有看涨期权继续涉入被转移金融资产按该金融资产的公允价值计量，相关负债按照期权的行权价格扣除期权的时间价值后的金额计量。签发看跌期权继续涉入被转移金融资产按期权的行权价计量，相关负债按期权的行权价与期权的时间价值之和计量，把它们简单地相加：

继续涉入被转移金融资产的金额=金融资产的公允价值+看跌期权的行权价

相关负债的金额=看涨期权的行权价格-看涨期权的时间价值+看跌期权的行权价+看跌期权的时间价值

事实上，虽然是两项期权，但只有一项资产，不可能重复计量，这里选择金融资产按公允价值计量，去掉看跌期权的行权价，自然继续涉入相关负债的金额要同步去掉看跌期权的行权价，所以，

相关负债的金额=看涨期权的行权价格-看涨期权的时间价值+看跌期权的时间价值

由于价外看跌期权没有内在价值，期权的公允价值就是时间价值，所以，

相关负债的金额=看涨期权的行权价格-看涨期权的时间价值+看跌期权的公允价值=（看涨期权的行权价格+看跌期权的公允价值）-看涨期权的时间价值

期权到期，看跌期权价值为0，看涨期权时间价值为0，企业要承担的支付义务就是行权价。

第二种情况，看涨期权是价外期权，看跌期权是价内期权。前已述及，持有看涨期权继续涉入被转移金融资产按该金融资产的公允价值计量，相关负债按照被转移金融资产的公允价值扣除期权的时间价值后的金额计量。签发看跌期权继续涉入被转移金融资产按金融资产的公允价值计量，相关负债按期权的行权价与期权的时间价值之和计量，把它们简单地相加：

继续涉入被转移金融资产的金额=金融资产的公允价值+金融资产的公允价值

相关负债的金额=该金融资产的公允价值-看涨期权的时间价值+看跌期权的行权价+看跌期权的时间价值

事实上，虽然是两项期权，但只有一项资产，不可能重复计量，继续涉入金融资产的金额要去掉一个重复金融资产的公允价值，自然继续涉入相关负债的金额同步去掉该金融资产的公允价值。

相关负债的金额=看跌期权的行权价-看涨期权的时间价值+看跌期权的时间价值=（看跌期权的行权价-该金融资产的公允价值）+看跌期权的时间价值+该金融资产的公允价值-看涨期权的时间价值

=看跌期权的内在价值+看跌期权的时间价值+该金融资产的公允价值-看涨期权的时间价值=看跌期权的公允价值+该金融资产的公允价值-看涨期权的时间价值

期权到期，看涨期权的时间价值为0，看跌期权的内在价值就是行权价扣去金融资产的公允价值，相关负债只剩下行权价。

第三种情况，看涨和看跌期权都是价外期权。前已述及，持有看涨期权继续涉入金融资产按公允价值计量，相关负债按照被转移资产的公允价值扣除期权的时间价值后的金额计量。签发看跌期权继续涉入资产按期权的行权价计量，相关负债按期权的行权价与期权的时间价值之和计量，把它们简单地相加：

涉入被转移金融资产的金额=金融资产的公允价值+看跌期权的行权价

相关负债的金额=被转移金融资产的公允价值-看涨期权的时间价值+看跌期权的行权价+看跌期权的时间价值

事实上，虽然是两项期权，但只有一项资产，不可能重复计量，这里选择金融资产的公允价值计量，去掉看跌期权的行权价，自然继续涉入相关负债的金额同步去掉看跌期权的行权价。

相关负债的金额=金融资产的公允价值-看涨期权的时间价值+看跌期权的时间价值

价外看跌期权没有内在价值，期权的公允价值就是期权的时间价值。

相关负债的金额=被转移金融资产的公允价值-看涨期权的时间价值+看跌期权的公允价值。

期权到期,看涨期权的时间价值为0,看跌期权的公允价值为0,相关负债只剩下金融资产的公允价值,继续涉入的金融资产和相关负债正好对冲。

企业采用基于被转移金融资产的现金结算期权或类似条款的形式继续涉入的,其继续涉入程度的会计处理方式与以非现金结算期权形式继续涉入的会计处理方法相同。

需要注意的是,如果企业对金融资产的继续涉入仅限于金融资产一部分的,企业应当按照转移日因继续涉入而继续确认部分和不再确认部分的相对公允价值,在两者之间分配金融资产的原账面金额,并将分配至不再确认部分的账面金额(以转移日计量的为准)和不再确认部分所收到的对价两项金额的差额计入当期损益。

同步练习题

一、选择题（含单项和多项）

1. 金融资产终止确认的范围有（　　）。
   A. 单项金融资产
   B. 一组类似的金融资产
   C. 单项金融资产（或一组类似金融资产）的一部分
   D. 单项金融资产（或一组类似金融资产）整体

2. 满足"过手协议"的条件有（　　）。
   A. 企业只有从该金融资产收到对等的现金流量时，才有义务将其支付给最终收款方
   B. 收取该金融资产的现金流量，并将所收取的现金流量划转给指定的资金保管机构等
   C. 转让合同规定禁止企业出售或抵押该金融资产，除非将其作为向最终收款方支付现金流量义务的保证
   D. 企业有义务将代表最终收款方收取的所有现金流量及时划转给最终收款方，且无重大延误

3. 甲公司将一项应收账款50000万元出售给乙银行，取得价款49000万元，同时承诺对不超过该应收账款余额3%的信用损失提供担保，根据以往经验，该应收账款的坏账损失率预计为5%。假定甲公司已将该应收账款的利率风险转嫁给乙银行，为应收账款提供担保的公允价值为200万元，甲公司出售日的正确的会计处理是（　　）。

   A. 借：银行存款　　　　　　　　490000000
   　　　营业外支出　　　　　　　 10000000
   　　　　贷：应收账款　　　　　　　　　500000000

   B. 借：银行存款　　　　　　　　490000000
   　　　继续涉入资产　　　　　　 15000000
   　　　金融资产转移损失　　　　 12000000
   　　　　贷：应收账款　　　　　　　　　500000000
   　　　　　　继续涉入负债　　　　　　　 17000000

   C. 借：银行存款　　　　　　　　490000000
   　　　继续涉入资产　　　　　　 27000000
   　　　　贷：应收账款　　　　　　　　　500000000
   　　　　　　继续涉入负债　　　　　　　 17000000

   D. 借：银行存款　　　　　　　　490000000
   　　　继续涉入负债　　　　　　 10000000
   　　　　贷：应收账款　　　　　　　　　500000000

4. 下列情况中，表明企业对被转移金融资产存在控制的有（   ）。
   A. 转入方能单方面将金融资产整体出售给不相干的第三方且没有额外条件对此项出售有限制
   B. 被转移资产不存在市场
   C. 转入方能单方面将金融资产整体出售给不相干的第三方但有额外条件对此项出售有限制
   D. 转入方不大可能出售被转移的金融资产

5. 企业继续确认被转移金融资产的情形有（   ）
   A. 企业无条件出售金融资产
   B. 企业融出证券
   C. 企业回购被转移金融资产，回购价为公允价值
   D. 企业回购被转移金融资产，回购价为固定价

二、业务题

A公司为一家在深圳证券交易所挂牌的非金融类上市公司，A公司在编制2016年年度财务报告时，内审部门对当年以下有关业务的处理提出异议：

1. A公司与W银行签订了一份应收账款保理合同，将因销售商品而形成的对B公司的应收账款510万元出售给W银行，价款为490万元。在应收B公司货款到期无法收回时，W银行不得向A公司追偿。假定不考虑其他因素，A公司终止确认了这510万元的应收账款。

2. A公司将收到的C公司开出承兑的不带息商业承兑汇票向L银行贴现，取得贴现款370万元。合同约定，在票据到期不能从C公司收到票据款时，L银行可向A公司追偿。该票据票面金额为375万元，到期日为当年9月30日。假定不考虑其他因素，A公司终止确认该项金融资产。

3. A公司将持有的一组债券出售给D公司，取得出售价款280万元，同时与D公司签订回购协议，在债券到期前6个月时，按市场价回购，A公司在处理时终止确认该项金融资产。

4. A公司将持有的权益证券出售给Q公司，同时与Q公司签订了看跌期权合约，但从合约条款判断，该看跌期权是一项重大价内期权，A公司终止确认该项金融资产。

5. A公司将持有的公司债券出售给Z公司，取得价款1234万元，该债券的初始成本为1100万元，A公司在出售时约定在6个月后以1250万元的价格回购，A公司终止确认该项金融资产。

6. A公司将其信贷资产整体转移给紫金信托公司，同时保证对可能发生的信用损失承担20%的补偿，A公司在处理时全额终止了该金融资产。

请分析A公司处理是否正确。

第六章

衍生金融工具会计

第六章 衍生金融工具会计

本章知识结构

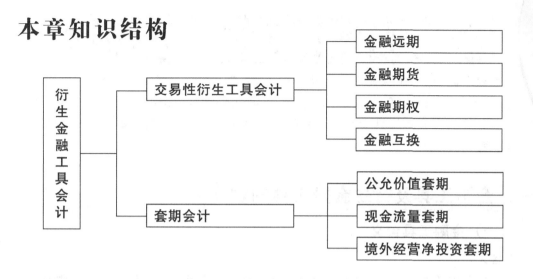

学习目标	1. 了解金融工具与衍生金融工具的含义。 2. 理解衍生工具的业务流程。 3. 掌握交易性衍生工具的核算。 4. 掌握套期保值会计处理。

引入案例

中国国航（601111）燃油成本占到公司总运营成本的40%以上，因此需要利用期货市场套期保值对价格风险进行有效规避。为控制燃油成本，中国国航于2008年7月选择了双向的期权头寸，即同时卖出一个看跌期权（如果到期日市场价格 S 低于行权价 X1，公司不得不以 X1价格从对方买入原油产品，亏损 X1-S）；买入一个看涨期权（如果到期日市场价格 S 高于行权价 X2，公司有权利以 X2价格从对方买入一定数量的原油，盈利 S-X2）。如果油价低于 X1，公司将出现亏损，如果高于 X2，公司将出现盈利，如果介于 X1和 X2之间，则公司不盈不亏。

中国国航通过买入看涨期权锁定原料成本的愿望可以认定为套保，但其基于牛市判断而卖出看跌期权，在规避了油价上涨产生的风险的同时，也成为期权的庄家，产生了一个新的价格下跌的敞口风险。在现货部位为空头时，合约前半部分为套保操作，在合约后半部分的对价中向对手卖出期权，不符合套保原则，从而使整个交易成为投机行为。最终亏损近75亿元。

第一节 衍生金融工具会计概述

伴随着金融创新,越来越多的金融产品出现在现代经济生活中。金融产品所具有的复杂性,使其在会计核算上具有不同的特征。从表外披露逐渐纳入到表内核算,无论国际还是国内关于金融工具会计准则都在不断地进行修订和完善。本章主要介绍衍生金融工具会计。

一、金融工具及衍生金融工具的含义

(一)金融工具含义

1.含义

从金融学的角度看,金融工具是指一切代表未来收益或资产合法要求权的凭证,可以划分为基础性金融工具与衍生金融工具两大类,前者主要包括债务性工具和权益性工具,后者主要包括期货、期权、远期和互换。

从会计学的角度看,金融工具构成一个企业的金融资产并形成另一个企业金融负债或权益工具的合同。合同及合约,必然涉及两方或多方,参与合约的各方承担相应的权利或义务。金融工具包括金融资产、金融负债和权益工具。

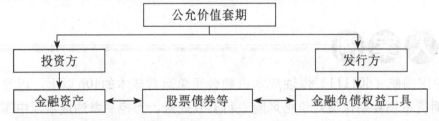

2.金融资产、金融负债和权益工具

从金融工具的定义可以看出,金融资产、金融负债和权益工具是三个相互联系的概念,金融资产是指一切代表未来收益或资产合法要求权的凭证,是单位或个人所拥有的以价值形态存在的资产,是一种索取实物资产的无形的权利。金融工具对其持有者来说是金融资产,对于对应的一方就是金融资产或权益工具。例如,持有商业票据者,就表明他有索取与该商品价值相等的货币的权利;持有股票者,表示他有索取与投入资本份额相应的红利的权利;持有债券者,表示他有一定额度的债款索取权。金融工具分为所有权凭证和债权凭证两类。股票是所有权凭证,票据、债券、存款凭证均属债权凭证。在习惯上,这些金融工具有时也称之为金融资产。

金融资产,是指企业持有的现金、其他方的权益工具以及符合下列条件之一的资产:

(1)从其他方收取现金或其他金融资产的合同权利;

(2)在潜在有利的条件下,与其他方交换金融资产或金融负债的合同权利;

（3）将来须用或可用企业自身权益工具进行结算的非衍生工具合同，且企业根据该合同将收到可变数量的自身权益工具；

（4）将来须用或可用企业自身权益工具进行结算的衍生工具合同，但以固定数量的自身权益工具交换固定金额的现金或其他金融资产的衍生合同除外。

金融负债，是指企业符合下列条件之一的负债：

（1）向其他方交付现金或其他金融资产的合同义务；

（2）在潜在不利条件下，与其他方交换金融资产或金融负债的合同义务；

（3）将来须用或可用企业自身权益工具进行结算的非衍生工具合同，且企业根据该合同将交付可变数量的自身权益工具；

（4）将来须用或可用企业自身权益工具进行结算的衍生工具合同，但以固定数量的自身权益工具交换固定金额的现金或其他金融资产的衍生工具合同除外。

权益工具，是指能证明拥有某个企业在扣除所有负债后的资产中剩余权益的合同。同时满足下列条件的，发行方应当将发行的金融工具分类为权益工具：

（1）该金融工具不包括交付现金或其他金融资产给其他方，或在潜在不利条件下与其他方交换金融资产或金融负债的合同义务。

（2）将来须用或可用企业自身权益工具结算该金融工具的，如该金融工具为非衍生工具，不包括交付可变数量的自身权益工具进行结算的合同义务；如该金融工具为衍生工具，企业只能以固定数量的自身权益工具交换固定金额的现金或其他金融资产结算该金融工具。

（二）衍生金融工具的含义

衍生金融工具是相对于基本金融工具而言的，是基本金融工具的衍生产品，自市场经济形成以来用以完成货币流通和信用逐渐形成并经常使用的属于传统的金融工具，我国《企业会计准则第22号——金融工具的确认与计量》中，将具有下列特征的金融工具和合同定义为衍生金融工具。

其价值随特定利率、金融工具价格、商品价格、汇率、价格指数、费率指数、信用等级、信用指数或其他类似变量的变动而变动，变量为非金融变量的，该变量与合同的任一方不存在特定关系；

不要求初始净投资或与对市场情况变化有类似反应的其他类型合同相比，要求很少的初始净投资；

在未来某一日期结算。衍生工具包括远期合同、期货合同、互换合同、期权合同。

二、衍生金融工具的分类

随着金融产品的不断发展，衍生金融工具也不断创新、扩充，所以对衍生金融工具分类是很不容易的。目前较为通行的分类方法是按照合约类型的标准进行分类，因为其他任何复杂的合约都是以此为基础演化得来的。按合约类型的标准，可以把衍生金融工具分为远期、期货、期权和互换四种类型。

1. 金融远期

所谓金融远期是指规定合约双方同意在指定的未来日期按约定的价格买卖约定数量的相关资产或金融工具的合约,目前主要有远期外汇合同、远期利率协议等。

2. 金融期货

所谓金融期货是指规定交易双方在未来某一期间按约定价格交割特定商品或金融工具的标准化合约,目前主要有利率期货、外汇期货、股票价格指数期货等。

3. 金融期权

所谓金融期权是指规定期权的买方有权在约定的时间或约定的时期内,按照约定价格买进或卖出一定数量的某种相关资产或金融工具的权利,也可以根据需要放弃行使这一权利的合约,目前主要有外汇期权、外汇期货期权、利率期权、利率期货期权、债券期权、股票期权和股票价格指数期权等。

4. 金融互换

所谓金融互换(套购、掉期)是指当事人在合约有效期内,按照双方约定的条件在金融市场上进行不同金融工具交换的合约,目前主要有货币互换、利率互换。

三、金融工具的作用

(一)金融衍生工具的积极作用

降低成本,满足投机套利需要。与传统的融资方式相比,金融衍生工具可以把企业在各个市场的各种不同的有利因素有机地联系起来,进行全球范围的选择,形成最佳的融资条件,从而减少融资成本。另外,当市场出现套利机会时,企业也可以进行交易,这也提高了企业的获利能力。

可以转移风险。作为金融衍生工具诞生的直接原因,它能将价格变动风险同其他正常商业活动风险分离开来,通过使用衍生工具,投资者可以把所承担的价格波动风险予以转移,这样就实现了金融衍生工具的规避风险的功能。

增强市场流动性。由于衍生工具规避风险的作用,衍生市场因而提高了资本运用速度和效率,增强了资本的流动性。我国国债期货交易前,国债发行很困难,现货市场不活跃。引入国债期货交易后,现货交易变得十分活跃。

推动价格发现。由于金融衍生工具的价格受制于基础产品的价格,再加上市场上大量的潜在买家和卖家自由竞价,这使形成的价格反映了对于该商品价格有影响的所有可获得的信息和不同参与者的预期,使真正的未来价格得以发现。所以金融衍生工具能够进行市场预期并且发现价格,它是建立均衡价格的一种有效方法。

推动金融业的竞争和发展,提高金融体系的效率。衍生工具市场上各种投资者的需求旺盛,这加剧了金融市场间的激烈竞争,这一方面刺激了新产品的创新和新市场的开辟,另一方面,市场间的竞争促进了金融产品交易的一体化,大大提高了金融市场的运作效率。

促进金融市场的证券化。融资证券化的趋势是国际金融市场上一个重要的结构性变化。衍生工具的出现与发展，对证券化起到了推波助澜的作用。衍生工具的运用在给证券市场创造多样性工具的同时，也为市场参加者提供了更多的选择机会，这自然会推动证券市场的发展。

（二）金融衍生工具的消极作用

高杠杆性会引发过度投机。金融衍生工具具有高杠杆性，这种杠杆效应容易诱发人们"以小博大"的心理，诱使人们参与投机，带上了很强的赌博性质，过度投机会引起市场的不健康发展，对金融市场的长远和稳定发展产生不利的影响。

金融衍生工具在规避风险的同时，也可能进一步加剧了风险。金融衍生工具的杠杆性、虚拟性、风险性以及表外性等因素使得金融衍生工具交易的风险程度大幅提高。金融衍生工具交易风险呈现出如下特点：风险的巨大性、风险事件的突发性、风险的集中性、风险的复杂性以及风险的连续性。

金融衍生工具市场交易量大，交易集中和跨国性交易，使相互联系的交易对手任何一方出现违约或结算问题，都可能引起连锁反应，酿成区域性或全球性金融危机。正是由于这种特点的存在，很多学者都将金融衍生工具归结为2008年全球金融危机的源头，认为正是人们过度地进行金融衍生工具的创新和使用，才导致了金融危机的诞生，产生极大的不利影响。

金融衍生工具的表外性使得对金融衍生工具进行管制变得非常困难，这是一个世界性的难题，加大了全球金融管制的难度，使得相关部门的管制工作变得更加困难，这样就会影响金融行业的有效、合理发展。我们应该对金融衍生工具有一个全面的认识，既要认识到其积极有利的一面，也要充分认识到其消极不利的一面，只有这样，我们才能有效地发挥它的积极作用，规避或者减轻它的消极作用，使得金融衍生工具更好地促进金融行业的发展。

四、衍生金融工具的风险

衍生金融工具是为了规避金融市场价格风险而产生的，然而运用不当，其中也蕴含着巨大的风险。经过多次的金融危机，很多人已经意识到不能只看到其规避风险的积极作用，它所延伸出来的负面影响更应该被大多数人所注意。交易中对方违约，没有履行所做承诺造成损失的信用风险；因资产或指数价格不利变动可能带来损失的市场风险；因市场缺乏交易对手而导致投资者不能平仓或变现所带来的流动性风险；因交易对手无法按时付款或交割可能带来的结算风险（现金流量风险）；因交易或管理人员的人为错误或系统故障、控制失灵而造成的运作风险（作业风险）；因合约不符合所在国法律，无法履行或合约条款遗漏及模糊导致的法律风险。

五、衍生金融工具会计的发展

衍生金融工具作为金融工具的一种，有着自身的特点，如它是在基础金融工具基础上派生出来的，价值受制于基础金融工具；具有传统资产没有的较大的价值波动性；产品品种灵活多样，发展迅速等，使它与传统经济业务相比有很大的不同。与此相关联，它在会计核算方面与传统经济业务也有很多区别。

（一）衍生金融工具对传统财务会计的影响

因为衍生金融工具对企业而言，体现为合约的签订，一般因其数额巨大对企业有重大影响，但往往它又处于尚未履行或正在履行的状态下，所以对传统财务会计的某些规定和现行会计理论产生了巨大冲击。其在会计核算方面与传统经济业务也有很多区别。

衍生金融工具对会计要素的影响。现有会计理论中资产的定义为过去的交易、事项形成并由企业拥有或者控制的资源，该资源预期会给企业带来经济利益；负债的定义为过去的交易、事项形成的现时义务，履行该义务会导致经济利益流出企业。这两个定义立足于"过去的交易或事项"，且该交易或事项的发生会带来未来经济利益的变化。而衍生金融工具合约签订后，它又会给企业带来一定的权利或义务，导致在未来产生经济利益或资源的流入或流出，但事实上合约所体现的交易并未发生，而是在将来发生。此时确认权利和义务，显然不符合资产或负债的定义，但是，衍生金融工具在合约签订时，作为一项经济业务，其会计确认是一个必须要解决的问题。因此，要在资产负债表中反映衍生金融工具的有关情况，就必须对现行会计理论中的"资产""负债"等会计要素进行重新界定。

衍生金融工具对会计确认的影响。传统会计是建立在"权责发生制"和"实现原则"基础上，采用历史成本计价，所以在确认资产和负债等会计要素时，不仅要强调过去发生的交易事项，而且以交易发生的时间为确认标准，也即在交易发生时进行一次性确认，会计要素一旦确认，一般不进行二次确认。而衍生金融工具不是以交易发生的时间为确认标准，而是以合约的履行时间为确认标准，而且除了合同缔结时需要确认以外，还将存在着"所谓再确认"和"终止确认"的问题，这显然与传统会计原理相悖，要从合约到期确认损益到价格变化当期确认损益。

衍生金融工具对会计计量的影响。会计计量是在资产负债表或损益表中决定已确认报表项目的货币金额的过程。会计计量应真实地反映被计量对象的价值，以便于相关信息使用者预测和决策的需要。在传统的财务会计中，会计计量是建立在历史成本（资产实际发生的成本）基础之上的，反映了资产或负债交易时的历史记录，有客观性和可验证性。按照这一原则，进行会计计量时只能依据已经发生的成本，而不是可能发生的成本，同时各报表项目按历史成本入账后，一般不得随意调整账面价值，以保持信息的可比性。衍生金融工具大都是面向未来的合约，一般并不存在交易发生时的实际成本。即使在合约签订时签约一方支付了少量款项，这些款项也不代表合约的价值，因为其价值是随利率、汇率变动而波动的，并且波动的幅度很大。若继续强调财务会计要素必须按历史成本计价，就无法对衍生金融工具进行确认计量，也难以反映其真实价值及损益。所以，用历史成本来计量衍生金融工具是不适宜的，从历史成本过渡到公允价值，公允价值就成了金融工具包括衍生金融工具的最合适的计量属性。

衍生金融工具对会计披露的影响。会计披露的目的，在于报表使用者及时、正确地了解企业的财务状况、经营成果和现金流量有关方面的信息，以便于做出正确的预测和决策。衍生金融工具所特有的衍生性和杠杆性使得企业有可能面临巨大的风险。如果相关项目游离于表外无法得以充分反映，那么必要的公允价值、风险等信息就无法进行披露。这种以表外披露形式披露对企业有重大影响，实际上损害了有关方的利益，FASB从20世纪90年代开始就在研究和解决衍生金融工具的披露问题，确定了从表外披露到表内披露的转变。我国会计准则也专门制定了金融工具列报准则，具体规范不同目的的金融工具的披露要求。

● **（二）衍生金融工具会计的分类**

企业持有衍生金融工具的目的体现为投机获利或套期保值，因此按衍生金融工具的目的来分，衍生金融工具会计也可以分为投机获利会计和套期会计两类。在符合套期有效性的条件下，衍生金融工具可以按套期会计的方法进行处理，否则，则比照以公允价值计量且其变动计入当期损益的金融资产、交易性金融负债等进行处理。

衍生金融工具按内容可以分为远期、期货、期权和互换四类，所以按衍生金融工具的内容进行分类，衍生金融工具会计也可以分为金融远期会计、金融期货会计、金融期权会计和金融互换会计四类。每一种衍生金融工具的运作模式、交易方式和风险的表现不同，导致在具体的会计处理上也有差别。

● **（三）与衍生金融工具相关的会计科目**

衍生工具——核算企业取得的衍生资产和衍生负债，属于共同类科目。期末余额反映企业衍生工具形成的资产的公允价值（借方余额）或负债的公允价值（贷方余额）。

套期工具——核算指定为套期工具的衍生工具和其他套期工具，属于共同类科目。期末余额反映企业套期工具形成的资产的公允价值（借方余额）或负债的公允价值（贷方余额）。

被套期项目——核算公允价值套期下被套期项目公允价值变动形成的资产或负债，属于共同类科目。

套期损益——核算公允价值套期下套期工具和被套期项目公允价值变动形成的利得或损失。

其他综合收益——套期储备，本明细科目核算现金流量套期下套期工具累计公允价值变动中的有效部分，本科目应当按被套期项目进行明细核算。

第二节 投机获利会计

金融工具确认和计量准则规定以企业持有金融资产的"业务模式"和"金融资产合同现金流量特征"作为金融资产分类的判断依据，将金融资产分类为以摊余成本计量的金融资产、以公允价值计量且其变动计入其他综合收益的金融资产以及以公允价值计量且其变动计入当期损益的金融资产三类，以投机为目的的交易性衍生工具，应该分类为公允价值计量且其变动计入当期损益的金融资产（负债）会计进行处理。

一、金融远期

（一）基本特征

场外交易：交易双方直接成为交易对手的交易方式，它通常是在两个金融机构之间或金融机构与其客户之间签署的，属于双方的私人交易。

非标准化合约：远期合约的合约期限、标的资产、履约方式、交货地点均由双方协商确定。

流动性差：远期合约条款受个性化的限制，很难在双方之外找到交易对象，因此多数是到期履约，履约方式是双方事先确定，金融工具可以像商品远期那样是实物交割，也可以以现金或其他金融工具进行净额结算。

存在违约风险：远期合约通常不需要交保证金，在远期合约的有效期以内，合约的价值随相关资产市场价格或相关金融工具价值的波动而变化，远期合约的买卖双方可能形成的收益或损失都是"无限大"的。所以，金融远期合约的交割期越长，其合约的投机性越强，风险也就越大。有可能一方到期无力履约或无诚意履约，存在违约风险。

（二）概念

标的资产：远期合约中将要交易的资产，金融远期合约中的标的资产就是某项金融资产或组合。

交易日：达成远期协议约定的日期，即远期协议成交日。

即期日：协议开始生效的日期，一般指交易日后两个工作日。

到期日：远期协议结束之日，也是协议条款执行日。

交割日：买卖双方办理资金结算的日期。

（三）金融远期机理

1.远期外汇合约

它是指客户与经营外汇银行之间或经营外汇的银行相互之间签订合约，在双方约定的未来日期按约定的远期汇率将一种货币兑换成另一种货币的交易行为，在期汇交易中签订的合约即为远期外汇合约。合约的标的物为外汇。

远期外汇合约的主要目的就是规避汇率风险,无论是有远期外汇收入的出口企业,还是有远期外汇支出的进口企业,都可以与银行订立远期外汇合约,按预约的价格,在将来到期时进行交割,避免进口产品成本上升和出口销售收入减少的损失,以控制结算风险。

【例6-1】W1公司预期英镑将会走强,遂于2016年10月2日与某银行签订了一个180天的购入100000英镑的远期外汇协议。约定1英镑=9.1人民币。英镑的即期汇率和远期汇率变动情况如下:假定采用3%的折现率,计息基准为"30/360"(即计息天数按照每月30天、每年360天计算),协议按净额结算。

表6-1 英镑的即期汇率和远期汇率变动情况表

汇率	2016年10月2日	2016年12月31日	2017年3月31日
即期汇率	1英镑=9.0人民币	1英镑=9.3人民币	1英镑=9.8人民币
远期汇率	1英镑=9.1人民币(期限6个月的远期外汇协议利率)	1英镑=9.5人民币(期限3个月的远期外汇利率)	

分析:

表6-2 远期外汇协议公允价值

日期	公允价值(元)		公允价值变动额(元)
2016年10月2日	0	注①	0
2016年12月31日	397022	注②	397022
2017年3月31日	700000		302978

注:①2016年10月2日,合同公允价值为零,因为此时合同约定汇率就是远期汇率。

注:② W1公司在2016年12月31日,当时预期实现的利率差(9.5-9.1)直至合同终止,则在合同终止时预期可实现的盈利额为(9.5-9.1)×1000000(元),由于距合同到期还有3个月,所以必须折现,折现金额为(9.5-9.1)×1000000÷(1+3%×90÷360),这是美国证券市场上公认会计原则的逻辑,我国并未明确上述算法。

2.远期利率协议

远期利率协议是一种以利率为标的物的远期合约,通过这种合约,买方和卖方可以把未来某一时点开始的某个预先约定的期间内的利率锁定。具体来说,远期利率协议是双方协定以未来一定期间、一定名义的本金为计算基础,使约定利率与约定期间开始日的市场利率之差形成的利息差额的现值,由一方支付给另一方的合约。

远期利率协议的买方支付以合同利率计算的利息,卖方支付以市场利率计算的利息。远期利率协议具有预先决定筹资成本或预先决定投资报酬率的功能,从而达到规避利率波动的目的。

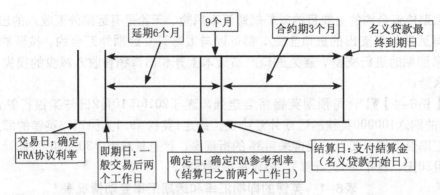

图6-1　FRA(Federal Railroad Administration)的基本内容(6×9FRA，表示6个后开始的期限为3个月的FRA合约)

【例6-2】假定2015年6月29日，范蠡商贸股份公司与某银行签订了一份"3×9"的、名义金额100万元、合同利率为4%的远期利率协议。即交易日为6月29日，起算日是7月1日，结算日是10月1日，到期日是2016年4月1日，合同期是6个月。确定日与结算日间隔两日（即为9月29日），确定日的参照利率为6%。

假定范蠡商贸股份公司于2015年10月1日借入一笔期限为6个月的流动资金贷款，利率为6%。假定计息基准为"实际天数/360"（即计息期按实际天数计，一年按360天计）。

表6-3　远期利率协议有关数据

	借款业务利息（元）	衍生工具价值（元）
交易日（2015.6.29）	0	0
结算日（2015.10.1）		
资产负债表日（2015.12.31）	15333	4886
到期日（2016.4.1）	15667	0

分析：结算日：按照前文所述的公式，范蠡商贸股份公司在结算日收到的现金 =1000000×[(6%-4%)×183/360]/(1+6%×183/360)≈9866（元）。

资产负债表日：参照利率6%计算，自计算日（2015年10月1日）到资产负债表日（12月31日）应负担的财务费用=1000000×6%×92/360≈15333（元）。在2015年12月31日，计算远期利率协议自2016年1月1日至4月1日所节省的财务费用的现值=[1000000×(6%-4%)×91/360]/(1+6%×91/360)≈4980（元）。远期利率协议自计算日（2015年10月1日）到资产负债表日（12月31日）已节省的财务费用=9866-4980=4886（元）。

结算日：参照利率6%计算，自2016年1月1日到4月1日应负担的财务费用=1000000×6%×91/360≈15167（元）。自2015年10月1日至2016年4月1日的应付利息共计30500元。

3.两者比较

远期利率协议和远期外汇协议都要求在资产负债表日确认衍生工具的公允价值，在表内反映。

两者的不同之处是，远期外汇协议其公允价值计量在先，交易在后，即资产负债日先按公允价值计量,将其作为衍生工具入账,待合同到期交易后再注销衍生金融工具;而远期利率协议,交易在先、公允价值计量在后,即交易时,预先作为衍生工具入账,在资产负债表日再按公允价值调整,待合同到期时再注销衍生金融工具。

(四)金融远期会计处理

在签订日,远期合同的公允价值为零,不需要进行账务处理,只需要备查登记;由于是场外交易,签订合约时不发生交易代价,如果发生相关交易费用,则直接计入当期损益。

持有期间的资产负债表日,反映远期合约的公允价值变动,公允价值变动部分,计入"衍生工具"和"公允价值变动损益";如果是远期利率协议,并且与企业借款有关的,则计入"财务费用"。

合同期满,冲销"衍生工具",将公允价值变动损益转作为当期损益。

【例6-3】WL公司出于投机目的,2008年8月1日与外汇经营银行签订了一项60天期,以人民币兑换3000000美元的远期外汇合同,假定折现率年为12%。有关利率资料如下:

表6-4 远期外汇合同汇率表

日期	即期汇率	60天远期汇率	30天远期汇率
2008年8月1日	RMB7.52/$1	RMB7.55/$1	
2008年8月31日	RMB7.56/$1		RMB7.58/$1
2008年9月30日	RMB7.57/$1		

表6-5 远期外汇合约的公允价值表

日期	公允价值(元)	公允价值变动额(元)
2008年8月1日	0	0
2008年8月31日	81818[3000000×(7.58-7.55)/(1+12%÷12)]	81818.18
2008年9月30日	60000[3000000×(7.57-7.55)]	21818.18

【解】(1)8月1日签订远期外汇时:不处理。

(2)8月31日,公允价值为81818.18元。

　　借:衍生工具——远期外汇合同　　　　　　81818.18
　　　　贷:公允价值变动损益　　　　　　　　　　81818.18

(3)9月30日,合同到期,公司按RMB7.55/$1购入300万美元,并按即期汇率卖出300万美元。从而最终实现60000元的收益。

　　借:公允价值变动损益　　　　　　　　　　21818.18
　　　　贷:衍生工具——远期外汇合同　　　　　21818.18
　　借:银行存款——美元户($300万)　　　　22710000
　　　　贷:银行存款　　　　　　　　　　　　　22650000
　　　　　　衍生工具——远期外汇合同　　　　　　60000
　　借:公允价值变动损益　　　　　　　　　　　60000
　　　　贷:投资收益　　　　　　　　　　　　　　60000

在资产负债表中,"衍生工具"账户要视其余额的借贷方,分别作为资产或负债列示于资产负债表中的"以公允价值计量且其变动计入当期损益的金融资产"或"以公允价值计量且其变动计入当期损益的金融负债"项目中，如有单设的"衍生金融资产"或"衍生金融负债"，则应当分别在着两项中列示（后面相同）。

【问题】合同对方如何处理？

【解析】（1）8月1日签订远期外汇时：不处理。

（2）8月31日，产生81818.18元的损失。

   借：公允价值变动损益　　　　　　　　　81818.18
    贷：衍生工具——远期外汇合同　　　　　　　81818.18

（3）9月30日，合同到期按 RMB7.57/$1购入300万美元，并按 RMB7.55/$1卖出300万美元。从而最终亏损60000元。

   借：衍生工具——远期外汇合同　　　　　　21818.18
    贷：公允价值变动损益　　　　　　　　　　21818.18
   借：银行存款——美元户（$3000000）　　22710000
    贷：银行存款　　　　　　　　　　　　　　22710000
   借：银行存款　　　　　　　　　　　　　　22650000
    衍生工具——远期外汇合同　　　　　　60000
    贷：银行存款——美元户（$3000000）　　22710000
   借：投资收益　　　　　　　　　　　　　　60000
    贷：公允价值变动损益　　　　　　　　　　60000

【问题】公司根据对未来汇率走势的判断，认为2008年8月31日合同的公允价值是合同存续期的最高价值，以后汇率很可能呈下降趋势从而导致合同贬值。公司于8月31日以80000元的价格出售此合同，会计如何处理？

【解析】（1）反映合同的公允价值。

   借：衍生工具——远期外汇合同　　　　　　81818.18
    贷：公允价值变动损益　　　　　　　　　　81818.18

（2）合同出售，终止确认。

   借：银行存款　　　　　　　　　　　　　　80000
    投资收益　　　　　　　　　　　　　　1818.18
    贷：衍生工具——远期外汇合同　　　　　　81818.18
   借：公允价值变动损益　　　　　　　　　　81818.18
    贷：投资收益　　　　　　　　　　　　　　81818.18

【问题】如果到期可以不交易，按差额给付。

【解析】差额：3000000×(7.57-7.55)=60000

   借：银行存款　　　　　　　　　　　　　　60000
    贷：衍生工具——远期外汇合同　　　　　　60000
   借：公允价值变动损益　　　　　　　　　　60000
    贷：投资收益　　　　　　　　　　　　　　60000

【例6-4】 WL公司预期英镑将会走强，遂于2016年10月2日与某银行签订了一个180天的购入100000英镑的远期外汇协议。约定1英镑=9.1人民币。英镑的即期汇率和远期汇率变动情况如下：假定采用3%的折现率，计息基准为"30/360"（即计息天数按照每月30天、每年360天计算），协议按净额结算。

表6-6 英镑的即期汇率和远期汇率变动情况表

汇率	2016年10月2日	2016年12月31日	2017年3月31日
即期汇率	1英镑=9.0人民币	1英镑=9.3人民币	1英镑=9.8人民币
远期汇率	1英镑=9.1人民币（期限6个月的远期外汇协议）	1英镑=9.5人民币（期限3个月的远期外汇协议）	

表6-7 远期外汇协议公允价值表

日期	公允价值（元）	公允价值变动额（元）
2016年10月2日	0	0
2016年12月31日	397022#	397022
2017年3月31日	700000	302978

【解】 2016年10月2日（交易日）：无会计分录。

2016年12月31日（资产负债表日）采用公允价值计量其变动损益：

借：衍生工具——远期外汇协议　　397022
　　贷：公允价值变动损益　　　　　　　397022

2017年3月31日（到期日）：

补记投资利得：

借：衍生工具——远期外汇协议　　397022
　　贷：公允价值变动损益　　　　　　　397022

结转公允价值变动损益：

借：公允价值变动损益　　　　　　700000
　　贷：投资收益　　　　　　　　　　　700000

按净额结算：

借：银行存款　　　　　　　　　　700000
　　贷：衍生工具　　　　　　　　　　　700000

【例6-5】 假定2015年6月29日，范蠡商贸股份公司与某银行签订了一份"3×9"的、名义金额100万元、合同利率为4%的远期利率协议。即交易日为6月29日，起算日是7月1日，结算日是10月1日，到期日是2016年4月1日，合同期是6个月。确定日与结算日间隔两日（即为9月29日），确定日的参照利率为6%。

假定范蠡商贸股份公司于2015年10月1日借入一笔期限为6个月的流动资金贷款，利率为6%。假定计息基准为"实际天数/360"（即计息期按实际天数计，一年按360天计）。

表6-8 远期利率协议有关数据表

日期	借款业务利息（元）	衍生工具价值（元）
交易日（2015.6.29）	0	0
结算日（2015.10.1）		9866
资产负债表日（2015.12.31）	15333	4886
到期日（2016.4.1）	15667	0

【解】2015年6月29日（交易日）：无分录

2015年10月1日（结算日）：远期利率协议入账

  借：银行存款   9866
    贷：衍生工具   9866

2015年12月31日（资产负债表日）

记录应付利息：

  借：财务费用   15333
    贷：应付利息   15333

记录衍生工具公允价值变动：

  借：衍生工具——远期利率协议   4886
    贷：财务费用   4886

2016年4月1日（到期日）

补记应付利息：

  借：财务费用   15167
    贷：应付利息   15167

支付6个月利息：

  借：应付利息   30500
    贷：银行存款   30500

注销衍生工具：

  借：衍生工具   4980
    贷：财务费用   4980

如果不和企业的借款有关，会计处理如下：

2015年10月1日（结算日）：远期利率协议入账

  借：银行存款   9866
    贷：衍生工具   9866

2015年12月31日（资产负债表日）：记录衍生工具公允价值变动

  借：衍生工具——远期利率协议   4886
    贷：公允价值变动损益   4886

2016年4月1日（到期日）：注销衍生工具

  借：衍生工具   4980
    贷：公允价值变动损益   4980

借：公允价值变动损益　　　　　　　　　　9866
　　贷：投资收益　　　　　　　　　　　　　　9866

二、期货合同

所谓金融期货是指规定交易双方在未来某一期间按约定价格交割特定金融工具的标准化合约，目前主要有利率期货、外汇期货、股票价格指数期货等。

(一) 基本特征

合约的标准化：金融期货合约最大的特点是标准化，它是在有组织的交易所内完成的，合约的内容，包括合约的种类、数量、价格、交割等级、交割地点等都是标准化的，由期货交易所统一制定。

交易的组织化和规范化：期货合约均在期货交易所中进行，双方不直接接触，而各自与交易所中清算部门或公司结算，所以避免了违约风险。

保证金制度：期货交易者按照规定缴纳资金，确保双方履约的一种财力担保制度。保证金包括结算准备金和交易保证金两类。结算准备金是会员开户后必须存入一定数量为交易结算预先准备的款项，它是未被合约占用的保证金，结算准备金的最低余额由期货交易所决定。不仅如此，在从事具体的期货交易时，还要根据合约的数量及规定比例，将结算准备金划转为持仓合约占用的交易保证金。

逐日盯市制度：也称为每日无负债结算制度，实际上是对持仓合约实施的一种管理方式，目的在于及时发现并有效控制期货交易的风险。在每一个交易结束后，期货交易所的结算部门，根据当日的结算价计算各会员的单日盈亏（浮动盈亏），当日应交的手续费、税金等相关费用，确定当日结算时的交易保证金并实行一次性的划转，相应地增加或减少结算保证金，结算保证金低于最低数额的，在下一个交易日开始前30分钟补齐，从而做到无负债交易。

交割方式灵活：期货合约的双方可以最后进行实物交割，也可以采用对冲交易结束，也就是在交割日前期货交易者买入或者卖出与其所持期货合约的品种、数量、交割期相同但方向相反的期货合约，了结期货交易的行为。

(二) 概念

开仓：交易者买进（多头）或卖出（空头）一定数量的某一期货合约。

平仓：期货交易者买入或者卖出与其所持期货合约的品种、数量及交割月份相同但交易方向相反的期货合约，了结期货交易的行为（对冲）。

持仓：交易者已买进（多头）或卖出（空头）尚未平仓的期货合约。

(三) 期货的种类

外汇期货：交易双方在有组织的交易场所内，按照交易规则，通过公开竞价，买卖特定币种、特定数量、特定交割期的标准合约的交易。外汇期货合约的标的物是各种可自由兑换的货币，可以用于规避汇率的风险或利用汇率变动获取利益。

利率期货：交易双方在有组织的交易场所内，按照交易规则，通过公开竞价，买卖特定利率、特定数量、特定交割期的标准合约的交易。但利率期货合约的标的物是各种利率的载体，通常包括商业票据、定期存单、国债及其他政府公债。

股票指数期货：以股票价格指数作为合约的标的物，又称股指期货或期指，指交易双方在有组织的交易场所内，按照交易规则，通过公开竞价，买卖股票指数、特定数量、特定交割期的标准合约的交易。股指期货合约的价格是按指数的点数与一个固定金额相乘计算的，合约以现金进行结算或交割。

●（四）期货合同的会计处理要点

开户后，将存入的保证金从银行存款转入到其他货币资金账户。

建仓时，根据需要的交易保证金数额计入衍生工具账户，交易费用直接计入当期损益。

持仓时，每一个交易日计算浮动盈亏，并将其合约期间的价格（公允价值）的变动计入公允价值变动，并调整衍生工具账面价值，在保证金不足时要随时补足。

交割时，将衍生工具账户注销，同时将公允价值变动损益转入当期收益，相应的交易费用计入当期收益。

●（五）期货合同的会计处理

【例6-6】根据中国金融期货交易所（中金所）金融期货交易细则、结算细则等有关规定，深沪300指数期货合约，深沪300合约价值乘数为300，最低保证金比例为10%。交易手续费为交易金额的万分之三。假设某投资者看多，2008年8月30日在指数4850点时购入1手指数合约，8月31日指数期货下降1%，9月1日该投资者在此指数水平下卖出股指合约平仓。

【解】（1）8月30日开仓时，交纳保证金145500元（4850×300×10%），交纳手续费436.5元（4850×300×0.0003）.

借：财务费用　　　　　　　　　　　　　436.5
　　贷：其他货币资金　　　　　　　　　　　　436.5
借：衍生工具——股指期货合同　　　　　145500
　　贷：其他货币资金　　　　　　　　　　　　145500

（2）8月31日，股指期货下降1%，投资者账上补交保证金。亏损额为14550元（4850×300×1%）；补交额为13095元 [4850×99%×300×10%-（145500-14550）]

借：公允价值变动损益　　　　　　　　　14550
　　贷：衍生工具——股指期货合同　　　　　　14550
借：衍生工具——股指期货合同　　　　　13095
　　贷：其他货币资金　　　　　　　　　　　　13095

（3）9月1日平仓并交纳平仓手续费，手续费金额为432.14元（4850×99%×300×0.0003）.

借：其他货币资金　　　　　　　　　　　144045
　　贷：衍生工具——股指期货合同　　　　144045
借：投资收益　　　　　　　　　　　　　14550
　　贷：公允价值变动损益　　　　　　　　14550
借：财务费用　　　　　　　　　　　　　432.14
　　贷：其他货币资金　　　　　　　　　　432.14

三、期权合同

（一）期权合同的公允价值

期权合约的公允价值包括期权的内在价值和时间价值，其公允价值一般可参照金融市场的行情或通过"期权定价模型"取得。内在价值是期权的买方立即履行合约时可获取的收益，是作为交易对象的金融资产价值与合同约定价格的背离给予合同持有者获利的机会，它等于期权合约的执行价格与资产标的物的市场价格之间的差额。时间价值是指期权价值超过内在价值的部分。但它不同于货币的时间价值，期权的时间价值是一种等待的价值，是"波动的价值"，时间越长，波动的可能性越大，时间价值就越大。时间价值对于期权的买方来说反映了期权的内在价值在未来增值的可能性，对于期权的卖方来说反映了交易期间内的时间风险。

期权合约签订日，内在价值为零，公允价值仅包括时间价值，即期权费；期权合约到期，时间价值为零，公允价值仅包括内在价值。一般情况下，可以按整体公允价值计量，只有当期权合约被指定为有效套期工具时，才有必要将期权的内在价值和时间价值分开核算。

（二）金融期权会计处理要点

签订日，按公允价值对衍生工具进行初始计量；

资产负债表日，比较期权的公允价值与账面价值，调整其账面价值，将其变动部分计入公允价值变动损益；

若期权未到期转让，注销衍生工具，同时将公允价值变动损益计入投资收益。

期权到期的会计处理，一方面取决于买入方是否行权，另一方面取决于期权的结算方式，但都必须注销衍生工具，公允价值变动损益计入投资收益。

（三）金融期权的会计处理

【例6-7】WL公司2008年12月7日向WQ证券公司买入一项期权合同，合同规定WL公司在2009年3月7日前的任何一天有权以每股39元的价格购入10万股A公司股票（当日股价每股35元），WL公司为取得该项权利支付权益金20万元。2008年12月31日，上述股票的市价涨至每股47元，期权合同的公允价值也涨至35万元。2009年1月30日，该股票的市价涨至每股51元，期权合同的公允价值也涨至42万元，WL公司估计期权的价值以后不再有上涨的机会，于当日将该合同按公允市价转让。

【解析】WL 公司账户处理：

（1）2008年12月7日签订合同

  借：衍生工具——期权合同   200000
    贷：银行存款   200000

（2）2008年12月31日，调整期权合同的公允价值

  借：衍生工具——期权合同   150000
    贷：公允价值变动损益   150000

（3）2009年1月31日，转让该期权合同

  借：银行存款   420000
    贷：衍生工具——期权合同   350000
      公允价值变动损益   70000
  借：公允价值变动损益   220000
    贷：投资收益   220000

【问题】若 WL 公司2009年行权，如何进行会计处理？

【解析】若 WL 公司2009年1月30日行权，按每股39元买入股票，并于1月31日以每股52元出售。

2009年1月30日，WL 公司买入股票。

  借：以公允价值计量且其变动计入当期损益金融资产 5100000
    贷：银行存款   3900000
      衍生工具——期权合同   350000
      公允价值变动损益   850000

1月31日以每股52元出售。

  借：银行存款   5200000
    贷：以公允价值计量且其变动计入当期损益金融资产 5100000
      投资收益   100000
  借：公允价值变动损益   1000000
    贷：投资收益   1000000

【问题】期权的卖方（WQ 证券公司）如何处理？

【解析】2008年12月7日，WQ 证券公司卖出期权，同时买入股票，以备对方行权。

  借：银行存款   200000
    贷：衍生工具——期权合同   200000
  借：以公允价值计量且其变动计入当期损益金融资产
    ——成本   3500000
    贷：银行存款   3500000

2008年12月31日，调整期权合同的公允价值。

借：公允价值变动损益——衍生工具　　　　　　150000（35万-20万）
　　　　贷：衍生工具——期权合同　　　　　　　　150000
　　借：以公允价值计量且其变动计入当期损益金融资产
　　　　——公允价值变动　　　　　　　　　　　1200000（47万-35万）
　　　　贷：公允价值变动损益——交易性金融资产　1200000
2009年1月30日，WL公司行权
　　借：公允价值变动损益——衍生工具　　　　　　70000（42万-35万）
　　　　贷：衍生工具——期权合同　　　　　　　　70000
　　借：以公允价值计量且其变动计入当期损益金融资产
　　　　——公允价值变动　　　　　　　　　　　400000（51万-47万）
　　　　贷：公允价值变动损益　　　　　　　　　　400000
　　借：银行存款　　　　　　　　　　　　　　　　3900000
　　　　衍生工具——期权合同　　　　　　　　　　420000
　　　　公允价值变动损益　　　　　　　　　　　　1600000（120万+40万）
　　　　贷：以公允价值计量且其变动计入当期损益金融资产
　　　　——成本　　　　　　　　　　　　　　　　3500000
　　　　——公允价值变动　　　　　　　　　　　　1600000
　　　　公允价值变动损益——衍生工具　　　　　　220000（42万-20万）
　　　　投资收益　　　　　　　　　　　　　　　　600000（39万-35万+20万）

需要注意的是，如果期权是需要用自身权益工具结算的，最后约定用实物总额结算，也就是用自身股票来结算的，这样符合固定换固定的条件，这时的期权合同就不能确认为金融负债，而要按权益工具处理。

四、互换合同

所谓金融互换（套购、掉期），是指合约当事人按照协议条件在约定的时间内，交换一系列现金流的协议。具体来说，金融互换是指两个或两个以上当事人按照商定的条件在约定的时间内交换不同金融工具的一系列款项支付或收入的合约。目前金融互换主要有货币互换、利率互换两种形式。

●（一）金融互换的功用

互换主要用于双赢，很少用于投机，其主要的功用如下：

降低筹资成本。金融互换可以使市场交易者充分发挥各自的比较优势，可以根据需要筹措到任何期限、币种和利率水平的资金，降低融资成本。

优化资本结构。市场交易者可以利用金融互换绕过融资和投资障碍，改变现有的外汇种类和利率水平，调整资产负债的市场结构和期限结构。

(二)互换的特点

场外交易为主：互换是由市场交易者根据各自需要选择交易对手，为了减少违约风险，同时提高互换的效率，一般最好通过银行或其他金融机构作为中介，各自单独与中介签订协议。如果不平衡怎么办？金融机构可以利用期货对冲风险。

合约非标准化：互换存在多种交易类别，而且由于交易者需求不同，其内容上差别较大，所以合约由交易者协商而定。

风险管理复杂：金融互换使用简便，风险转移快，互换交易发展迅猛，最后不仅是利率互换、货币互换，而且期货、期权，甚至信用违约都可以互换，对于这种衍生产品的风险管理也很复杂。

(三)金融互换的种类

1.货币互换

货币互换是指交易双方交换相同期限、不同币种的等值货币以及在此基础上的利息支付义务。比如甲公司有筹集美元的优势，但需要英镑。乙公司有筹集英镑的优势，但需要美元，两者可以通过银行等中介机构进行货币互换，不仅可以各取所需，而且规避了汇率风险。它包括起初本金交换、期中利息定期支付以及到期本金的换回，但注意不涉及第三方，也即其各自的借贷关系不变。

【例6-8】（一般情况下货币互换）假设国内A公司于年初在中国银行筹措到一笔价值为100万美元的外币借款，期限2年，固定利率4%，年末付息，到期一次性还本；该笔资金用于某项目的购建，该项目投产后带来的收入以人民币结算。A公司为防止美元汇率变动的风险，也为经营管理上的方便，通过银行寻找互换对手，以对该外币债务进行套期保值，银行协助找到B公司有一笔人民币债务，期限2年，固定利率4%，年末付息，一次性还本；B公司的未来收入为美元。

A公司与B公司在年初签订了货币互换的协议，假定互换时汇率为1美元=6.7人民币。

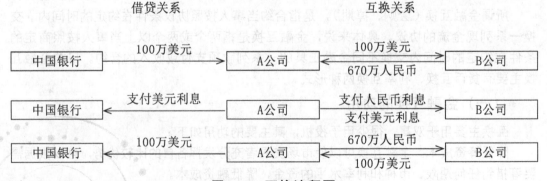

图6-2 互换流程图

【例6-9】（比较优势下的货币互换）假定英镑和美元的汇率为1英镑=1.5美元，以美元为记账本位币的C公司想借入5年期的1000万英镑借款，以英镑为记账本位币的D公司想借入5年期的1500万美元的借款，市场向它们提供的固定利率借款（每年一次计息、复利）见表6-9：

表6-9 互换利率表

	C公司	D公司	比较优势
筹措美元利率	8%	10%	2%
筹措英镑利率	11.6%	12%	0.4%

【解析】有互换必要吗？从融资成本来说，C公司比D公司都具有优势，似乎没有必要进行互换，那各自的融资成本为C公司为11.6%（英镑），D公司为10%（美元），两者之和为21.6%，C公司以其比较优势大的美元贷款（8%）、D公司以其劣势小的英镑贷款（12%）。如果让C公司筹措美元（8%），D公司筹措英镑（12%），两者之和20%。双方共享互利1.6%，假定C公司享受1%，D公司享受0.6%，C公司融资成本10.6%，D公司融资成本9.4%。

收到的互换利息差额 = 按照比较优势筹资成本 - 互换后筹资成本

C公司 = 15000000 × 8% - 100000000 × 10.6% × 1.5 = -390000（美元）

表6-10 互换结算比较表

	C公司想要英镑	D公司想要美元
无互换时的筹资成本	1000万英镑，11.6%	1500万美元，10%
按比较优势所负担的筹资成本	1500万美元，8%	1000万英镑，12%
互换	1000万英镑	1500万美元
互换后筹资成本	1000万英镑，10.6%	1500万美元，9.4%
收到互换利差	39万美元	39万美元
互换筹资成本节约	1%	0.6%

2.利率互换

利率互换又称利率掉期，指交易双方将同种货币不同利率的名义资产或者债务相互交换现金流。它最早于1981年出现在伦敦，主要是固定利率与浮动利率的交换，有时也可以是一种基准利率的浮动利息与另一种基准利率的浮动利息的交换。这里需要注意的是，双方交换的只是根据名义本金计算的利息支付，不涉及本金本身，可以避免由此产生的信用风险。利率互换中，总是一方收益，而另一方受损。

【例6-10】某公司于2008年1月1日以10%的利率签订了一笔为期2年的100万美元的借款协议，每半年支付一次利息，由于企业判断美元利率将有所下降，所以与中间银行签订了一笔利率互换协议，名义本金为100万美元，按10%的利率每半年收取利息的同时支付伦敦同业拆放利率（London Interbank Offered Rate）LIBOR+0.5的利息。

该公司向中间银行支付了1000美元的手续费，该期限内的LIBOR如下：

日期	LIBOR（%）
2008年6月30日	9.6
2008年12月31日	9.2
2009年6月30日	9.4
2009年12月31日	9.1

表6-11　与利率互换业务相关的数据表

时间	应收利息（元）	应付利息（元）
2008.6.30	50000	50500
2008.12.31	50000	48500
2009.6.30	50000	49500
2009.12.31	50000	48000

3. 其他互换

随着金融市场的日益发展，互换交易的种类也日益丰富，其他互换主要有权益互换（股权互换），也即是与股票收益相关联的互换；信用违约互换，也即是对违约风险进行交换；远期互换、期权的互换等。

（四）金融互换的会计处理特点

互换合同一般都用于套期保值，在不符合套期会计的条件下，按照投机会计进行处理。

无论是利率互换还是货币互换，合同签订日互换双方的权利和义务是等值的，其公允价值为零，只需备查簿登记。

合同持有期，对于不同的互换合同，由于汇率或利率的变化，引起了合同持有双方获取未来经济利益流入的权利或者承担未来经济利益流出的义务，使合同表现为资产或者负债时，再将该衍生工具确认为资产或负债。

合同到期，注销衍生工具，同时将公允价值变动损益转入投资收益或财务费用。

（五）互换合同的会计处理

（1）2014年1月1日：衍生工具会计不处理。

互换合同公允价值为零，备查簿登记。

支付银行手续费：

　　借：财务费用　　　　　　　　　　　2000
　　　贷：银行存款　　　　　　　　　　2000

贷款100万美元：

　　借：银行存款——美元户　　　　　　6700000（$100万）
　　　贷：长期借款——美元户　　　　　6700000（$100万）

互换本金：

　　借：银行存款　　　　　　　　　　　6700000
　　　贷：银行存款——美元户　　　　　6700000（$100万）

（2）2015年12月31日对公司外币借款汇率调整，确认汇兑损益：

　　借：财务费用　　　　　　　　　　　100000
　　　贷：长期借款——美元户　　　　　100000[1000000×(6.8-6.7)]

支付外币借款利息：

　　借：财务费用　　　　　　　　　　　272000
　　　贷：银行存款——美元户　　　　　272000(1000000×4%×6.8)

确认合同互换损益：汇率上涨，意味着以后多付人民币，而这个由对方最后承担。
  借：衍生工具——互换合同   100000
    贷：公允价值变动损益   100000
互换利息结算（净额结算）：[1000000×(6.8-6.7)×4%]
  借：银行存款——美元户   272000
    贷：银行存款   268000
      财务费用   4000

（3）2016年12月31日对公司外币借款汇率进行调整，确认汇兑损益：
  借：财务费用   100000
    贷：长期借款——美元户 100000[1000000×(6.9-6.8)]
支付外币借款利息：
  借：财务费用   276000
    贷：银行存款——美元户 276000(1000000×4%×6.9)
确认合同互换损益：汇率上涨，意味着以后多付人民币，而这个由对方最后承担。
  借：衍生工具——互换合同   100000
    贷：公允价值变动损益   100000
互换利息结算（净额结算）：[1000000×(6.9-6.7)×4%]
  借：银行存款——美元户   276000
    贷：银行存款   268000
      财务费用   8000

（4）2017年12月31日，合同到期，换回本金，偿还债务。
换回本金，注销衍生工具：
  借：银行存款——美元户   6900000（$100万）
    贷：银行存款   6700000
      衍生工具——互换合同 200000
归还贷款：
  借：长期借款——美元户   6900000（$100万）
    贷：银行存款——美元户 6900000（$100万）
转销公允价值变动损益：
  借：公允价值变动损益   200000
    贷：财务费用   200000

利率互换：
（1）2008年1月1日：衍生工具会计不处理。
  借：财务费用   1000
    贷：银行存款   1000
（2）2008年6月30日。
  借：财务费用   500
    贷：银行存款   500

    借：公允价值变动损益　　　　　　　1360.38
      贷：衍生工具——互换合同　　　　　　1360.38
  （3）2008年12月31日
    借：银行存款　　　　　　　　　　　1500
      贷：财务费用　　　　　　　　　　　　1500
    借：衍生工具——互换合同　　　　　4149.44
      贷：公允价值变动损益　　　　　　　　4149.44
  （4）2009年6月30日
    借：银行存款　　　　　　　　　　　500
      贷：财务费用　　　　　　　　　　　　500
    借：公允价值变动损益　　　　　　　2312.64
      贷：衍生工具——互换合同　　　　　　2312.64
  （5）2009年12月31日
    借：银行存款　　　　　　　　　　　1000
      贷：财务费用　　　　　　　　　　　　1000
    借：公允价值变动损益　　　　　　　476.42
      贷：衍生工具——互换合同　　　　　　476.42

第三节 套期会计

  套期，是指企业为管理外汇风险、利率风险、价格风险、信用风险等特定风险引起的风险敞口，指定金融工具为套期工具，以使套期工具的公允价值或现金流量变动，预期抵销被套期项目全部或部分公允价值或现金流量变动的风险管理活动。

一、套期会计的基本问题

（一）套期会计的理论基础

  企业套期的主要目的是规避风险，从管理层来看，就是避免利润的大幅波动，套期会计方法的目标，一是要反映套期的经济有效性，二是要降低利润表的波动。既然如此，套期工具和被套期项目的利得和损失就必须报告在同一期的利润表中。如果套期工具和被套期项目的利得或损失本来就在已发生的时候立即进入当期损益，那么，根本不需要采取任何特别的会计程序就能够达到上述目的。

  我们可以先从两个案例说起。

【例6-11】 A公司购买了B公司的股票,并且将该投资划分为以公允价值计量且其变动损益计入当期损益的金融资产,然后,A公司购买了以B公司的股票为标的证券的认沽权证,为其购买的权益性金融资产套期保值,在这里认沽权证属于衍生工具,本身应比照以公允价值计量且其变动损益计入当期损益的金融资产进行会计处理。

【解析】 对于A公司来说,由于两者都以公允价值计量且其变动损益计入当期损益,无论是股票投资,还是认沽权证投资,公允价值变动额都必须计入当期损益。在这种情况下,无论是规避风险的目标还是规避利润波动的目标都已完美地体现在利润表里,也就不需要任何特殊的会计程序了。

【例6-12】 A公司现在拥有一批黄金库存,因为担心金价下跌,它与某金融机构签订了卖出黄金的远期合同,对库存黄金进行套期保值。

【解析】 被套期项目存货平时按成本与可实现净值孰低者计价的,其公允价值升值不需确认。这样,不仅套期的经济性不能够表达,而且套期的经济性在账面上没有反映出来。如果不设定某种特殊的会计处理程序的话,那么企业套期活动的结果将是,从经济的角度来看,即使套期达到了规避风险的目的,但会计信息却不能反映这种经济效果,这就要求我们另辟蹊径,采用套期会计程序进行处理。

(二)套期的类型

1. 公允价值套期,是指对已确认资产或负债、尚未确认的确定承诺,或上述组成部分公允价值变动风险敞口进行的套期。该公允价值变动源于特定风险,且将影响企业损益或其他综合收益。其中影响其他综合收益的情形,仅限于对指定为以公允价值计量且其变动损益计入其他综合收益的非交易性权益工具投资的公允价值变动风险敞口进行的套期。

2. 现金流量套期,是指对现金流量风险敞口进行的套期,该现金流量变动源于已确认资产或负债、极可能发生的预期交易或上述组成部分有关特定风险,且将影响企业损益。

3. 境外经营净投资套期,是指对境外经营净投资外汇风险敞口进行的套期。境外经营净投资,是指企业在境外经营净资产中的权益份额。

有些套期活动兼具公允价值套期和现金流量套期的特征,例如,在对确定购货承诺的外汇风险进行套期时,可将汇率变动视为对未来购货的成本产生影响,从而使套期具有公允价值套期的特征,也可将汇率变动视为对未来应付账款的现金流量产生影响从而使套期具有现金流量套期的特征。

(三)套期保值会计的三个要件

1. 套期工具

套期工具是指企业为进行套期而指定的、其公允价值或现金流量变动预期可抵销被套期项目的公允价值或现金流量变动的金融工具。

(1)以公允价值计量且其变动损益计入当期收益的衍生工具,但签出期权除外(企业发行的期权不可以作为套期工具,因为发行期权所得的期权金收入一般不能抵销被套期项目的损失）。企业只有在对购入期权进行套期时，签出期权才可以作为套期工具。注意嵌入在混合合同中但未分拆的衍生工具不能作为单独的套期工具。

（2）以公允价值计量且其变动损益计入当期损益的非衍生金融资产和金融负债，但指定为以公允价值计量且其变动损益计入当期损益，且其自身信用风险变动引起的公允价值变动计入其他综合收益的除外。

（3）对于外汇风险套期，企业可以将非衍生金融资产（选择以公允价值计量且其变动计入其他综合收益的非交易性权益工具投资除外）或非衍生金融负债的外汇风险成分指定为套期工具，比如发行外汇债券为外汇金融资产投资套期。

在确定套期关系时，企业应当将符合条件的金融工具整体指定为套期工具，但下列情形除外：

（1）对于期权，企业可以将期权的内在价值与时间价值分开，只将内在价值变动指定为套期工具。

（2）对于远期合同，企业可以将远期合同的远期要素和即期要素分开，只将即期要素的价值变动指定为套期工具。

（3）对于金融工具，可以将金融工具的外汇基差单独分拆，只将排除外汇基差后的金融工具指定为套期工具。

（4）企业可以将套期工具的一定比例指定为套期工具，但不可将套期工具剩余期限内某一时段的公允价值变动部分指定为套期工具。

2.被套期项目

被套期项目是指使企业面临公允价值或现金流量变动风险，且被指定为被套期对象的、能够可靠计量的项目。企业可以将下列单个项目、项目组合或组成部分指定为被套期项目：

（1）已确认资产或负债，如库存商品、金融资产、贷款、长期借款。

（2）尚未确认的确定承诺。确定承诺，是指在未来某特定日期或期间，以约定价格交换特定数量资源、具有法律约束力的协议，例如企业与供应商签订的购买设备的确定承诺。

（3）极有可能发生的预期交易。预期交易指尚未承诺但预期会发生的交易。如预期商品采购、预期商品销售。

（4）境外经营净投资。

3.套期关系

套期会计作为一种特殊的会计处理方法，其目的在于让企业的财务报表能够反映有关套期经济后果的真实图像。如果企业不存在套期关系，或套期活动并没有达到预期的经济目的，即套期是无效的，那么运用套期会计就意味着歪曲了企业经济活动的真实图像。为防止借用套期会计，会计准则要求使用套期会计必须同时满足下列条件。

（1）套期关系仅由符合条件的套期工具和被套期项目组成。

（2）在套期开始时，企业正式指定了套期工具和被套期项目，并准备了关于套期关系和企业从事套期风险管理策略和风险管理目标的书面文件。该文件至少载明了套期工具、被套期项目、被套期风险的性质以及有效性评估（包括套期无效部分产生的原因分析以及套期比率确定方法）等内容。

（3）套期关系符合套期有效性要求。

（四）套期的有效性

1.概念

套期工具的公允价值或现金流量变动能够抵销被套期风险引起的被套期项目公允价值或现金流量变动的程度。套期工具的公允价值或现金流量变动大于或小于被套期项目的公允价值或现金流量变动的部分为套期无效部分。

2.套期有效性要求条件

根据《企业会计准则——套期会计》，套期有效性的认定条件如下：

（1）被套期项目与套期工具之间存在经济关系。该经济关系使得套期工具与被套期项目的价值因面临相同的被套期风险而发生反方向的变动。

（2）被套期项目与套期工具之间经济关系产生的价值变动中，信用风险的影响不占主导地位。

（3）套期关系的套期比率，应当等于企业实际套期的被套期项目数量与对其进行套期的套期工具实际数量之比，但不应当反映被套期项目和套期工具相对权重的失衡，这种失衡会导致套期无效，并可能产生与套期目标不一致的结果。例如，企业确定拟采用的套期比率是为了避免确认现金流量套期的无效部分，或是为了创造更多的被套期项目进行公允价值调整以达到增加使用公允价值会计的目的，可能会产生与套期会计目标不一致的会计结果。

3.套期关系的再平衡

套期关系由于套期比例的原因不再符合套期有效性要求，但指定该套期的风险管理目标没有改变，企业应当进行套期关系的再平衡。也即指对已经存在的套期关系中被套期项目或套期工具的数量进行调整，以使套期比率重新符合套期有效性要求。

（五）套期会计终止

因风险管理目标发生变化，导致套期关系不再满足风险管理要求。

套期工具已到期、被出售、合同终止或已行使。

被套期项目与套期工具之间不再存在经济关系，或者被套期项目与套期工具经济关系产生的价值变动中，信用风险的影响开始占主导地位。

套期关系不再满足运用套期会计方法的其他条件。比如说预期交易不会发生，或者套期关系与风险管理目标不符，撤销了套期关系。

但如果发生下列情形之一，不作为套期工具或合同已到期：套期工具展期，或被另一套期工具替换，而且该展期或被替换成企业书面文件所载明的风险管理目标的组成部分；由于法律法规或相关规定的要求，套期工具的原交易对手方变更为一个或多个清算交易对手方（例如清算机构或其他主体），以最终达成由同一中央交易对手进行清算的目的。注意的是，只要套期关系仍然符合风险管理目标和运用套期会计方法的其他条件（包括套期关系再平衡后），企业不得自行撤销套期关系。

二、套期会计处理

（一）公允价值套期的会计处理

1.公允价值套期的确认与计量

在公允价值套期中，总的原则是，套期工具产生的利得和损失应当计入当期损益。被套期项目因被套期风险敞口形成的利得或损失应当计入当期损益，同时调整被套期项目的账面价值，但是，鉴于金融资产分类准则的一些规定，对有些套期工具和被套期项目涉及某些金融资产的有特殊规定。

（1）如果套期工具是对选择以公允价值计量且其变动损益计入其他综合收益的非交易性权益工具投资（或组成部分）进行套期的，套期工具产生的利得或损失应当计入其他综合收益。因为CAS22第19条规定了在初始确认时，企业可将非交易性权益工具投资指定为以公允价值计量且其变动损益计入其他综合收益的金融资产，而且该指定一经做出，不得撤销。

（2）被套期项目分类为以公允价值计量且其变动损益计入其他综合收益的金融资产（或组成部分），因其被套期风险敞口形成的利得或损失应当计入当期损益，其账面价值已经按公允价值计量，不需要调整；被套期项目为企业选择以公允价值计量且其变动损益计入其他综合收益的非交易性权益工具投资（或组成部分）的，因其被套期风险敞口形成的利得或损失应当计入其他综合收益，其账面价值已经按公允价值计量，不需要调整。

2.对已确认的资产或负债进行公允价值套期

在套期关系存续期间，已确认的资产或负债的原有会计核算方法将被改变，转为按公允价值计量，且公允价值变动计入当期损益（或其他综合收益）。但是，一旦套期关系结束，且该已确认的资产或负债依然存在，则套期会计方法将被终止。此时已确认的资产或负债的账面价值将被视为新的成本基础，恢复原来核算方法。

（1）被套期项目为以摊余成本计量的金融工具（或组成部分）的，企业对被套期项目账面价值所做的调整应当按照开始摊销日重新计算的实际利率进行摊销，并计入当期损益，该摊销可以自调整日开始，但不应当晚于对被套期项目终止进行套期利得或损失的时点。

（2）被套期项目分类为以公允价值计量且其变动损益计入其他综合收益的金融资产（或组成部分）的，企业应当按照相同的方式对累计已确认的套期利得或损失进行摊销，并计入当期损益，但不调整金融资产（或组成部分）的账面价值。

【例6-13】美国出口商Q公司2008年6月20日出口一批商品，货款为2000000英镑，约定2008年8月20日收款。为避免英镑可能下跌而造成的损失，Q公司于出口商品的当日买入一份期限为2个月、以1英镑=1.6321美元的汇率卖出2000000英镑的看跌期权合同。有关现汇汇率和期权合同价值资料如下：

表6-12　现汇汇率和期权合同价值表

日期	现汇汇率	期权合同价值
6月20日	1英镑=1.6311美元	$13000
6月30日	1英镑=1.6339美元	$7500
7月31日	1英镑=1.6300美元	$15000
8月20日	1英镑=1.6207美元	$15800

分析：

(1) 2008年6月20日出口商品。

　　借：应收账款　　　　　　　　　3262200
　　　　贷：主营业务收入　　　　　　　　　3262200

(2) Q公司买入看跌期权合同进行套期保值。

　　借：被套期项目——应收账款　　3262200
　　　　贷：应收账款　　　　　　　　　　　3262200
　　借：套期工具　　　　　　　　　13000
　　　　贷：银行存款　　　　　　　　　　　13000

(3) 2008年6月30日，被套期项目汇率变动形成的利得为$5600，套期工具公允价值变动产生的损失为$5500，套期的有效程度为102%，属高度有效。

　　借：被套期项目——应收账款　　5600
　　　　贷：套期损益　　　　　　　　　　　5600
　　借：套期损益　　　　　　　　　5500
　　　　贷：套期工具　　　　　　　　　　　5500

(4) 2008年7月31日，被套期项目汇率变动形成的损失为$7800，套期工具公允价值变动产生的利得为$7500，套期的有效程度为104%，属高度有效。

　　借：套期损益　　　　　　　　　7800
　　　　贷：被套期项目——应收账款　　　　7800
　　借：套期工具　　　　　　　　　7500
　　　　贷：套期损益　　　　　　　　　　　7500

(5) 2008年8月20日，反映被套期项目应收账款的收回以及套期工具期权合同的履行。

　　借：套期损益　　　　　　　　　18600
　　　　贷：被套期项目——应收账款　　　　18600
　　借：银行存款——英镑户　　　　3241400
　　　　贷：被套期项目——应收账款　　　　3241400
　　借：套期工具　　　　　　　　　800
　　　　贷：套期损益　　　　　　　　　　　800

  借：银行存款——美元户   3264200
   贷：银行存款——英镑户   341400
     套期工具   15800
     套期损益   7000

  套期活动的财务影响。
  （1）Q公司被套期项目因汇率变动产生的损失额为$20800（-5600+7800+18600），或200万英镑（1.6207-1.6311）。
  （2）套期工具产生的利得为$9800（-5500+7500+800+7000）
  因此，采用套期保值措施后，净损失为$11000。

3.对尚未确认的确定承诺进行公允价值套期

  所谓确定承诺是指企业与其他方签订的，在未来某一个特定的日期或期间，以约定价格交换特定数量资源的协议，该协议具有法律约束力。确定承诺并未实际交易，但其在套期关系指定后转入套期保值会计轨道，该确定承诺因被套期风险引起的公允价值变动累计额确认为一项资产或负债，相关的利得或损失应当计入各相关期间损益。当履行确定承诺而取得资产或负债时，应当调整该资产或负债的初始确认金额，以包括已确认的被套期项目的公允价值累计变动额。如被套期项目为采购商品的确定承诺，存货成本将包括被套期项目累计公允价值变动额；如被套期项目为销售商品的确定承诺的，销售收入将包括被套期项目累计公允价值变动额。

  【例6-14】 甲公司于2006年11月1日与境外乙公司签订合同，约定2007年1月30日以每吨6000美元的价格购入100吨橄榄油。甲公司为规避购入橄榄油成品的风险，于当日与某金融机构签订了买入3个月到期的远期外汇合同，约定汇率1美元=6.3人民币，合同金额为60万美元。2007年1月30日，甲公司以净额方式结算该远期外汇合同，并购入橄榄油。

  假定
  （1）2006年12月31日，1个月的远期汇率$1=￥6.5，人民币市场利率为6%；
  （2）2007年1月30日，即期汇率$1=￥6.52；
  （3）该套期有效；
  （4）不考虑增值税等税费。

  【解析】（1）2006年11月1日，远期合同公允价值为零，不做会计处理，将套期保值表外登记。
  （2）2006年12月31日
  远期外汇合约的公允价值：$119400=(6.5-6.3)\times 600000/(1+6\%\times 1/12)$
    借：套期工具——远期合同   119400
     贷：套期损益   119400
    借：套期损益   119400
     贷：被套期项目——远期合同   119400
  （3）2007年1月30日

远期合同的公允价值：132000=(6.52-6.3)×6000×100

  借：套期工具——远期合同 12600（132000-119400）
    贷：套期损益   12600
  借：银行存款   132000
    贷：套期工具   132000
  借：套期损益   12600
    贷：被套期项目——购货合同 12600
  借：库存商品——橄榄油   3912000
    贷：银行存款   3912000
  借：被套期项目——购货合同 132000
    贷：库存商品   132000

（二）现金流量套期及其账务处理

1.现金流量套期会计处理的基本规定

（1）套期工具利得或损失中属于有效套期的部分，作为现金流量套期储备，应当计入其他综合收益。现金流量套期储备的金额按照下列两项的绝对额中较低者确定：一是套期工具自套期开始的累计利得或损失，二是被套期项目自套期开始的预计未来现金流量现值的累计变动额。每期计入其他综合收益的现金流量套期储备的金额应该为当期现金流量套期储备的变动额。

在现金流量套期中，套期的对象是现金流量的波动，在现金流量套期期间被套期项目往往不予确认，比如很可能发生的预期交易，而预期交易不符合资产或负债的定义，无法在资产负债表中得到确认，从而预期交易的公允价值或未来现金流量的变化也无法在资产负债表或收益表中得到确认，这样，套期工具所对应的公允价值变化就不能在当期损益中确认，否则会造成被套期项目和套期工具价值变化确认上的不平衡，而且会造成利润的大幅波动。所以，现金流量套期中对套期工具的利得或损失应在公允价值变化当期确认为其他综合收益，在其他综合收益设立套期储备专户反映。

（2）套期工具利得或损失中属于无效套期的部分即扣除直接确认为其他综合收益后的其他利得或损失，应当计入当期损益（公允价值变动损益）。

套期工具本身就是交易性的金融工具，本身其公允价值的变动损益就计入当期损益，只不过进入到现金流量套期后才计入其他综合收益，套期工具在现金流量套期会计程序下，其公允价值的变动损益计入其他综合收益，无效部分也就是不符合套期保值会计的条件的部分，其公允价值的变动损益就计入当期损益不过是保持原有处理方法。这基于谨慎性原则。也就是说，如果套期工具的累计利得或损失变动大于被套期项目的未来现金流量现值累计变动额的，说明套期工具有无效套期部分，被套期项目的风险敞口没有那么大。如果被套期项目的未来现金流量现值累计变动额大于套期工具累计利得或损失的，说明套期工具只能套期对冲一部分。

2.现金流量套期储备金额的后续处理

（1）被套期项目为预期交易，且该预期交易使企业随后确认一项非金融资产或非金融负债的，或者非金融资产或非金融负债的预期交易形成一项适用于公允价值套期会计的确定承诺时，企业应当将原在其他综合收益中确认的现金流量储备金额转出，计入该资产或负债的初始确认金额。

（2）对除预期交易以外的现金流量套期（比如对确定的金融资产或金融负债），企业应当在被套期的预期现金流量影响损益的（金融负债的利息本身就影响损益）相同会计期间，将原在其他综合收益中确认的现金流量储备金额转出，计入当期损益。

（3）如果在其他综合收益中确认的现金流量储备金额是一项损失，且该损失全部或部分预计在未来会计期间不能弥补，企业应当在预计不能弥补时，将预计不能弥补的部分从其他综合收益中转出，计入当期损益。

3.现金流量套期终止时会计处理

企业对现金流量套期终止使用套期会计时，在其他综合收益中确认的累计现金流量套期储备金额，按下列方法进行处理：

（1）被套期的未来现金流量预期仍然会发生的，累计现金流量套期储备金额应当予以保留，并按照正常的后续处理方法进行会计处理；

（2）被套期的未来现金流量预期不再极可能发生但可能仍然会发生的，在预期仍然会发生的情况下，累计现金流量套期储备金额应当予以保留，并按照正常的后续处理方法进行会计处理；

（3）被套期的未来现金流量预期不再发生的，累计现金流量套期储备金额应当从其他综合收益中转出，计入当期损益。

【例6-15】甲公司于2006年11月1日预期在2007年1月30日以每吨6000美元的价格购入100吨橄榄油。甲公司为规避购入橄榄油成品的风险，于当日与某金融机构签订了买入3个月到期的远期外汇合同，约定汇率1美元=6.3人民币，合同金额为60万美元。2007年1月30日，甲公司以净额方式结算该远期外汇合同，并购入橄榄油。

假定

（1）2006年12月31日，1个月的远期汇率 \$1= ￥6.5，人民币市场利率为6%；

（2）2007年1月30日，即期汇率 \$1= ￥6.52；

（3）该套期有效；

（4）不考虑增值税等税费。

分析：会计分录：

（1）2006年11月1日，远期合同公允价值为零，不做会计处理，将套期保值表外登记；

（2）2006年12月31日

远期外汇合约的公允价值：119400=(6.5-6.3)×600000/(1+6%×1/12)

借：套期工具——远期合同　　　　　119400
　　贷：其他综合收益——套期储备　　　　119400

(3) 2007年1月30日

远期合同的公允价值：132000=(6.52-6.3)×6000×100

借：套期工具——远期合同　　　　12600（132000-119400）
　　贷：其他综合收益——套期储备　　12600
借：银行存款　　　　　　　　　　132000
　　贷：套期工具　　　　　　　　　132000
借：库存商品——橄榄油　　　　　3912000
　　贷：银行存款　　　　　　　　　3912000

这里需要注意的是，如果套期工具的公允价值变动损益小于或等于被套期项目公允价值变动损益，这样处理就已经结束，如果套期工具的公允价值变动损益大于被套期项目公允价值变动损益，就有套期无效部分，计入公允价值变动损益。

由于被套期项目为预期交易，所以在平时被套期项目不进行基差调整，且该预期交易使企业随后确认一项非金融资产或非金融负债的，企业应当将原在其他综合收益中确认的现金流量储备金额转出，计入该资产或负债的初始确认金额。

借：其他综合收益——套期储备　　132000
　　贷：库存商品——橄榄油　　　　132000

（三）境外经营净投资套期及其账务处理

对境外经营净投资的套期，包括对作为净投资的一部分进行会计处理的货币性项目的套期，应当按照类似于现金流量套期会计的规定处理：

套期工具形成的利得或损失中属于有效套期的部分，应当直接计入其他综合收益。全部或部分处置境外经营时，上述计入其他综合收益的套期工具利得或损失应当相应转出，计入当期损益。

套期工具形成的利得或损失中属于无效套期的部分，应当计入当期损益。

三、套期保值相关披露

《CAS37——金融工具列报》对应当披露的与套期有关的信息作出了规定：

（一）披露与每类套期有关的下列信息

每类套期的描述；
对套期工具的描述及其在资产负债表日的公允价值；
被套期风险的性质。

（二）披露与现金流量套期有关的信息

现金流量预期发生及其影响损益的期间；
对前期运用套期会计方法但预期再发生的预期交易的描述；
本期在其他综合收益中确认的金额；

本期从其他综合收益中转出至利润表各项目的金额；

本期预期交易形成的非金融资产或非金融负债在初始确认时从所有者权益转入的金额。

●（三）单独披露有关套期会计的信息

在公允价值套期中，套期工具本期形成的利得或损失，以及被套期项目因被套期风险形成的利得或损失。

在现金流量套期中，本期无效套期形成的利得或损失。

在境外经营净投资套期中，本期无效套期形成的利得或损失。

同步练习题

一、选择题（含单项和多项）

1. 通常衍生金融工具有（　　）。
   A. 金融远期　　　B. 金融期货　　　C. 金融期权　　　D. 金融互换

2. 下列不能确定为金融负债的有（　　）。
   A. 一般普通股　　B. 永续工具　　　C. 优先股　　　　D. 可转换债券

3. 下列属于金融期货的特征有（　　）。
   A. 场内交易　　　B. 存在违约风险　C. 合约标准化　　D. 逐日盯市制度

4. 能够成为被套期项目的有（　　）。
   A. 已确认资产或负债，如库存商品、金融资产、贷款、长期借款
   B. 尚未确认的确定承诺
   C. 极有可能发生的预期交易
   D. 境外经营净投资

5. 对于公允价值套期，下列说法正确的有（　　）。
   A. 套期工具产生的利得或损失应当计入其他综合收益
   B. 套期工具产生的利得或损失应当计入当期损益
   C. 套期工具产生的利得或损失可以计入当期损益或其他综合收益
   D. 计入当期损益还是其他综合收益取决于套期工具或被套期项目的金融资产类型

6. 套期会计终止的情况有（　　）。
　　A. 虽然风险管理目标没有变化，但套期关系因套期比例问题不再符合套期有效性
　　B. 套期工具已到期、被出售、合同终止或已行使
　　C. 被套期项目与套期工具之间不再存在经济关系，或者被套期项目与套期工具经济关系产生的价值变动中，信用风险的影响开始占主导地位
　　D. 预期交易不会发生

7. "3×6" FRA表示（　　）。
　　A. 3个月后开始的期限为6个月远期利率协议
　　B. 3个月后开始的期限为9个月远期利率协议
　　C. 3个月后开始的期限为3个月远期利率协议
　　D. 3个月后开始的期限为18个月远期利率协议

二、业务题

1. B证券公司于2007年7月1日向C公司发行了以A公司的股票为标的物的欧式看涨期权100000份，每份期权可以购买一股A公司股票，A公司股票在证券市场挂牌交易，但B公司发行的期权未在公开市场交易，股票期权的价值是根据期权定价模型计算出来的，有关资料如下：

	A公司股票	看涨期权
权证有效期		18个月
行权价		10元/股
2007年7月1日公允价值	15元/股	4元/份
2007年12月31日公允价值	18.5元/股	9元/份
2008年12月31日公允价值	17元/股	7元/份

在2007年7月1日，B证券公司从证券市场上购入100000股A公司股票，以备C公司行权之用。2008年12月31日，期权到期，C公司行权。

请据此做B公司和C公司的会计处理。

2. 假定2015年6月29日，A商贸股份公司与某银行签订了一份"3×9"的、名义金额100万元、合同利率为4%的远期利率协议。即交易日为6月29日，起算日是7月1日，结算日是10月1日，到期日是2016年的4月1日，合同期是6个月。确定日与结算日间隔两日（即为9月29日），确定日的参照利率为6%。

假定A商贸股份公司于2015年10月1日借入一笔期限为6个月的流动资金贷款，利率为6%。假定计息基准为"实际天数/360"（即计息期按实际天数计，一年按360天计）。

要求列出A商贸股份公司的整个过程账务处理，计算的需列出算式。

3. B公司于2007年1月1日按面值发行了一笔两年期的固定利息债券，面值10000000元，票面利率10%，每半年付息一次，为了控制利率风险，B公司在同日与某金融机构签订一项收取固定利息，支付浮动利息的互换合同。互换合同的名义金额为10000000元，期限两年。每半年B公司将收到按年利率9%计算的固定利息，并支付基准利率+20基点计算的浮动金额利息，其中基准利率每半年重新设定一次，B公司将互换合同指定为固定利率债券的公允价值套期。假定该套期有效。有关资料如下：

日期	浮动利率（基准+20%）/2	固定利率与浮动利率差	名义本金（元）	下期收取或支付的利息（元）	按浮动利息贴现的净现值[互换公允价值]（元）
2007年1月1日	4.5%	0	10000000	0	0
2007年6月30日	4.55%	(0.05%)	10000000	(5000)	(13731)
2007年12月31日	4.48%	0.02%	10000000	2000	3746
2008年6月30日	4.53%	(0.03%)	10000000	(3000)	(2870)
2008年12月31日	——	——		0	0

请据此做B公司的会计处理。

4. WQ公司于2013年12月1日与欧洲某公司签订合同，约定6个月之后按每吨300欧元采购材料1000吨。为了避免材料成本的外汇风险，当日与经营外汇的银行签订一项远期外汇合约，约定6个月后按约定汇率1：8.32买入30万欧元，2014年6月1日，公司以净额方式结算该远期外汇，并购入材料。相关汇率和利率资料如下：

2013年12月1日，6个月欧元兑人民币的远期汇率为1：8.32；

2013年12月31日，5个月欧元兑人民币的远期汇率为1：8.20，人民币市场利率为6%；

2014年6月1日，欧元兑人民币的即期汇率为1：8.04。

提示资料：$(1+6\%/12)^5=1.02526$，计算结果保留到个位。

（1）企业将该套期划分为公允价值套期，套期有效，请做从2013年12月1日至2013年套期会计账务处理；

（2）假定上述为预期交易，其他资料不变，企业将预期交易划分为现金流量套期，请做从2013年12月1日至2013年套期会计账务处理。

第七章

长期股权投资

本章知识结构

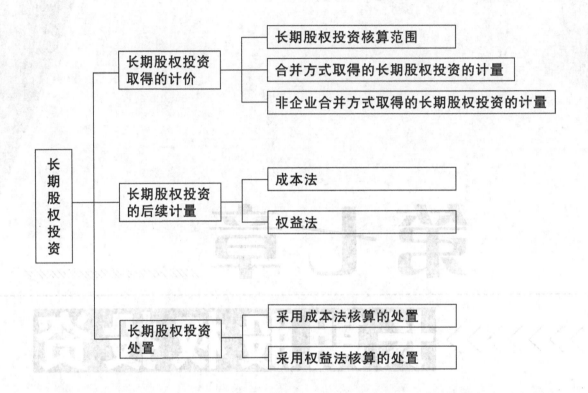

| 学习目标 | 1. 了解长期股权投资的含义、核算范围。
2. 掌握长期股权投资的初始计量。
3. 熟练掌握长期股权投资后续计量方法。
4. 熟练掌握成本法和权益法的会计处理。
5. 掌握长期股权投资处置的会计处理。 |

第七章 长期股权投资

引入案例

甲公司持有乙公司45%有表决权股份，剩余股份由分散的小股东持有，所有小股东单独持有的表决权股份均未超过1%，且他们之间或其中一部分股东均未达成集体决策的协议。

分析：甲公司是否拥有对乙公司权力？后续计量应该采用什么方法？

本例中，在判断甲公司是否拥有对乙公司权力时，虽然甲公司持有乙公司的表决权资本不足50%，但是根据其他股东持有的相对规模及其分散程度，且其他股东未达成集体决策协议等情况，可以判断甲公司拥有对乙公司权力，后续计量应当采用成本法核算。

第一节 长期股权投资取得的计价

一、长期股权投资核算范围

（一）长期股权投资的核算范围

长期股权投资是指企业准备长期持有的权益性投资。企业持有的下列权益性投资，在初始确认时应当划分为长期股权投资。

1. 具有控制的权益性投资

企业持有的能够对被投资单位实施控制的权益性投资，应当划分为长期股权投资。

控制，是指投资方拥有对被投资方的权利，通过参与被投资方的相关活动而享有可变回报，并且有能力运用对被投资方的权利影响其回报金额。控制主要包括以下两种情形：投资企业直接拥有被投资单位半数以上的有表决权资本；投资企业虽未直接拥有被投资单位半数以上的有表决权资本，但通过其他方式对被投资单位具有实质控制权。这种情形具体又包括以下三个方面：①通过与其他投资者的协议，投资企业拥有被投资单位半数以上有表决权资本；②根据章程或协议，投资企业有权决定被投资单位的财务和经营政策；③投资企业有权任免被投资单位董事会或类似权力机构的多数成员；④投资企业在被投资单位董事会或类似权力机构会议上有半数以上投票权。

投资企业能够对被投资单位实施控制的,被投资单位为其子公司,投资企业应当将子公司纳入合并财务报表的合并范围。

2.具有共同控制的权益性投资

企业持有的能够与其他合营方一同对被投资单位实施共同控制的权益性投资,应当划分为长期股权投资。

共同控制,是指按相关约定对某项安排所共有的控制,并且该安排的相关活动必须经过分享控制权的参与方一致同意后才能决策。例如,两个以上企业共同投资设立一个实体,投资各方持股比例相同,任何一方均不能单独控制该实体的重要财务和经营政策,而须由投资各方共同决定。

投资企业与其他方对被投资单位实施共同控制的,被投资单位为其合营企业。

合营企业的特点是,合营各方均受合营合同的限制和约束。一般在合营企业设立时,合营各方在投资合同或协议中会明确约定,合营企业的重要财务和生产经营决策,必须由合营各方均同意才能通过。共同控制的实质是通过合同约定建立起来的、合营各方对合营企业共有的控制。实务中,在判断是否构成共同控制时,一般可以考虑将以下情况作为确定基础:①任何一个合营方均不能单独控制合营企业的生产经营活动;②涉及合营企业基本经营活动的决策需要各合营方一致同意;③各合营方可能通过合同或协议的形式任命其中的一个合营方对合营企业的日常活动进行管理,但其必须在各合营方已经一致同意的财务和经营政策范围内行使管理权。

3.具有重大影响的权益性投资

企业持有的能够对被投资单位施加重大影响的权益性投资,应当划分为长期股权投资。

重大影响,是指对一个企业的财务和经营政策有参与决策的权力,但并不能够控制或者与其他方一起共同控制这些政策的制定。在通常情况下,当投资企业直接或通过子公司间接拥有被投资单位20%或以上表决权资本,但未形成控制或共同控制的,可以认为对被投资单位具有重大影响,除非有确凿的证据表明投资企业不能参与被投资单位的生产经营决策的,不能对被投资单位形成重大影响。投资企业拥有被投资单位的表决权资本不足20%,一般认为对被投资单位不具有重大影响,但符合下列情况之一的,可以认为对被投资单位具有重大影响:①在被投资单位董事会或类似权力机构中派有代表;②参与被投资单位的政策制定过程,包括股利分配政策等的制定;③与被投资单位之间发生重要交易;④向被投资单位派出管理人员;⑤向被投资单位提供关键技术资料。

在确定能否对被投资单位施加重大影响时,还应当考虑投资企业及其他方持有的现行可执行潜在表决权在假定转换为对被投资单位的股权后产生的影响,如被投资单位发行的现行可转换的认股权证、股票期权及可转换公司债券等的影响。如果这些潜在表决权在转换为对被投资单位的股权后,能够增加投资企业的表决权比例或是降低被投资单位其他投资者的表决权比例,从而使得投资企业能够参与被投资单位的财务和经营决策,应当认为投资企业对被投资单位具有重大影响。

投资企业能够对被投资单位施加重大影响的,被投资单位为其联营企业。

(二）长期股权投资初始计量的原则

长期股权投资在取得时，应按初始投资成本入账。长期股权投资可以通过企业合并形成，也可以通过企业合并以外的其他方式取得，在不同的取得方式下，初始投资成本的确定有所不同。因此，企业应当分别企业合并和非企业合并两种情况确定长期股权投资的初始投资成本。

企业在取得长期股权投资时，如果实际支付的价款或其他对价中包含已宣告但尚未发放的现金股利或利润，则该现金股利或利润在性质上属于暂付应收款项，应作为应收项目单独入账，不构成长期股权投资的初始投资成本。

二、合并方式取得的长期股权投资的计量

企业合并是企业发展的需要。在市场经济条件下，随着企业间竞争的日益激烈，发展对于企业已是生死攸关，因此企业合并无论从宏观经济的角度还是从微观经济的角度来看，都具有重大意义。

从企业合并的定义看，是否形成企业合并，关键要看有关交易或事项发生前后，是否引起报告主体的变化。报告主体的变化产生于控制权的变化。在交易事项发生以后，一方能够对另一方的生产经营决策实施控制，形成母子公司关系，涉及控制权的转移，该交易或事项发生以后，子公司需要纳入母公司合并财务报表的范围中，从合并财务报告角度形成报告主体的变化；交易事项发生以后，一方能够控制另一方的全部净资产，被合并的企业在合并后失去其法人资格，也涉及控制权的变化及报告主体的变化，形成企业合并。除了一个企业对另一个或多个企业的合并以外，一个企业对其他企业某项业务的合并也视同企业合并。业务是指企业内部某些生产经营活动或资产、负债的组合，该组合具有投入、加工处理过程和产出能力，能够独立计算其成本费用或所产生的收入，但不构成一个企业、不具有独立的法人资格，如企业的分公司、独立的生产车间、不具有独立法人资格的分部等。企业合并通常包括控股合并、吸收合并和新设合并三种形式。其中，吸收合并和新设合并均不形成投资关系，只有控股合并形成投资关系。因此，企业合并形成的长期股权投资，是指控股合并所形成的投资企业（即合并后的母公司）对被投资单位（即合并后的子公司）的股权投资。企业合并形成的长期股权投资，应当区分同一控制下控股合并与非同一控制下控股合并两种情况确定长期股权投资的初始投资成本。

（一）形成同一控制下企业合并的长期股权投资

参与合并的企业在合并前后均受同一方或相同的多方最终控制且该控制并非暂时性的，为同一控制下的企业合并。其中，在合并日取得对其他参与合并企业控制权的一方为合并方，参与合并的其他企业为被合并方。对于同一控制下的企业合并，从能够对参与合并各方在合并前及合并后均实施最终控制的一方来看，最终控制方在企业合并前及合并后能够控制的资产并没有发生变化。因此，合并方通过企业合并形成的对

被合并方的长期股权投资,其成本代表的是在被合并方账面所有者权益中享有的份额。

1.合并方以支付现金、转让非现金资产或承担债务方式作为合并对价

合并方以支付现金、转让非现金资产或承担债务方式作为合并对价的,应当在合并日按照取得被合并方所有者权益账面价值的份额作为长期股权投资的初始投资成本。长期股权投资的初始投资成本与支付的现金、转让的非现金资产及所承担债务账面价值之间的差额,应当调整资本公积(资本溢价或股本溢价);初始投资成本小于支付的现金、转让的非现金资产及所承担债务账面价值之间的差额,应当冲减资本公积(资本溢价或股本溢价),资本公积(资本溢价或股本溢价)的余额不足冲减的,调整留存收益,即应依次冲减盈余公积、未分配利润。

合并方为进行企业合并而发行债券或承担其他债务支付的手续费、佣金等,应当计入所发行债券及其他债务的初始确认金额;为进行企业合并而发生的各项直接相关费用,如合并方发生的审计、法律服务、评估咨询等中介费用以及其他相关管理费用,应当发生时计入当期管理费用。

具体进行会计处理时,合并方在合并日按取得被合并方所有者权益账面价值的份额,借记"长期股权投资"科目,按应享有被投资单位已宣告但尚未发放的现金股利或利润,借记"应收股利"科目,按支付的合并对价的账面价值,贷记有关资产或借记有关负债科目,按其差额,贷记"资本公积——资本溢价或股本溢价"科目;如为借方差额,应借记"资本公积——资本溢价或股本溢价"科目,资本公积(资本溢价或股本溢价)不足冲减的,借记"盈余公积""利润分配——未分配利润"科目。

【例7-1】D股份有限公司和A公司是同为甲公司所控制的两个子公司。2016年2月20日,D公司和A公司达成合并协议,约定D公司以无形资产和银行存款作为合并对价,取得A公司80%的股份。D公司付出无形资产的账面原价为1800万元,已摊销金额为500万元,未计提无形资产减值准备;付出银行存款的金额为2500万元。2017年3月1日,D公司实际取得对A公司的控制权,当日,A公司所有者权益账面价值总额为4500万元,D公司"资本公积——股本溢价"科目余额为150万元。在与A公司的合并中,D公司以银行存款支付审计费用、评估费用、法律费用等共计15万元。

在上例中,D公司和A公司在合并前后均受甲公司控制,通过合并,D公司取得了对A公司的控制权。因此,该合并为同一控制下的控股合并,D公司为合并方,A公司为被合并方,甲公司为能够对参与合并各方在合并前及合并后均实施最终控制的一方,合并日为2017年3月1日。D公司在合并日的会计处理如下:

(1)确认取得的长期股权投资。

初始投资成本=4500×80%=3600(万元)

借:长期股权投资   36000000
  资本公积——股本溢价 1500000
  盈余公积   500000
  累计摊销   5000000
 贷:无形资产   18000000
   银行存款   25000000

第七章 长期股权投资

（2）支付直接相关费用

借：管理费用　　　　　　　　　　　　　150000
　　贷：银行存款　　　　　　　　　　　　　　　150000

2. 合并方以发行权益性证券作为合并对价

合并方以发行权益性证券作为合并对价的，应将发行权益性证券的面值总额作为股本，长期股权投资初始投资成本与所发行权益性证券面值总额之间的差额，应当调整资本公积（资本溢价或股本溢价）；初始投资成本小于发行权益性证券的面值总额的差额，应当冲减资本公积（资本溢价或股本溢价），资本公积（资本溢价或股本溢价）的余额不足冲减的，调整留存收益，即应依次冲减盈余公积、未分配利润。

合并方为进行企业合并而发行权益性证券发生的手续费、佣金等，应当抵减权益性证券的溢价发行收入；溢价发行收入不足冲减的，冲减留存收益。

具体进行会计处理时，在合并日应按取得被合并方所有者权益账面价值的份额，借记"长期股权投资"科目，按应享有被投资单位已宣告但尚未发放的现金股利或利润，借记"应收股利"科目，按发行权益性证券的面值，贷记"股本"科目，按其差额，贷记"资本公积——资本溢价或股本溢价"科目；如为借方差额，应借记"资本公积——资本溢价或股本溢价"科目，资本公积（资本溢价或股本溢价）不足冲减的，借记"盈余公积""利润分配——未分配利润"科目。

上述在按照合并日应享有被合并方账面所有者权益的份额确定长期股权投资的初始投资成本时，对于被合并方账面所有者权益，应当在考虑以下几个因素的基础上计算确定形成长期股权投资的初始投资成本：

（1）被合并方与合并方的会计政策、会计期间是否一致。如果合并前合并方与被合并方的会计政策、会计期间不同的，应首先按照合并方的会计政策、会计期间对被合并方资产、负债的账面价值进行调整，在此基础上计算确定被合并方的账面所有者权益，并计算确定长期股权投资的初始投资成本。

（2）被合并方账面所有者权益是指被合并方的所有者权益相对于最终控制方而言的账面价值。例如，甲公司为某一集团母公司，分别控制乙公司和丙公司。2015年1月1日，甲公司从本集团外部购入丁公司80%股权（属于非同一控制下企业合并）并能够控制丁公司的财务和经营政策，购买日，丁公司可辨认资产、负债的公允价值为5000万元，账面价值为3500万元。2017年1月1日，乙公司购入甲公司所持丁公司的80%股权，形成同一控制下的企业合并。2015年1月至2016年12月31日，丁公司按照购买日公允价值净资产计算实现的净利润为1200万元；按照购买日账面价值净资产计算实现的净利润为1500万元。无其他所有者权益变动。2017年1月1日合并日，丁公司的所有者权益相对于甲公司而言的账面价值为，自2015年1月1日丁公司净资产公允价值5000万元持续计算至2016年12月31日的账面价值6200（5000+1200）万元。乙公司购入丁公司的初始投资成本为4960[(5000+1200)×80%]万元。

（3）形成同一控制下控股合并的长期股权投资，如果子公司按照改制时确定的资产、负债经评估确认的价值调整资产、负债账面价值的，合并方应当按照取得子公司经评估确认的净资产的份额作为长期股权投资的初始投资成本。

(4) 如果被合并方本身编制合并财务报表的，被合并方的账面所有者权益的价值应当以其合并财务报表为基础确定。

【例7-2】D股份有限公司和B公司是同为甲公司所控制的两个子公司。2017年3月20日，D公司和A公司达成合并协议，约定D公司以增发的权益性证券作为合并对价，取得B公司80%的股份。D公司增发的权益性证券为每股面值为1元的普通股股票，共增发1500万股，支付手续费及佣金等发行费用50万元。2017年3月20日，D公司实际取得对B公司的控制权，当日B公司所有者权益账面价值总额为5000万元。

在上例中，D公司和B公司在合并前后均受甲公司控制，通过合并，D公司取得了对B公司的控制权。因此，该合并为同一控制下的控制合并，D公司为合并方，B公司为被合并方，甲公司为能够对参与合并各方在合并前及合并后均实施最终控制的一方，合并日为2017年3月20日。D公司在合并日的会计处理如下：

(1) 确认取得的长期股权投资。

初始投资成本＝5000×80%＝4000（万元）

借：长期股权投资　　　　　　　　　　　40000000
　　贷：股本　　　　　　　　　　　　　15000000
　　　　资本公积——股本溢价　　　　　25000000

(2) 支付手续费及佣金。

借：资本公积——股本溢价　　　　　　　500000
　　贷：银行存款　　　　　　　　　　　500000

3. 通过多次交换交易，分步取得股权最终形成控股合并

在个别财务报表中，应当以持股比例计算的合并日应享有被合并方账面所有者权益份额作为该项投资的初始投资成本。初始投资成本与其原长期股权投资账面价值加上合并日为取得新的股份所支付对价的公允价值之和的差额，调整资本公积（资本溢价或股本溢价），资本公积不足冲减的，冲减留存收益。

需要注意的是，在按照合并日应享有被合并方所有者权益账面价值的份额确定长期股权投资的初始投资成本时，要求合并前合并方与被合并方采用的会计政策、会计期间相一致。如果合并前合并方与被合并方的会计政策、会计期间不同的，应首先按照合并方的会计政策、会计期间对被合并方资产、负债的账面价值进行调整，在此基础上计算确定被合并方的账面所有者权益，并计算确定长期股权投资的初始投资成本。

● **(二) 非同一控制下企业合并形成的长期股权投资**

参与合并的企业在合并前后不受同一方或相同的多方最终控制的，为非同一控制下的企业合并。其中，在购买日取得对其他参与合并企业控制权的一方为购买方，参与合并的其他企业为被购买方。对于非同一控制下的企业合并，购买方应将企业合并视为一项交易，合理确定合并成本，作为长期股权投资的初始投资成本。

1. 购买方以支付现金、转让非现金资产或承担债务方式作为合并对价

购买方以支付现金、转让非现金资产或承担债务方式作为合并对价的，合并成本为购买方在购买日为取得对被购买方的控制权而支付的资产、发生或承担的负债的公允价值。

购买方作为合并对价付出的资产,应当按照以公允价值处置该资产进行会计处理。其中,付出资产为固定资产、无形资产的,付出资产的公允价值与其账面价值的差额,计入营业外收入或营业外支出;付出资产为金融资产的,付出资产的公允价值与其账面价值的差额,计入投资收益;付出资产为存货的按其公允价值确认收入,同时按其账面价值结转成本,涉及增值税的,还应进行相应的处理。此外,企业以可供出售金融资产作为合并对价的,该可供出售金融资产在持有期间因公允价值变动而形成的其他综合收益(即计入资本公积的累计金额)应同时转出,计入当期投资收益。

购买方为进行企业合并而发行债券或承担其他债务支付的手续费、佣金等,应当计入所发行债券及其他债务的初始确认金额,不构成初始投资成本;购买方为进行企业合并而发生的各项直接相关费用,如合并方发生的审计、法律服务、评估咨询等中介费用以及其他相关管理费用,应在发生时计入当期管理费用。

具体进行会计处理时,对于非同一控制下企业合并形成的长期股权投资,应在购买日按企业合并成本(不含应自被投资单位收取的现金股利或利润),借记"长期股权投资"科目,按享有被投资单位已宣告但尚未发放的现金股利或利润,借记"应收股利"科目,按支付合并对价的账面价值,贷记有关资产或借记有关负债科目,按其差额,贷记"营业外收入"或"投资收益"等科目,或借记"营业外支出""投资收益"等科目。按发生的直接相关费用,借记"管理费用"科目,贷记"银行存款"等科目。可供出售金融资产持有期间公允价值变动形成的其他综合收益应一并转入投资收益,借记"资本公积——其他资本公积"科目,贷记"投资收益"科目。

非同一控制下企业合并涉及以库存商品等作为合并对价的,应按库存商品的公允价值,贷记"主营业务收入"或"其他业务收入"科目,并同时结转相关的成本。

【例7-3】A公司于2017年3月31日取得B公司70%的股权。为核实B公司的资产价值,A公司聘请专业资产评估机构对B公司的资产进行评估,支付评估费用300万元。合并中,A公司支付的有关资产在购买日的账面价值与公允价值如表7-1所示。

表7-1

2017年3月31日　　　　　　　　　　　　　　　　　　　　　　　　　　　单位:万元

项目	账面价值	公允价值
土地使用权(自用)	6000	9600
专利技术	2400	3000
银行存款	2400	2400
合计	10800	15000

假定合并前A公司与B公司不存在任何关联方关系,A公司用作合并对价的土地使用权和专利技术原价为9600万元,至企业合并发生时已累计摊销1200万元。

分析,本例中因A公司与B公司在合并前不存在任何关联方关系,应作为非同一控制下的企业合并处理。

A公司对于形成控股合并的对B公司的长期股权投资,应按确定的企业合并成本作为其初始投资成本。A公司应进行如下账务处理:

借:长期股权投资　　　　　　　　　150000000
　　管理费用　　　　　　　　　　　　3000000
　　累计摊销　　　　　　　　　　　 12000000
　　贷:无形资产　　　　　　　　　　96000000
　　　　银行存款　　　　　　　　　 27000000
　　　　营业外收入　　　　　　　　 42000000

2. 购买方以发行权益性证券作为合并对价

购买方以发行权益性证券作为合并对价的,合并成本为购买方在购买日为取得对被购买方的控制权而发行的权益性证券的公允价值。

购买方为发行权益性证券发生的手续费、佣金等费用,应当抵减权益性证券的溢价发行收入;溢价发行收入不足冲减的,冲减留存收益,不构成初始投资成本。

购买方应当在购买日,按照所发行权益性证券的公允价值(不含应自被购买方收取的现金股利或利润),借记"长期股权投资"科目,按应享有被投资单位已宣告但尚未发放的现金股利或利润,借记"应收股利"科目,按发行权益性证券的面值,贷记"股本"科目,按其差额,贷记"资本公积——资本溢价或股本溢价"科目。发行权益性证券发生的手续费、佣金等费用,应借记"资本公积——股本溢价"科目,贷记"银行存款"等科目,溢价发行收入不足冲减的,应依次借记"盈余公积""利润分配——未分配利润"科目。同时,按企业合并发生的各项直接相关费用,借记"管理费用"科目,贷记"银行存款"科目。

【例7-4】D股份有限公司和B公司是两个独立的法人企业,合并前不存在任何关联关系。D公司和B公司达成合并协议,约定D公司以发行的权益性证券作为合并对价,取得B公司80%的股权。D公司拟增发的权益性证券为每股面值为1元的普通股股票,共增发1500万股,每股公允价值为4元;2017年3月20日,D公司完成了权益性证券的增发,支付手续费及佣金等发行费用100万元。在与B公司的合并中,D公司另以银行存款支付审计费、评估费用、法律费用等共计50万元。

在上例中,D股份有限公司和B公司是两个独立的法人企业,合并前不存在任何关联关系,通过合并,D公司取得了对B公司的控制权。因此,该合并为非同一控制下的控股合并,D公司为购买方,B公司为被购买方,购买日为2017年3月20日。D公司在购买日的会计处理如下:

(1)确认取得的长期股权投资。

合并成本=1500×4=6000(万元)

借:长期股权投资　　　　　　　　　60000000
　　贷:股本　　　　　　　　　　　 15000000
　　　　资本公积——股本溢价　　　 45000000

(2)支付手续费及佣金。

借：资本公积——股本溢价　　　　　　　　1000000
　　贷：银行存款　　　　　　　　　　　　　　1000000
（3）支付审计费、评估费用、法律费用
借：管理费用　　　　　　　　　　　　　　　500000
　　贷：银行存款　　　　　　　　　　　　　　500000

3.购买方通过多次交换交易分步实现的企业合并

购买方通过多次交换交易，分步取得股权最终形成企业合并的，在个别财务报表中，应当以购买日之前所持购买方的股权投资的账面价值与购买日新增投资资本之和，作为该项投资的初始投资成本。其中，形成控股合并前持有的长期股权投资采用成本法核算的，长期股权投资在购买日的初始投资成本为原成本法下的账面价值加上购买日为取得新的股份所支付对价的公允价值之和；形成控股合并前对长期股权投资采用权益法核算的，长期股权投资在购买日的初始投资成本为原权益法下的账面价值加上购买日为取得新的股份所支付对价的公允价值之和；形成控股合并前对长期股权投资采用公允价值计量的（例如，原分类为可供出售金融资产的股权投资），长期股权投资在购买日的初始投资成本为原公允价值计量的账面价值加上购买日为取得新的股份所支付对价的公允价值之和。购买日之前持有的被购买方的股权涉及其他综合收益的，购买日对这部分其他综合收益不做处理，等到处置该项投资时将与其相关的其他综合收益（例如，可供出售金融资产公允价值变动计入其他综合收益的部分）转入当期投资收益。

【例7-5】A公司于2016年3月以2000万元取得B上市公司5%的股权，对B公司不具有重大影响，A公司将其分类为以公允价值计量且其变动计入当期损益的金融资产。2017年4月1日，A公司又斥资20000万元自C公司取得B公司另外50%股权。假定A公司在取得对B公司的长期股权投资后，B公司未宣告发放现金股利。A公司原持有B公司5%的股权于2017年3月31日的公允价值为2000万元。A公司与C公司不存在任何关联方关系。

本例中，A公司是通过分步购买最终实现对B公司实施控制，因A公司与C公司不存在任何关联方关系，故形成非同一控制下控股合并。在购买日，A公司应进行如下账务处理：

借：长期股权投资　　　　　　　　　　　　220000000
　　贷：交易性金融资产　　　　　　　　　　　20000000
　　　　银行存款　　　　　　　　　　　　　200000000

假定，A公司于2016年3月以12000万元取得B公司20%的股权，并能对B公司施加重大影响，采用权益法核算该项股权投资，当年度确认对B公司的投资收益450万元。2017年4月，A公司又斥资15000万元自C公司取得B公司另外30%的股权。A公司按净利润的10%提取盈余公积。A公司对该项长期股权投资未计提任何减值准备。

其他资料同上。购买日，A公司应进行以下账务处理：

借：长期股权投资　　　　　　　　　　　　150000000
　　贷：银行存款　　　　　　　　　　　　　150000000

购买日对B公司长期股权投资的账面价值＝(12000＋450)＋15000＝27450(万元)

三、非企业合并方式取得的长期股权投资的计量

除企业合并形成的对子公司的长期股权投资外，企业以支付现金、转让非现金资产、发行权益性证券等方式取得的对被投资单位不具有控制的长期股权投资，为非企业合并方式取得的长期股权投资，如取得的对联营企业、合营企业的权益性投资以及公允价值不能可靠计量的其他权益性投资。企业通过非企业合并方式取得的长期股权投资，应当根据不同的取得方式，按照实际支付的价款、转让非现金资产的公允价值、发行权益性证券的公允价值等分别确定其初始投资成本，作为入账的依据。具体应遵循以下规定：

●（一）以支付现金取得的长期股权投资

企业以支付现金取得的长期股权投资，应当按照实际支付的购买价款作为长期股权投资的初始投资成本，包括购买过程中支付的手续费等必要支出。但所支付价款中包含的被投资单位已宣告但尚未发放的现金股利或利润应作为应收项目核算，不构成取得长期股权投资的成本。

企业支付现金取得的长期股权投资时，按照确定的初始投资成本，借记"长期股权投资"科目，按应享有被投资单位已宣告但尚未发放的现金股利或利润，借记"应收股利"科目，按照实际支付的买价及手续费、税金等，贷记"银行存款"等科目。

【例7-6】A公司于2017年6月以支付现金方式取得B上市公司35%的股权，实际支付价款2000万元，在购买过程中另支付手续费等相关费用20万元。股权购买价款中包含B上市公司已宣告但尚未发放的现金股利40万元。A公司将其划分为长期股权投资。

本例中，A公司应进行如下账务处理：

(1) 购入B上市公司35%的股权。

初始投资成本＝2000+20－40＝1980(万元)

借：长期股权投资　　　　　　　　　　19800000
　　应收股利　　　　　　　　　　　　　　400000
　　贷：银行存款　　　　　　　　　　　20200000

(2) 收到B上市公司派发的现金股利。

借：银行存款　　　　　　　　　　　　　400000
　　贷：应收股利　　　　　　　　　　　　400000

●（二）以发行权益性证券方式取得的长期股权投资

企业以发行权益性证券方式取得的长期股权投资，其成本为所发行权益性证券的公允价值，但不包括应自被投资单位收取的已宣告但尚未发放的现金股利或利润。

为发行权益性证券支付给有关证券承销机构等的手续费、佣金等与权益性证券发行直接相关的费用，不构成取得长期股权投资的成本。该部分费用按照《企业会计准则

第37号——金融工具列报》的规定，应自权益性证券的溢价发行收入中扣除，权益性证券的溢价收入不足冲减的，应冲减盈余公积和未分配利润。

企业发行权益性证券取得长期股权投资时，按照确定的初始投资成本，借记"长期股权投资"科目，按应享有被投资单位已宣告但尚未发放的现金股利或利润，借记"应收股利"科目，按发行权益性证券的面值，贷记"股本"科目，按其差额，贷记"资本公积——资本溢价或股本溢价"科目。发行权益性证券发生的手续费、佣金等相关税费及其直接相关支出，应借记"资本公积——股本溢价"科目，贷记"银行存款"等科目，溢价发行收入不足冲减的，应依次借记"盈余公积""利润分配——未分配利润"科目。

【例7-7】2017年3月5日，A公司通过增发9000万股本公司普通股（每股面值1元）取得B公司20%的股权，该9000万股股份的公允价值为15600万元。为增发该部分股份，A公司向证券承销机构等支付了600万元的佣金和手续费。假定A公司取得该部分股权后，能够对B公司的财务和生产经营决策施加重大影响。

A公司应当以所发行股份的公允价值作为取得长期股权投资的成本，账务处理如下：

借：长期股权投资　　　　　　　　　156000000
　　贷：股本　　　　　　　　　　　　90000000
　　　　资本公积——股本溢价　　　　66000000

发行权益性证券过程中支付的佣金和手续费，应冲减权益性证券的溢价发行收入，账务处理如下：

借：资本公积——股本溢价　　　　　6000000
　　贷：银行存款　　　　　　　　　　6000000

● **（三）以债务重组方式取得的长期股权投资，其初始投资成本应按照《企业会计准则第12号——债务重组》的规定确定**

● **（四）以非货币性资产交换取得的长期股权投资，其初始投资成本应按照《企业会计准则第7号——非货币性资产交换》的规定确定**

第二节 长期股权投资的后续计量

长期股权投资在持有期间，根据投资企业对被投资单位的影响程度进行划分，应当分别采用成本法及权益法进行核算。

一、成本法

（一）成本法的定义及其适用范围

1. 成本法的定义

成本法，是指长期股权投资的价值通常按初始投资成本计量，除追加或收回投资外，一般不对长期股权投资的账面价值进行调整的一种会计处理方法。

2. 成本法的适用范围

长期股权投资的成本法适用于以下情况：

企业持有的能够对被投资单位实施控制的长期股权投资。

投资企业能够对被投资单位实施控制的，被投资单位为其子公司，投资企业应当将子公司纳入合并财务报表的合并范围。投资企业在其个别财务报表中对子公司的长期股权投资，应当采用成本法核算，编制合并财务报表时按照权益法进行调整。

（二）成本法的核算

采用成本法核算的长期股权投资，核算方法如下：

设置"长期股权投资"科目，反映长期股权投资的初始投资成本。在收回投资前，无论被投资单位经营情况如何，净资产是否增减，投资企业一般不对股权投资的账面价值进行调整。

初始投资或追加投资时，按照初始投资或追加投资时的成本增加长期股权投资的账面价值。

除取得投资时实际支付的价款或对价中包含的已宣告但尚未发放的现金股利或利润外，投资企业应当按照享有被投资单位宣告发放的现金股利或利润确认投资收益，不管有关利润分配是属于对取得投资前还是取得投资后被投资单位实现净利润的分配。被投资单位宣告分派股票股利，投资企业应于除权日做备忘记录。被投资单位未分派股利，投资企业不做任何会计处理。

投资企业在确认自被投资单位应分得的现金股利或利润后，应当考虑有关长期股权投资是否发生减值。在判断该类长期股权投资是否存在减值迹象时，应当关注长期股权投资的账面价值是否大于享有被投资单位净资产（包括相关商誉）账面价值的份额等情况。出现类似情况时，企业应当按照《企业会计准则第8号——资产减值》的规定对长期股权投资进行减值测试，可收回金额低于长期股权投资账面价值的，应当计提减值准备。

第七章 长期股权投资

企业在持有长期股权投资期间，当被投资单位宣告发放现金股利或利润时，投资企业应当按照享有的份额，借记"应收股利"科目，贷记"投资收益"科目；收到上列现金股利或利润时，借记"银行存款价"科目，贷记"应收股利"科目。

【例7-8】2016年12月20日，甲公司以1500万元购入乙公司58%的股权。甲公司取得该部分股权后，未派出人员参与乙公司的财务和生产经营决策，同时也未以任何其他方式对乙公司施加控制、共同控制或重大影响。同时，该股权不存在活跃市场，其公允价值不能可靠计量。甲公司将其划为长期股权投资并采用成本法进行核算。

2017年3月30日，乙公司宣告分派现金股利，甲公司按照其持有比例确定可分回20万元。

2017年4月30日，甲公司收回乙公司分派现金股利20万元。

甲公司对乙公司长期股权投资应进行的账务处理如下：

（1）2016年12月20日，甲公司取得投资时。

　　借：长期股权投资　　　　　　　　15000000
　　　　贷：银行存款　　　　　　　　　　　15000000

（2）2017年3月30日，乙公司宣告分派现金股利时。

　　借：应收股利　　　　　　　　　　200000
　　　　贷：投资收益　　　　　　　　　　　200000

（3）2017年4月30日，甲公司收回乙公司分派现金股利时。

　　借：银行存款　　　　　　　　　　200000
　　　　贷：应收股利　　　　　　　　　　　200000

二、权益法

（一）权益法的定义及其适用范围

权益法，是指投资以初始投资成本计量后，在投资持有期间根据投资企业享有被投资单位所有者权益的份额的变动对投资的账面价值进行调整的方法。

投资企业对被投资单位具有共同控制或重大影响的长期股权投资，即对合营企业投资及联营企业投资，应当采用权益法核算。

（二）权益法的核算

1.会计科目的设置

采用权益法核算，在"长期股权投资"科目下应当设置"成本""损益调整""其他综合收益""其他权益变动"明细科目，分别反映长期股权投资的初始投资成本、被投资单位发生净损益、被投资单位其他综合收益变动以及其他权益变动而对长期股权投资账面价值进行调整的金额。其中：

（1）成本，反映长期股权投资的初始投资成本，以及在长期股权投资的初始投资成本小于取得投资时应享有被投资单位可辨认净资产公允价值份额的情况下，按其差额调整初始投资成本后形成的账面价值。

(2) 损益调整，反映投资企业应享有或应分担的被投资单位实现的净损益份额，以及被投资单位分派的现金股利或利润中投资企业应获得的份额。

(3) 其他综合收益。

(4) 其他权益变动，反映被投资单位除净损益以外所有者权益的其他变动中，投资企业应享有或承担的份额。

2.初始投资成本的调整

投资企业取得对联营企业或合营企业的投资以后，对于取得投资时投资成本与应享有被投资单位可辨认净资产公允价值份额之间的差额，应区别情况分别处理。

(1) 初始投资成本大于取得投资时应享有被投资单位可辨认净资产公允价值份额的，该部分差额从本质上是投资企业在取得投资过程中通过购买作价体现出的与所取得股权份额相对应的商誉及被投资单位不符合确认条件的资产价值。初始投资成本大于投资时应享有被投资单位可辨认净资产公允价值的份额时，两者之间的差额不要求对长期股权投资的成本进行调整。

(2) 初始投资成本小于取得投资时应享有被投资单位可辨认净资产公允价值份额的，两者之间的差额体现为双方在交易作价过程中转让方的让步，该部分经济利益流入应作为收益处理，计入取得投资当期的营业外收入，同时调整增加长期股权投资的账面价值。

投资企业应享有被投资单位可辨认净资产公允价值份额，可用下列公式计算：

应享有被投资单位可辨认净资产公允价值份额＝投资时被投资单位可辨认净资产公允价值总额×投资企业持股比例

【例7-9】A企业于2017年1月取得B公司30%的股权，支付价款8000万元。取得投资时被投资单位净资产账面价值为25000万元（假定被投资单位各项可辨认资产、负债的公允价值与其账面价值相同）。

在B公司的生产经营决策过程中，所有股东均按持股比例行使表决权。A企业在取得B公司的股权后，派人参与了B公司的生产经营决策。因能够对B公司施加重大影响，A企业对该投资应当采用权益法核算。

取得投资时，A企业应进行以下账务处理：

借：长期股权投资——B公司（成本）　　80000000
　　贷：银行存款　　　　　　　　　　　　　　80000000

长期股权投资的初始投资成本8000万元大于取得投资时应享有被投资单位可辨认净资产公允价值的份额7500（25000×30%）万元，两者之间的差额不调整长期股权投资的账面价值。

如果本例中取得投资时被投资单位可辨认净资产的公允价值为36000万元，A企业按持股比例30%计算确定应享有10800万元，则初始投资成本与应享有被投资单位可辨认净资产公允价值份额之间的差额2800万元应计入取得投资当期的营业外收入，账务处理如下：

```
借：长期股权投资——B公司（成本）    80000000
    贷：银行存款                      80000000
借：长期股权投资——B公司（成本）    28000000
    贷：营业外收入                    28000000
```

3.投资损益的确认

投资企业取得长期股权投资后，应当按照应享有或应分担被投资单位实现净利润或发生净亏损的份额（法规或章程规定不属于投资企业的净损益除外），调整长期股权投资的账面价值，并确认为当期投资损益。

在确认应享有或应分担被投资单位的净利润或净亏损时，在被投资单位账面净利润的基础上，应考虑以下因素的影响进行适当调整：

一是被投资单位采用的会计政策及会计期间与投资企业不一致的，应按投资企业的会计政策及会计期间对被投资单位的财务报表进行调整。

二是以取得投资时被投资单位固定资产、无形资产的公允价值为基础计提的折旧额或摊销额，以及以投资企业取得投资时的公允价值为基础计算确定的资产减值准备金额等对被投资单位净利润的影响。

被投资单位个别利润表中的净利润是以其持有的资产、负债账面价值为基础持续计算的，而投资企业在取得投资时，是以被投资单位有关资产、负债的公允价值为基础确定投资成本，长期股权投资的投资收益所代表的是被投资单位资产、负债在公允价值计量的情况下在未来期间通过经营产生的损益中归属于投资企业的部分。取得投资时有关资产、负债的公允价值与其账面价值不同的，未来期间，在计算归属于投资企业应享有的净利润或应承担的净亏损时，应以投资时被投资单位有关资产对投资企业的成本即取得投资时的公允价值为基础计算确定，从而产生了需要对被投资单位账面净利润进行调整的情况。

在针对上述事项对被投资单位实现的净利润进行调整时，应考虑重要性原则，不具重要性的项目可不予调整。符合下列条件之一的，投资企业可以以被投资单位的账面净利润为基础，计算确认投资损益，同时应在会计报表附注中说明不能按照准则规定进行核算的原因：

（1）投资企业无法合理确定取得投资时被投资单位各项可辨认资产等的公允价值；

（2）投资时被投资单位可辨认资产的公允价值与其账面价值相比，两者之间的差额不具重要性的；

（3）其他原因导致无法取得被投资单位的有关资料，不能按照准则规定的原则对被投资单位的净损益进行调整的。

【例7-10】沿用【例7-9】的资料，假定长期股权投资的成本大于取得投资时被投资单位可辨认净资产公允价值份额的情况下，取得投资当年被投资单位实现净利润2400万元。投资企业与被投资单位均以公历年度作为会计年度，两者之间采用的会计政策相同。由于投资时被投资单位各项资产、负债的账面价值与其公允价值相同，且假定投资企业与被投资单位未发生任何内部交易，不需要对被投资单位实现的净损益进行调整，投资企业应确认的投资收益为720（2400×30%）万元。

因此，确认投资收益时，A企业应进行以下账务处理：

借：长期股权投资——B公司（损益调整）　　7200000
　　贷：投资收益　　　　　　　　　　　　　　　　　7200000

【例7-11】甲公司于2016年1月10日购入乙公司30%的股份，购买价款为3300万元，并自取得投资之日起派人参与乙公司的财务和生产经营决策。取得投资当日，乙公司可辨认净资产公允价值为9000万元，除表7-2所列项目外，乙公司其他资产、负债的公允价值与账面价值相同。

假定乙公司于2016年实现净利润900万元，其中，在甲公司取得投资时的账面存货有80%对外出售。甲公司与乙公司的会计年度及采用的会计政策相同。固定资产、无形资产均按直线法提取折旧或摊销，预计净残值均为0。假定甲、乙公司间未发生任何内部交易。

表7-2

单位：万元

项目	账面原价	已提折旧或摊销	公允价值	乙公司预计使用年限	甲公司取得投资后剩余使用年限
存货	750		1050		
固定资产	1800	360	2400	20	16
无形资产	1050	210	1200	10	8
合计	3600	570	4650		

甲公司在确定其应享有的投资收益时，应在乙公司实现净利润的基础上，根据取得投资时乙公司有关资产的账面价值与其公允价值差额的影响进行调整（假定不考虑所得税影响）：

存货账面价值与公允价值的差额应调减的利润＝（1050－750）×80%＝240（万元）

固定资产公允价值与账面价值差额应调整增加的折旧额＝2400÷16－1800÷20＝60（万元）

无形资产公允价值与账面价值差额应调整增加的摊销额＝1200÷8－1050÷10＝45（万元）

调整后的净利润＝900－240－60－45＝555（万元）

甲公司应享有份额＝555×30%＝166.50（万元）

确认投资收益的账务处理如下：

借：长期股权投资——乙公司（损益调整）　　1665000
　　贷：投资收益　　　　　　　　　　　　　　　　　1665000

三是在确认投资收益时，除考虑公允价值的调整外，对于投资企业与其联营企业及合营企业之间发生的未实现内部交易损益应予抵销。投资企业与联营企业及合营企业之间发生的未实现内部交易损益按照持股比例计算归属于投资企业的部分应当予以抵销，在此基础上确认投资损益。投资企业与被投资单位发生的内部交易损失，按照《企业会计准则第8号——资产减值》等规定属于资产减值损失的，应当全额确认。投资企业对于纳入其合并范围的子公司与其联营企业及合营企业之间发生的内部交易损益,也应当按照上述原则进行抵销,在此基础上确认投资损益。

应当注意的是,该未实现内部交易损益的抵销既包括顺流交易也包括逆流交易,其中,顺流交易是指投资企业向其联营企业或合营企业出售资产,逆流交易是指联营企业或合营企业向投资企业出售资产。当该未实现内部交易损益体现在投资企业或其联营企业、合营企业持有的资产账面价值中时,相关的损益在计算确认投资损益时应予抵销。

(1) 逆流交易。对于联营企业或合营企业向投资企业出售资产的逆流交易,在该交易存在未实现内部交易损益的情况下(即有关资产未对外部独立第三方出售),投资企业在采用权益法计算确认应享有联营企业或合营企业的投资损益时,应抵销该未实现内部交易损益的影响。当投资企业自其联营企业或合营企业购买资产时,在将该资产出售给外部独立的第三方之前,不应确认联营企业或合营企业因该交易产生的损益中本企业应享有的部分。

因逆流交易产生的未实现内部交易损益,在未对外部独立第三方出售之前,体现在投资企业持有资产的账面价值当中。投资企业对外编制合并财务报表的,应在合并财务报表中对长期股权投资及包含未实现内部交易损益的资产账面价值进行调整,抵销有关资产账面价值中包含的未实现内部交易损益,并相应调整对联营企业或合营企业的长期股权投资。

【例7-12】甲企业于2017年1月取得乙公司20%有表决权股份,能够对乙公司施加重大影响。假定甲企业取得该项投资时,乙公司各项可辨认资产、负债的公允价值与其账面价值相同。2017年8月,乙公司将其成本为800万元的某商品以1000万元的价格出售给甲企业,甲企业将取得的商品作为存货。至2017年资产负债表日,甲企业仍未对外出售该存货。乙公司,017年实现净利润为3000万元。假定不考虑所得税因素。

根据上列资料,乙公司在该项交易中形成了200(1000-800)万元的利润,其中有40(200×20%)万元归属于甲公司,在确认投资损益时应予以抵销。因此,甲公司对乙公司的净利润应做如下调整:

调整后的净利润=3000-200=2800(万元)

甲企业根据调整后的净利润,应进行以下账务处理:

应享有收益份额=28000000×20%=5600000(万元)

借:长期股权投资——乙公司(损益调整)(28000000×20%)　　5600000
　　贷:投资收益　　　　　　　　　　　　　　　　　　　　　　5600000

(2) 顺流交易。对于投资企业向联营企业或合营企业出售资产的顺流交易,在该交易存在未实现内部交易损益的情况下(即有关资产未向外部独立第三方出售),投资企业在采用权益法计算确认应享有联营企业或合营企业的投资损益时,应抵销该未实现内部交易损益的影响,同时调整对联营企业或合营企业长期股权投资的账面价值。当投资企业向联营企业或合营企业出售资产,同时有关资产由联营企业或合营企业持有时,投资方因出售资产应确认的损益仅限于与联营企业或合营企业其他投资者交易的部分。即在顺流交易中,投资方投出资产或出售资产给其联营企业或合营企业产生的损益中,按照持股比例计算确定归属于本企业的部分不予确认。

【例7-13】甲企业持有乙公司20%有表决权股份,能够对乙公司的财务和生产经营决策施加重大影响。2017年,甲企业将其账面价值为600万元的商品以1000万元的价格出售给乙公司。至2017年资产负债表日,该批商品尚未对外部第三方出售。假定甲企业取得该项投资时,乙公司各项可辨认资产、负债的公允价值与其账面价值相同,两者在以前期间未发生过内部交易。乙公司2017年净利润为2000万元。假定不考虑所得税因素。

甲企业在该项交易中实现利润400万元,其中的80(400×20%)万元是针对本企业持有的对联营企业的权益份额,在采用权益法计算确认投资损益时应予抵销,甲企业应当进行的账务处理如下:

借:长期股权投资——乙公司(损益调整)
　　　　　　　　　　　　　3200000 [(2000万−400万)×20%]
　贷:投资收益　　　　　　3200000

甲企业如需编制合并财务报表,在合并财务报表中对该未实现内部交易损益应在个别报表已确认投资损益的基础上进行以下调整:

借:营业收入　　2000000(1000万×20%)
　贷:营业成本　　1200000(600万×20%)
　　投资收益　　　800000

应当说明的是,投资企业与其联营企业及合营企业之间发生的无论是顺流交易还是逆流交易产生的未实现内部交易损失,属于所转让资产发生减值损失的,有关的未实现内部交易损失不应予以抵销。

4.取得现金股利或利润的处理

按照权益法核算的长期股权投资,投资企业自被投资单位取得的现金股利或利润,应抵减长期股权投资的账面价值。在被投资单位宣告分派现金股利或利润时,借记"应收股利"科目,贷记"长期股权投资(损益调整)"科目;自被投资单位取得的现金股利或利润超过已确认损益调整的部分应视同投资成本的收回,冲减长期股权投资的账面价值。被投资单位分派股票股利时,投资企业不进行账务处理,但应于除权日在备查簿中注明所增加的股数,以反映股份的变化情况。

【例7-14】2016年1月1日,甲公司购入乙公司股票1000万股,实际以银行存款2340万元支付购买价款(包括交易费用)。甲公司对乙公司的投资占乙企业注册资本的20%,能够对乙公司的生产经营决策施加重大影响,甲公司采用权益法核算该项长期股权投资。甲公司在取得乙公司20%股权时,乙公司各项可辨认资产、负债的公允价值与其账面价值相同,双方在以前期间未发生过内部交易,假设双方的会计政策和会计期间一致。2016年度,乙公司实现净利润6000万元。2017年3月1日,乙公司宣告分派2016年度利润分配方案,每股分派现金股利0.2元。2017年3月15日,甲公司收到上述现金股利。2017年度,乙公司发生亏损2200万元。(假设不考虑所得税的影响)

则甲公司相应的会计处理如下:

(1) 2016年1月1日取得投资时。
　　借：长期股权投资——乙公司（成本）　　23400000
　　　贷：银行存款　　　　　　　　　　　　　　　　23400000
(2) 2016年度乙公司盈利时。
　　借：长期股权投资——乙公司（损益调整）　12000000（6000万×20%）
　　　贷：投资收益　　　　　　　　　　　　　　　　1200
(3) 2016年3月1日，乙公司宣告分派2010年度利润分配方案时。
　　借：应收股利　　　　　　　　　　　　　2000000
　　　贷：长期股权投资——乙公司（损益调整）　　　2000000
(4) 2016年3月15日，甲公司收到上述现金股利时。
　　借：银行存款　　　　　　　　　　　　　2000000
　　　贷：应收股利　　　　　　　　　　　　　　　　2000000
(5) 2017年度乙公司生亏损2200万元时。
　　借：投资收益　　　　　　　　　　　　　4400000
　　　贷：长期股权投资——乙公司（损益调整）　　　4400000

5. 超额亏损的确认

　　按照权益法核算的长期股权投资，投资企业确认应分担被投资单位发生的损失，原则上应以长期股权投资及其他实质上构成对被投资单位净投资的长期权益减记至零为限，投资企业负有承担额外损失义务的除外。这里所讲的"其他实质上构成对被投资单位净投资的长期权益"通常是指长期应收项目，比如，企业对被投资单位的长期债权，该债权没有明确的清收计划，且在可预见的未来期间不准备收回的，实质上构成对被投资单位的净投资，但不包括投资企业与被投资单位之间因销售商品、提供劳务等日常活动所产生的长期债权。

　　投资企业在确认应分担被投资单位发生的亏损时，具体应按照以下顺序处理：

　　首先，减记长期股权投资的账面价值。

　　其次，在长期股权投资的账面价值减记至零的情况下，对于未确认的投资损失，考虑除长期股权投资以外，账面上是否有其他实质上构成对被投资单位净投资的长期权益项目，如果有，则应以其他长期权益的账面价值为限，继续确认投资损失，冲减长期应收项目等的账面价值。

　　最后，经过上述处理，按照投资合同或协议约定，投资企业仍需要承担额外损失弥补等义务的，应按预计将承担的义务金额确认预计负债，计入当期投资损失。

　　企业在实务操作过程中，在发生投资损失时，应借记"投资收益"科目，贷记"长期股权投资——损益调整"科目。在长期股权投资的账面价值减记至零以后，考虑其他实质上构成对被投资单位净投资的长期权益，继续确认的投资损失，应借记"投资收益"科目，贷记"长期应收款"等科目；因投资合同或协议约定导致投资企业需要承担额外义务的，按照或有事项准则的规定，对于符合确认条件的义务，应确认为当期损失，同时确认预计负债，借记"投资收益"科目，贷记"预计负债"科目。除上述情况仍未确认的应分担被投资单位的损失,应在账外备查登记。

在确认了有关的投资损失以后,被投资单位于以后期间实现盈利的,应按以上相反顺序分别减记账外备查登记的金额、已确认的预计负债、恢复其他长期权益及长期股权投资的账面价值,同时确认投资收益。应当按顺序分别借记"预计负债""长期应收款""长期股权投资"等科目,贷记"投资收益"科目。

【例7-15】甲企业持有乙企业40%的股权,能够对乙企业施加重大影响,甲公司对该项股权投资采用权益法核算。甲公司除了对乙企业的长期股权投资外,还有一笔应收乙企业的长期应收款2400万元,该款项从目前情况看,没有明确的清偿计划(并非产生于商品购销等日常活动),且在可预见的未来期间不准备收回。假定甲企业在取得该投资时,乙企业各项可辨认资产、负债的公允价值与其账面价值相等,双方所采用的会计政策及会计期间也相同。双方未发生任何内部交易,甲公司按照乙企业的账面净损益和持股比例计算确认投资损益。由于乙公司持续亏损,甲公司在确认2015年度的投资损失以后,2015年12月31日,该项长期股权投资的账面价值已经减至为9600万元,其中,"长期股权投资——乙公司(成本)"科目借方余额6000万元,"长期股权投资——乙公司(损益调整)"科目借方余额3600万元。乙企业2016年由于一项主营业务市场条件发生变化,当年度又亏损9000万元。2017年乙企业继续亏损,当年度的亏损额为18000万元。甲企业相应的账务处理如下:

分析:(1)2016年12月31日,由于乙企业各项可辨认资产、负债的公允价值与其账面价值相等,双方所采用的会计政策及会计期间也相同,则甲企业当年度应确认的投资损失为3600万元。确认上述投资损失后,长期股权投资的账面价值变为2400万元。

借:投资收益　　　　　　　　　　　　　　　36000000
　　贷:长期股权投资——乙公司(损益调整)　　36000000

(2)2017年12月31日,由于乙企业各项可辨认资产、负债的公允价值与其账面价值相等,双方所采用的会计政策及会计期间也相同,则甲企业按其持股比例确认应分担的损失为7200万元,但长期股权投资的账面价值仅为6000万元,在确认了6000万元的投资损失,长期股权投资的账面价值减记至零以后,剩余应分担的亏损1200万元,应继续冲减长期应收款项目,并以长期应收款的账面价值为限进一步确认投资损失1200万元。甲企业应进行的账务处理如下:

借:投资收益　　　　　　　　　　　　　　　60000000
　　贷:长期股权投资——乙公司(损益调整)　　60000000
借:投资收益　　　　　　　　　　　　　　　12000000
　　贷:长期应收款　　　　　　　　　　　　　12000000

6.被投资方发生其他综合收益时

当被投资单位其他综合收益发生变动时,投资企业应当按照归属于本企业的部分,相应调整长期股权投资账面价值,同时调增或者调减其他综合收益。

(1)会计分录。

借:长期股权投资——其他综合收益

第七章 长期股权投资

    贷：其他综合收益

或反之。

（2）后续处理。

  投资方在后续处置股权投资但对剩余股权仍采用权益法核算时，应按处置比例将这部分其他综合收益转入当期投资收益；对剩余股权终止权益法核算时，将这部分其他综合收益全部转入当期投资收益，重新计量设定受益计划净负债或净资产的变动除外。

  会计分录：

    借：其他综合收益

      贷：投资收益

或反之。

7. 被投资单位所有者权益其他变动的处理

  采用权益法核算时，投资企业对于被投资单位除净损益、其他综合收益以及利润分配以外所有者权益的其他变动，应按照持股比例与被投资单位所有者权益其他变动计算的归属于本企业的部分，相应调整长期股权投资账面价值，同时调增或者调减资本公积。

  （1）会计分录。

    借：长期股权投资——其他权益变动

      贷：资本公积——其他资本公积

或反之。

  （2）后续处理。

  投资方在后续处置股权投资但对剩余股权仍采用权益法核算时，应按处置比例将这部分资本公积转入当期投资收益；对剩余股权终止权益法核算时，将这部分资本公积全部转入当期投资收益。

  会计分录：

    借：资本公积——其他资本公积

      贷：投资收益

或反之。

  采用权益法核算时，投资企业对于被投资单位除净损益、利润分配以及其他综合收益外的所有者权益的其他变动时，在持股比例不变的情况下，应按照持股比例与被投资单位除净损益以外所有者权益的其他变动中归属于本企业的部分，相应调整长期股权投资的账面价值，同时调增或调减资本公积。

  【例7-16】A企业持有B企业30%的股份，能够对B企业施加重大影响。当期B企业因权益结算的股份支付计入资本公积的金额为1000万元，除该事项外，B企业当期实现的净损益为9000万元。假定A企业与B企业适用的会计政策、会计期间相同，投资时B企业有关资产、负债的公允价值与其账面价值亦相同，双方当期及以前期间未发生任何内部交易。

  A企业在确认应享有被投资单位所有者权益的变动时，应进行的账务处理如下：

借：长期股权投资——A 企业（损益调整）　　　27000000
　　　　　　　　——其他权益变动　　　　　　3000000
　　贷：投资收益　　　　　　　　　　　　　　27000000
　　　　资本公积——其他资本公积　　　　　　3000000

第三节　长期股权投资处置

长期股权投资的处置，主要指通过证券市场出售股权，也包括抵偿债务转出、非货币性资产交换转出以及因被投资企业破产清算而被迫清算股权等情形。

长期股权投资的处置损益，是指取得处置收入扣除长期股权投资的账面价值和已确认但尚未收到的现金股利之后的差额。其中：

处置收入，是指企业处置长期股权投资时收到的价款，该价款已经扣除了手续费、佣金等交易费用。

长期股权投资的账面价值，是指长期股权投资的账面余额扣除相应的减值准备后的金额。

已确认但尚未收到的现金股利，是指投资企业已于被投资单位宣告分派现金时按应享有的份额确认了应收债权，但至处置投资时被投资单位尚未实际派发的现金股利。

一、采用成本法核算的处置

处置长期股权投资发生损益应当在符合股权转让条件时的予以确认，计入处置当期投资损益。企业处置长期股权投资时，应相应结转与所售股权相对应的长期股权投资的账面价值，出售所得价款与处置长期股权投资账面价值之间的差额，应确认为处置损益。已计提减值准备的长期股权投资，处置时应将与所处置的长期股权投资相对应的减值准备予以转出。

处置长期股权投资时，一般的会计处理为，按实际收到的价款，借记"银行存款"科目，按已计提的长期股权投资减值准备，借记"长期股权投资减值准备"科目，按长期股权投资的账面余额，贷记"长期股权投资"科目，按已确认但尚未收到的现金股利，贷记"应收股利"科目，按上列贷方差额，贷记"投资收益"科目，如为借方差额，借记"投资收益"科目。

【例7-17】2016年1月2日，A实业股份有限公司购入N公司股票150000股，实际支付购买价款300000元（包括交易税费）。N公司的股票在活跃市场中没有报价、公允价值不能可靠计量，A公司将其划分为长期股权投资，并采用成本法核算；2016年12月31日，华联公司为该项股权投资计提了减值准备100000元；2017年9月25日，A公司将持有的 N 公司股票全部转让，实际收到转让价款180000元。A 实业股份有限公司处置长期股权投资时的会计处理如下：

转让损益=180000－(300000－100000)=-20000（元）

借：银行存款　　　　　　　　　　　　180000
　　长期股权投资减值准备　　　　　　100000
　　投资收益　　　　　　　　　　　　 20000
　　贷：长期股权投资——N 公司　　　　　　　300000

二、采用权益法核算的处置

采用权益法核算的长期股权投资，原计入资本公积中的金额，在处置时亦应进行结转，将与所出售股权相对应的部分在处置时自资本公积转入当期损益。

采用权益法核算的长期股权投资，处置时还应将与所处置的长期股权投资相对应的原计入资本公积和其他综合收益项目的金额转出，计入处置当期损益（不能结转损益的除外）。结转时，按与所处置的长期股权投资相对应的资本公积和其他综合收益贷方金额，借记"资本公积——其他资本公积"、"其他综合收益"科目，贷记"投资收益"科目；如为借方差额，则借记"投资收益"科目，贷记"资本公积——其他资本公积""其他综合收益"科目。

在部分处置某项长期股权投资时，按该项投资的总平均成本确定处置部分的成本，并按相同的比例结转已计提的长期股权投资减值准备和相关的其他综合收益以及资本公积金额。

【例7-18】A 实业股份有限公司对持有的 L 公司股份采用权益法核算。2017年4月5日，A 公司将持有的 L 公司股份全部转让，收到转让价款3500万元。转让日，该项长期股权投资的账面余额为3400万元，其中，成本3000万元，损益调整（借方）300万元，其他综合收益（贷方）100万元，其他权益变动（借方）200万元。A 实业股份有限公司处置长期股权投资时的会计处理如下：

转让损益=3500－3250=250（万元）

借：银行存款　　　　　　　　　　　　　　　　35000000
　　长期股权投资——L 公司（其他综合收益）　 1000000
　　贷：长期股权投资——L 公司（成本）　　　　　　30000000
　　　　　　　　　　——L 公司（损益调整）　　　　 3000000
　　　　　　　　　　——L 公司（其他权益变动）　　 2000000
　　　　投资收益　　　　　　　　　　　　　　　　　 1000000
借：资本公积——其他资本公积　　　　　　　 2000000
　　贷：投资收益　　　　　　　　　　　　　　　　　 2000000
借：投资收益　　　　　　　　　　　　　　　 1000000
　　贷：其他综合收益　　　　　　　　　　　　　　　 1000000

同步练习题

一、单选题

1. 长期股权投资采用成本法核算，投资企业对收到的股票股利，应当（   ）。
   A. 作为投资收益   B. 冲减财务费用   C. 只做备忘登记   D. 冲减投资成本

2. 长期股权投资采用成本法核算，如果被投资企业发生亏损且未分配股利，投资企业应当（   ）。
   A. 冲减投资收益   B. 冲减资本公积   C. 不做会计处理   D. 冲减投资成本

3. 2017年1月，甲公司取得B公司75%的股权，采用成本法核算。B公司于2018年3月宣告派发2017年度现金股利，甲公司对该现金股利的会计处理是（   ）。
   A. 作为投资收益   B. 冲减财务费用   C. 作为资本公积   D. 冲减投资成本

4. 下列情况下持有的长期股权投资中，应当采用成本法核算的是（   ）。
   A. 具有控制   B. 具有控制或重大影响
   C. 具有共同控制或重大影响   D. 具有控制或无重大影响

5. 长期股权投资采用权益法核算，如果被投资单位发生亏损且未分配股利，投资企业应当（   ）。
   A. 冲减投资收益   B. 冲减投资成本   C. 冲减资本公积   D. 不做会计处理

二、多选题

1. 长期股权投资采用权益法核算，"长期股权投资"科目下应设置的明细科目有（   ）。
   A. 成本   B. 损益调整   C. 其他综合收益   D. 其他权益变动

2. 在除企业合并以外其他方式取得长期股权投资的情况下，下列各项中，应作为长期股权投资取得时初始投资成本入账的有（   ）。
   A. 投出非现金资产的账面价值
   B. 投资时支付的不含现金股利的价款
   C. 投资时支付款项中所含的已宣告但尚未发放的现金股利
   D. 投资时支付的相关税费

3. 按长期股权投资准则规定，下列事项中，投资企业应采用权益法核算的有（   ）。
   A. 投资企业能够对被投资单位实施控制的股权投资
   B. 投资企业对被投资单位不具有控制、共同控制或重大影响，并且在活跃市场中没有报价、公允价值不能可靠计量的股权投资
   C. 投资企业对被投资单位有重大影响的股权投资
   D. 投资企业对被投资单位具有共同控制的股权投资

三、判断题

1. 投资企业对被投资单位不具有控制、共同控制或重大影响的权益性投资均应当划分为长期股权投资。（　　）

2. 企业以发行权益性证券的方式取得的长期股权投资，应当按照所发行权益性证券的公允价值作为初始投资成本。（　　）

3. 长期股权投资采用成本法核算时，应按被投资单位实现的净利润中投资企业应当分享的份额确认投资收益。（　　）

4. 长期股权投资采用权益法核算，投资企业应当在被投资单位宣告分派现金股利时，按照应享有的份额确认投资收益。（　　）

5. 长期股权投资采用成本法核算的，投资企业应当在被投资单位宣告分派现金股利时，按照应享有的份额确认投资收益。（　　）

四、计算分析题

1. 甲公司和乙公司为不同集团的两家公司。有关企业合并资料如下：

（1）2016年12月10日，甲公司和乙公司达成合并协议，由甲公司采用控股合并方式对乙公司进行合并。

（2）2016年12月30日，甲公司以一项固定资产和一项无形资产作为对价合并了乙公司，并取得乙公司80%的控制性股权。该固定资产原值为800万元，已提折旧200万元，已计提减值准备50万元，公允价值为605万元；无形资产原值为400万元，已摊销100万元，公允价值为280万元。

（3）2016年12月30日乙公司可辨认净资产公允价值为900万元。

要求：（1）计算购买日合并财务报表中应确认的商誉或计入当期损益的金额；
　　　（2）做合并日相关会计分录。

2. A公司于2014年1月1日从二级市场以740万元的价格购入B公司25%的股权，另支付相关税费5万元，购买当日B公司可辨认净资产的公允价值为3000万元，A公司对该长期股权投资采用权益法核算（长期股权投资科目要求写出明细科目）。

（1）2014年B公司实现的净利润为200万元。

（2）2015年3月6日，B公司宣告2014年的分红方案，用100万元发放现金红利，A公司于3月10日收到现金红利。

（3）2015年B公司由于以公允价值计量且其变动计入其他综合收益的金融资产公允价值下降计入其他综合收益借方的金额为80万元。

（4）2016年B公司发生亏损为400万元。

（5）2017年10月16日A公司以680万元的价格把持有的B公司的股权全部售出，所得净额为677万元。

要求：做相关的会计分录。

第八章 企业合并

第八章 企业合并

本章知识结构

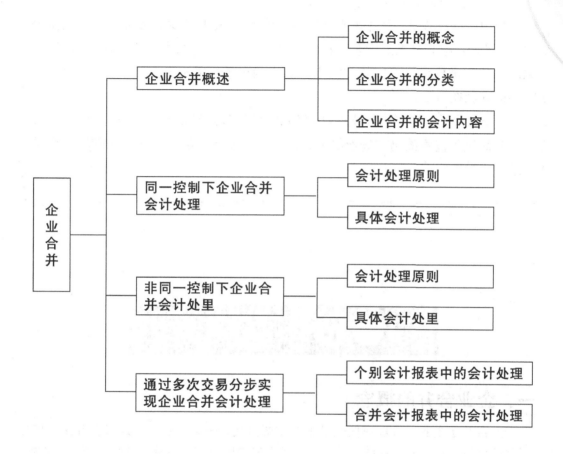

| 学习目标 | 1. 理解企业合并的方式与基本类型；
2. 理解企业合并带来的会计问题；
3. 掌握同一控制下企业合并与非同一控制下企业合并的具体会计处理方法。 |

引入案例

蒙牛乳业收购石家庄君乐宝乳品。

2010年11月22日，蒙牛乳业宣布以4.692亿元收购石家庄君乐宝乳品有限公司51%股权，成为其最大股东。蒙牛将这家全国第四大酸奶生产商纳入旗下后，原本和伊利难分伯仲的酸奶市场中，蒙牛的市场份额提升至30%以上，将竞争对手远远抛在后面。

对于蒙牛乳业来说，付出4.692亿元的代价获得了石家庄君乐宝的51%的股权，从而达到提高酸奶市场份额的目的。这项交易，蒙牛乳业将如何进行会计处理？

第一节 企业合并概述

一、企业合并的概念

企业合并是企业进行规模快速扩张的重要方式之一。企业可以通过合并来获取成本优势和分散风险，获得管理、经营和财务上的协同效应。企业合并也可能出于法律、税收或其他原因而以多种方式形成。

我国《企业会计准则第20号——企业合并》中规定：企业合并，是指将两个或两个以上单独的企业合并形成一个报告主体的交易或事项。

《国际财务报告准则第3号——企业合并》中规定：企业合并是将单独的主体或业务集合为一个报告主体。

美国财务会计准则委员会颁布的于1970年11月生效的第16号意见书《企业合并》第一段对企业合并所下的定义为：企业合并指一家公司与一家或几家公司或非公司组织的企业合成一个会计主体。这个会计主体继续从事以前彼此分离、相互独立的企业的经营活动。

可见，企业合并这一会计概念，强调了单一的会计主体和参与合并的企业在合并之前的独立性的两个方面。虽然在企业合并过程中一个或一个以上的企业可能丧失其独立的法人资格，但从会计上看，法人资格的消失并不是企业合并的必然条件。

第八章 企业合并

因此，只要以前彼此独立的企业合并成一个会计主体，而它们的经济资源和经营活动处于单一的管理机构控制之下，那么就完成了企业合并，合并的实质是控制，而不是法律主体的解散。一个或几个企业成为别的企业的子公司，一家公司将其净资产转移给另一家公司，以及几家公司将其净资产转移给一家新建立的公司，均可以认为实施了企业合并。同样，一个企业持有了另一个企业的控股权，也是企业合并。

在企业合并过程中，实施合并的企业所付出的代价，主要有转让现金、债务性证券和股票等。也就是说，实施合并的企业可以向被合并企业的所有者或股东支付现金、签发债务证书，还可以新发行本公司股票进行支付。所以，不论采用哪种代价形式，只要以资金纽带关系控制了其他企业，就是企业合并。

8-1

二、企业合并的分类

企业合并的方式多种多样，可按不同的标准加以分类，最常见的是按照法律形式和合并所涉及的行业加以分类。

（一）按合并企业所涉及的行业分类

1. 横向合并

横向合并又称水平式合并，指生产同类产品的企业同行业或相近行业的有关企业之间的合并。横向合并的目的在于：把一些规模较小的企业联合起来，组成企业集团，以实现规模效益；或者是理顺现有的生产设备，增加产量，提高市场占有率，在激烈的竞争中处于有利地位；或者是优势互补，共渡难关。横向合并会削弱企业间的竞争。

2. 纵向合并

纵向合并又称垂直式合并，是指不同企业的有关企业之间的合并。纵向合并的目的在于保证生产经营活动的配套、供产销各环节的畅通，从而增强实力。

3. 混合合并

混合合并又称多元化合并，是指生产工艺、产品或劳务并没有内在联系的诸企业的合并，企业通过混合合并可以扩展经营行业，分散经营风险，增强生存和发展能力；或者通过利用被合并企业的环境条件，进一步拓展市场。

（二）按企业合并的法律形式分类

企业合并按其法律形式进行分类，可以分为吸收合并、创立合并和控股合并三类类型。

1. 吸收合并

吸收合并也称兼并，是指一家公司（合并方、购买方）通过股票交换、支付现金或其他资产，或发行债务性证券而取得另一家或几家公司（被合并方、被购买方）的全部净资产，参与合并的公司中，只有一家继续存在，其余公司都丧失其法律地位。丧失法律地位的公司，其经营活动可能继续进行，但只是作为合并公司的一部分而存在。因此，如果甲公司通过吸收合并取得乙公司则这种合并可用下式表示：

$$甲公司+乙公司=甲公司$$

2. 创立合并

创立合并，也称新设合并，是指一家公司与另一家或几家公司通过交换有表决权的股份或其他形式成立的一家新公司，参与合并的公司均丧失其法律地位，原参与合并的公司的股东成为新公司的股东。如果甲公司与乙公司以新设合并的方式组建丙公司，则这种合并可用下式表示：

$$甲公司+乙公司=丙公司$$

3. 控股合并

控股合并是指一家企业（合并方、购买方）通过支付现金、发行股票或债券等方式取得另一家企业（被合并方、被购买方）的全部或部分有表决权的股份，从而达到能够对被投资企业实施控制的程度，而参与合并的两家企业仍然保留其法律地位。在这种情况下，投资企业和被投资企业之间形成母子公司关系，需要编制合并报表。如果甲公司取得了对乙公司的控制权，则这种控股合并可以用下式表示：

$$甲公司+乙公司=甲公司+乙公司（母子公司关系）$$

甲公司的财务报表+乙公司的财务报表=甲公司与乙公司的合并财务报表

依据法律形式对企业合并进行分类，是传统上讨论企业合并会计问题时的主要分类方法。吸收合并和新设合并的结果是形成单一的法律主体，不存在编制合并报表的问题。而控股合并后，合并企业与被合并企业仍然是两个独立的法律主体和会计主体。但是从经济角度看，由于控股事实的存在，两者已构成了一个经济实体。为了综合全面反映这一经济实体的财务状况和经营成果等财务信息，有必要将母子公司组成的整个企业集团视为单一的会计主体，编制集团的合并财务报表，反映整体的财务状况、经营成果和现金流量等情况。

●（三）按照参与合并的企业合并前后是否受同一方或相同多方最终控制分类

企业合并按照参与合并的企业在合并前后是否受相同一方或相同多方最终控制进行分类，可以分为同一控制下的企业合并和非同一控制下企业合并两类。

1. 同一控制下的企业合并

同一控制下的企业合并是指参与合并的企业在合并前后均受同一方或相同多方最终控制且该控制并非暂时性的。

同一方，是指对参与合并企业在合并前后均实施最终控制的投资者，如企业集团的母公司等。

相同的多方，是指根据投资者之间的协议约定，在对被投资单位的生产经营决策行使表决权时发表一致意见的两个或两个以上的投资者。

控制并非暂时性，是指参与合并各方在合并前后较长时间内受同一方或相同的多方最终控制，控制时间通常在1年以上（含1年）。

企业之间的合并是否属于同一控制下的企业合并，应综合构成企业合并交易的各方面情况，按照实质重于形式的原则进行判断。通常情况下，同一控制下的企业合并是指发生在同一企业集团内部企业之间的合并。同受国家控制的企业之间发生的合并，不应仅仅因为参与合并各方在合并前后均受国家控制而将其作为同一控制下的企业合并。

2.非同一控制下的企业合并

非同一控制下的企业合并，是指参与合并的各方在合并前后不受同一方或相同的多方最终控制，或者虽然受同一方或相同多方最终控制，但这种控制是暂时性的。

三、企业合并会计主要内容和方法

（一）企业合并会计主要内容

企业合并有关的会计处理主要涉及两个方面的内容：一是合并日合并方如何对企业合并事项或交易进行确认和计量，二是合并日是否需要以及如何编制合并财务报表。第一个内容是本章主要阐述的问题，第二个内容将在下一章进行阐述。

无论是同一控制下企业合并还是非同一控制下企业合并，两类企业合并的结果都包括形成母子公司关系和不形成母子公司关系两种情况；两类企业合并的实施都需要合并方支付合并对价；两类企业合并都有可能发生合并费用。因此，各类企业合并业务中，这些相关内容将如何进行确认和计量，是企业合并会计要解决的问题。

1.可辨认资产与负债的计价

在具体会计处理层次上，企业合并带来的会计问题首要的是参与合并的企业可辨认资产与负债如何在合并后的报表上反映。解决这一问题的方法主要有以下三种：

（1）不改变计价基础，即参与合并的所有企业将合并涉及的资产、负债都按原来的账面价值计价。这是权益结合法的主要特点。

（2）改变其计价基础，即参与合并的所有企业将涉及的资产、负债按照合并日的公允价值计价。这是新实体法的主要特点。

（3）部分改变，部分不改变，即对于合并方和被合并方的资产和负债的计价采用不同的计价方法，合并方的资产与负债按原来的账面价值计价，而被合并方的资产与负债按照合并日的公允价值计价。这是购买法的主要特点。

2.各项直接费用的处理

在企业合并过程中往往会发生一些直接相关费用，如咨询费用、法律费用等，这些直接费用如何处理，也是企业合并带来的会计问题。可能的选择主要有以下两种：

（1）计入当期损益，这是权益结合法的特点。

（2）不计入当期损益，在购买法下企业合并中发生的各项直接相关费用的处理，从原理上来讲还可以有计入当期损益或者计入合并成本两种不同的选择。

3.被合并方期初至合并日的损益的处理

企业合并有可能不是在期初或期末完成，而是在会计期间的某一天完成的，于是就产生了被合并企业期初至合并日损益的处理问题：合并后企业的当期（尤其是合并当年）利润表中是否应该包括被合并企业的期初至合并日的损益。购买法下不予包括，权益结合法下应该包括。

4.被合并方的留存收益是否保留。购买法下不予保留，权益结合法下则应当保留

（二）企业合并会计方法

经济实质决定其实用的会计方法。根据对企业合并经济实质的不同认识，企业合并会计方法相应分为购买法、权益结合法和重新开始法三类。

1.购买法

购买法是将企业合并视为一家企业购买另一家企业或几家企业的商业购买行为。它要求对被合并企业的资产负债表项目按照合并日的公允价值反映在合并企业账户中或合并的会计报表上。与购买一般资产一样，买方应按照购买成本记账。购买法是将企业合并视为合并企业通过购买合并其他企业的股份（股权）取得其全部或部分净资产的一种会计方法。购买法假定企业合并是一家企业取得其他家参与合并企业净资产的一种交易，这一交易与企业直接从外界购入机器设备和存货等资产并无区别，因此，认为合并就是一项购买行为。以此观点，一个企业控制另外一个企业，可以直接收买其资产，也可以通过获取其多数股权，间接取得对其的控制权。企业交易以交易的公允价值记账，那么间接收买资产与直接收买资产应取得同样的结果，因此，合并企业应按照其取得成本进行核算。被合并企业净资产以其公允价值进入合并报表，合并成本超过净资产公允价值的差额应计入商誉。

（1）购买法的特点（相对于权益结合法而言）。

①将企业合并视为一种交易行为。

②新的计价基础，在购买日对被合并企业的资产或负债按公允价值计价。实施合并的企业要按照购买日的公允价值记录所收到的资产或应承担的债务，取得被合并企业的成本要按照与其他经济业务相同的方法加以确定即按照合并日的公允价值，将合并成本分配到所取得的可辨认资产或承担的债务中。

③可能产生商誉或负商誉。当合并成本大于所取得的被合并企业可辨认净资产公允价值时，就产生商誉；当合并成本小于所取得被合并企业净资产的公允价值时，就产生负商誉。

④合并后企业的当期收益不包括被合并企业的期初至合并日所实现的收益。

⑤不需要保留被合并企业的留存收益。

⑥不需要对与合并的其他企业的会计记录加以调整，因为它们的资产或负债已按公允价值计量。

（2）合并成本的确定。

在购买法下，为了如实反映购买交易的财务影响需要单独确定合并成本，并将合并成本进行适当分配。合并成本的组成部分是合并企业所支付的对价，如果合并方采取支付非现金资产或发行债务性证券、权益性证券的方式支付对价，则应当基于所支付非现金资产或所发行债务性证券、权益性证券的公允价值确定合并成本。

购买法下确定合并成本时，还面临一个重要的问题，即企业合并中发生的直接相关费用是应当计入合并成本还是应当计入当期损益。计入合并成本的好处是，能够全面反映合并成本的内容，因为企业合并中发生的直接相关费用也是并购方所付出的代价。但是，将直接相关费用计入合并成本会影响合并商誉的计量，而直接相关费用显然与被并购企业的商誉毫无关系。

(3) 合并商誉的确认与计量。

采用购买法会涉及合并商誉的确认与计量问题。关于合并商誉涉及两个层面的问题：一是要不要确认商誉；二是如果要确认商誉，应该如何确认和具体计量。

商誉是企业不可单独辨认的资产，它不能单独在市场上销售或交换，而只能与企业整体一起确认与转让。它表现为一家企业的盈利能力超过了本行业平均水平或正常的投资回报率。商誉的形成通常源于企业卓越的管理队伍、优越的地理位置、良好的社会声誉等。

商誉按照其形成来源，可以分为自创商誉和外购商誉两类。自创商誉是企业在长期的生产经营过程中，自己创立和积累起来的能够为企业带来超额利润的无形资源。外购商誉则是企业通过并购其他企业而获得的商誉。长期以来商誉的计量是理论与实务中的一大难题。我们通常无法精确计量，而只能予以估计。通常的估算商誉的方法主要有收益资本化价值法和超额利润现值法两种。在财务领域，世界各国对于自创商誉一般不予确认，而对于外购商誉则大都予以确认。会计上一般采用间接计量的方法，将合并成本超过所获得的被并购企业可辨认净资产公允价值的差额作为外购商誉的价值。这一差额意味着并购企业对被并购企业有良好的预期，认定被并购企业存在自创商誉，能够在未来时期为并购企业带来超过正常盈利水平的利润。

从广义的角度来看，外购商誉可以分为正商誉和负商誉两类。在没有特别指明的情况下，商誉通常是指正商誉。正商誉是合并成本超过所获得的被合并企业可辨认净资产公允价值的差额。而负商誉则是所获得的被并购企业可辨认净资产公允价值超过合并成本的差额。

①正商誉的确认与计量。正商誉的确认与计量主要有三种方法。

一是系统摊销法。将外购商誉作为一项没有实物形态的特殊资产予以确认，并在特定期间内摊销。其理由是：由于科学技术的进步和同行业的竞争，企业的商誉不可能永久存在，所以应分期摊销；对于外购商誉，实施合并的企业为了以后期间获取超额利润，实际发生了超额耗费，这一超额耗费预期能为企业带来未来经济利益，同样符合资产的定义，在本质上与其他资产没有区别；再者，按照配比原则，为取得外购商誉所发生的费用应与以后各期所产生的超额利润相配比。

二是永久保留法。把商誉作为永久性资产，不予摊销，除非有证据表明其价值确实发生了持续下跌。这种观点认为外购商誉的价值不会下降，因为以后的经营活动能够不断地维持这种无形价值。如按期摊销，则商誉的账面价值将逐渐减少，而企业的经营却可能越来越好，企业的实际价值可能越来越大，这就会导致会计信息与实际不符。特别是在商誉摊销完毕之后，商誉的账面价值已经消失，而其实际价值却可能还很大，甚至可能比以往更大。此外，在企业获取外购商誉之前，被合并企业正常的生产经营活动中发生的各项费用形成了该企业的自创商誉，这些费用已计入并购企业以前期间的损益，再将外购商誉加以摊销就不免重复了。

三是直接冲销法。该方法将外购商誉作为购买企业所有者权益的递减项目，直接冲减留存收益。

②负商誉的确认与计量。企业的合并成本有可能低于所取得的被并购企业的可辨认净资产公允价值的份额，这一差额可以成为负商誉。对于负商誉的处理，目前比较通行的处理方法是直接计入当期损益。

（4）购买法的评价。

赞成购买法的观点认为，购买法着眼于公平交易和公允价值，依据购买法核算所提供的会计信息更具有相关性。它记录了与所获资产或负债有关的现实公允价值信息，与历史成本相比，公允价值更能够提供决策有用信息。购买法下，合并信息与现行会计模式下取得资产或产生负债所采用的会计处理方法是一致的，能增强信息的可比性。

但是，购买法把注意点集中在被合并企业的资产或负债上，当被合并企业原单独账上记录的资产或负债按公允价值记录时，合并企业在合并前的资产或负债却仍然以历史成本记录，合并后公司的财务报告便成为一个新旧价格计量的混合物，这个混合物所表达的会计信息不具有一致性特征。同时，在购买法下，合并方还可以建立"准备"账户（如商誉），通过商誉减值而调节收益，操纵盈余管理。此外，由于公允价值和购买价格的确定及分摊均需花费高额支出，因此，购买法的会计成本较高。

2.权益结合法

权益结合法又称联营法。它将企业合并视为企业所有者权益的结合，因而主张参与合并企业各自的会计报表均保持原来的账面价值。它认为企业合并实质上是股东权益的对等联合，不存在收买交易，就不存在新的会计基础，所以合并报表只是参与联合企业的账面价值的合并，没有资产增值，也不产生商誉。理论界多主张权益结合法适用于股权联合性质的企业合并，即各合并企业之间交换具有表决权的普通股，由各合并企业的股东联合控制他们全部或实际上全部净资产和经营，共同承担联合风险和利益。

（1）权益结合法的特点。

①将合并视为股权联合行为，而不是资产交易。

②没有新的计价基础。

③不需要单独确定和分配合并成本。

④不存在商誉问题。

⑤不论合并发生在会计期间内的哪个时点，参与合并的企业自期初至合并日的损益要包含在合并后企业的利润表中。

⑥需要尽可能保留被合并企业的留存收益。

（2）权益结合法的评价。

权益结合法的支持者认为，该方法保留了合并前资产或负债的账面价值，而且合并整个年度的收益，从而保持了参与合并个体的会计信息的可比性，为评价合并后企业业绩的发展趋势和方向提供了可比的基准。对于报告主体而言,权益结合法成本最低,它保留了参与合并公司所有资产或负债的账面价值,无须确认计量和报告企业合并前的资产或负债的公允价值,仅简单加计合并双方的账面价值,从而大大节省合并会计成本。

3.重新开始法

重新开始法也称初始法或新实体法。它把企业合并视作新实体的创立。创立新企业,当然是以新的会计基础,即创立各方投入资产的公允价值入账。新实体法提出,企业集团合并会计报表中母子公司资产和负债均以公允价值进入合并报表。这种方法的应用,既要确定子公司的公允价值,又要确定母公司的公允价值,由于其在操作上的困难,因此,实务中通常只用于符合条件的创立合并而不应用于母子公司独立法定实体合并报表的编制。

主张重新开始法的人认为,该方法下,按公允价值确认已合并所有的资产或负债,从而提供了与所有资产或负债有关的预期未来现金流量信息,信息披露比其他任何一种方法都要完整;合并后公司财务报表信息内在一致,避免了购买法下新旧价值混合计价的问题,使合并信息增强了可比性。

但是,由于合并双方都改变了计价基础,重新开始法会使各会计期间的比较变得更加困难,合并后的财务报表与其合并前的财务报表难以比较,与权益结合法和购买法相比,重新开始法的使用者更难以预测合并后公司的收益趋势。显而易见的是,重新开始法成本高于购买法和权益结合法。

第二节 同一控制下的企业合并会计处理

我国《企业会计准则第20号——企业合并》对于同一控制下企业合并的确认和计量进行了详细的规范,要求采用的会计处理方法类似于权益结合法。

一、同一控制下企业合并的处理原则

(一)合并方在合并中确认取得的被合并方的资产、负债仅限于被合并方账面上原已确认的资产和负债,合并中不产生新的资产和负债

同一控制下的企业合并从最终控制方的角度来看,其在企业合并发生前后能够控制的净资产价值量并没有发生变化。因此,合并中不产生新的资产,但被合并方在企业

合并前账面上原已确认的商誉应作为合并中取得的资产确认。

(二) 合并方在合并中取得的被合并方各项资产、负债应维持其在被合并方的原账面价值不变

合并方在同一控制下的企业合并中取得的有关资产和负债不应因该项合并而改记其账面价值,从最终控制方的角度,其在企业合并交易或事项发生前控制的资产、负债,在该交易或事项发生后仍然在其控制之下,因此,该交易或事项原则上不应引起所涉及资产、负债的计价基础发生变化。

需要注意的是,被合并方在企业合并前采用的会计政策与合并方不一致的,应基于重要性原则,首先统一会计政策,即合并方应当按照本企业会计政策对被合并方资产、负债的账面价值进行调整,并以调整后的账面价值作为有关资产、负债的入账价值。

(3) 合并方在合并中取得净资产的入账价值相对于为进行企业合并支付的对价账面价值之间的差额,不作为资产的处置损益,不影响合并当期利润表,有关差额应调整所有者权益相关项目。合并方在企业合并中取得的价值量相对于所放弃价值量之间存在差额的,应当调整所有者权益。在根据合并差额调整合并方的所有者权益时,应首先调整资本公积(资本溢价或股本溢价),资本公积(资本溢价或股本溢价)的余额不足冲减的,应冲减留存收益。

(4) 对于同一控制下的控股合并,合并方在编制合并财务报表时,应视同合并后形成的报告主体自最终控制方开始实施控制时一直一体化存续下来的,参与合并各方在合并以前期间实现的留存收益应体现为合并财务报表中的留存收益。在合并财务报表中,应以合并方的资本公积为限,在所有者权益内进行调整,将被合并方在合并日以前实现的留存收益中按照持股比例计算属于合并方的部分自资本公积转入留存收益。

二、同一控制下企业合并的会计处理

(一) 同一控制下的吸收合并

同一控制下的吸收合并中,合并方主要涉及合并日取得被合并方资产、负债入账价值的确定,以及合并中取得有关净资产入账价值与支付的合并对价账面价值之间差额的处理。

1. 合并中取得资产、负债入账价值的确定

合并方应当按照其自身的会计政策对被合并方的资产、负债账面价值进行调整,按照调整后的账面价值作为同一控制下吸收合并取得的资产、负债进行确认和计量。

2. 合并差额的处理

合并方在确认了取得的被合并方的资产和负债的入账价值后,合并方应将取得净资产的入账价值与支付合并对价的账面价值差额,调整合并方的资本公积,资本公积(资本溢价或股本溢价)不足冲减的,调整留存收益。需要注意的是,合并对价的确定要取

第八章 企业合并

决于对价的形式，如合并方以支付资产进行合并，则以放弃的非现金资产的账面价值作为对价；如合并方发行权益性证券进行合并，则以权益性证券的面值总额作为对价。

(1) 支付资产实施的吸收合并。

借：有关资产账户　　【被合并方资产调整后的账面价值】　　A
　　贷：有关负债账户　【被合并方负债调整后的账面价值】　　B
　　　　支付的资产账户【支付资产的账面价值】　　　　　　　C
　　　　资本公积　　　【A-B＞C的差额】　　　　　　　　　C-（A-B）

须要注意的是，如A-B＜C，则需要借记资本公积账户，这时要以合并方资本公积账户的股本溢价余额为限，不足部分冲减合并方的留存收益账户的账面余额。以下同。

(2) 发行债券实施的吸收合并。

借：有关资产账户　　【被合并方资产调整后的账面价值】　　A
　　贷：有关负债账户　【被合并方负债调整后的账面价值】　　B
　　　　应付债券　　　【发行的债券面值】　　　　　　　　　C
　　　　资本公积　　　【差额】　　　　　　　　　　　　　 C-（A-B）
借：应付债券　　　　 【发行债券支付的手续费、佣金等】　　 E
　　贷：银行存款　　　【发行债券支付的手续费、佣金等】　　 E

(3) 发行权益性证券实施的吸收合并。

借：有关资产账户　　【被合并方资产调整后的账面价值】　　A
　　贷：有关负债账户　【被合并方负债调整后的账面价值】　　B
　　　　股本　　　　　【发行的面值总额】　　　　　　　　　C
　　　　银行存款　　　【发行的手续费、佣金等】　　　　　　D
　　　　资本公积　　　【差额】　　　　　　　　　　　　　 C-（A-B-D）

(二) 同一控制下的控股合并

同一控制下的控股合并，合并方在合并后取得对被合并方生产经营决策的控制权，并且被合并方在企业合并后仍然继续经营的，合并方在合并日涉及两方面的问题：一是对于因该项企业合并形成的对被合并方的长期股权投资的确认和计量问题，二是合并日合并财务报表的编制问题。

1.长期股权投资的确认和计量

按照《企业会计准则第2号——长期股权投资》的规定，形成同一控制企业合并的长期股权投资，合并方以合并日应享有被合并方账面所有者权益的份额作为长期股权投资的初始入账成本；合并方在确认了取得的长期股权投资入账价值后，合并方应将长期股权投资的入账价值与支付合并对价的账面价值差额，调整合并方的资本公积，资本公积（资本溢价或股本溢价）不足冲减的，调整留存收益。需要注意的是，合并对价的确定要取决于对价的形式，如合并方以支付资产进行合并，则以放弃的非现金资产的账面价值作为对价，如合并方发行权益性证券进行合并，则以权益性证券的面值总额作为对价按支付的合并对价的账面价值作为合并成本。

（1）支付资产实施的控股合并。

借：长期股权投资账户 【按享有被合并方净资产调整后的账面价值份额】 A
　　贷：支付的资产账户　　【支付资产的账面价值】　　　　　　　　　 B
　　　　资本公积　　　　【A-B＞0的差额】　　　　　　　　　　　　 A-B

须要注意的是，如 A-B＜0，则需要借记资本公积账户，这时要以合并方资本公积账户的股本溢价余额为限，不足部分冲减合并方的留存收益账户的账面余额。以下同。

（2）发行权益性证券和发行债券实施的控股合并，基本会计处理与上述处理方法相同。

对于同一控制下的各种合并，在合并中发生的初始直接费用，如发生的评估、审计、咨询等费用，都需要计入当期损益。

借：管理费用
　　贷：银行存款等

2．合并日合并报表的编制

同一控制下的控股合并，合并方一般应在合并日编制合并财务报表，反映合并日形成的报告主体的财务状况、视同该主体一直存在产生的经营成果等。合并日的合并财务，一般包括资产负债表、合并利润表及合并现金流量表。

（1）合并资产负债表。

被合并方的有关资产、负债应以其账面价值并入合并财务报表，但是当合并方与被合并方会计政策、会计期间不一致时，合并方需要对被合并方有关资产、负债调整后的账面价值并入合并报表。对于被合并方在企业合并之前实现的留存收益（盈余公积和未分配利润之和）中归属于合并方的部分，应按照以下规定，自合并方的资本公积转入留存收益。

①确认形成控股合并的长期股权投资后，合并方账面资本公积（资本溢价或股本溢价）贷方余额大于被合并方在合并前实现的留存收益中归属于合并方的部分，在合并资产负债表中，应将被合并方在合并前实现的留存收益中归属于合并方的部分从"资本公积"转入"盈余公积"和"未分配利润"。在合并工作底稿中，借记"资本公积"项目，贷记"盈余公积"和"未分配利润"项目。

②确认形成控股合并的长期股权投资后，合并方账面资本公积（资本溢价或股本溢价）贷方余额小于被合并方合并前实现的留存收益中归属于合并方的部分的，在合并资产负债表中，应以合并方资本公积（资本溢价或股本溢价）的贷方余额为限，将被合并方在企业合并前实现的留存收益中归属于合并方的部分从"资本公积"转入"盈余公积"和"未分配利润"。在合并工作底稿中，借记"资本公积"项目，贷记"盈余公积"和"未分配利润"项目。

因合并方的资本公积（资本溢价或股本溢价）余额不足，被合并方在合并前实现的留存收益在合并资产负债表中未予全额恢复的，合并方应当在财务报表附注中对这一情况进行说明。

【例8-1】甲、乙公司分别被 S 公司控制下的两家子公司。甲公司于2013年5月10

日自母公司 S 处取得乙公司100%的股权,合并后乙公司仍然维持其独立法人资格继续生产经营。为进行该项合并,甲公司发行了3000万股本公司普通股作为对价,每股面值1元。假定甲、乙公司采用的会计政策、会计期间相同。合并日,甲公司和乙公司的所有者权益构成如表8-1所示。

表8-1

单位:万元

甲公司		乙公司	
项目	金额	项目	金额
股本	10000	股本	1500
资本公积	5000	资本公积	500
盈余公积	2000	盈余公积	1000
未分配利润	5000	未分配利润	2000
合计	22000	合计	5000

甲公司在合并日进行合并业务的账务处理后,资本公积的账面余额为7000万元,①假定其中资本溢价的金额为5000万元,则在合并工作底稿中,应编制的调整分录为

　　借:资本公积　　　　　　　　　　30000000
　　　贷:盈余公积　　　　　　　　　　10000000
　　　　未分配利润　　　　　　　　　　20000000

②假定其中资本溢价的金额为2100万元,则在合并工作底稿中,应编制的调整分录为

　　借:资本公积　　　　　　　　　　21000000
　　　贷:盈余公积　　　　　　　　　　7000000
　　　　未分配利润　　　　　　　　　　14000000

(2)合并利润表。

合并方在编制合并日的合并利润表时,应包含合并方及被合并方自合并当期期初至合并日实现的净利润,双方在当期所发生的交易,应当按照合并财务报表的有关原则进行抵销。为了帮助企业的会计信息使用者了解合并利润表中净利润的构成,发生同一控制下企业合并的当期,合并方在合并利润表中的"净利润"项下应单列"其中:被合并方在合并前实现的净利润"项目,反映因遵循同一控制下企业合并规定的编表原则,导致由于该项企业合并自被合并方在合并当期带入的损益情况。

合并日合并现金流量表的编制与合并利润表的编制原则相同。

三、同一控制下企业合并会计举例

【例8-2】2013年1月1日,甲公司收购了乙公司的全部资产,并承担了乙公司的全部负债。假定甲公司和乙公司的合并属于同一控制下的企业合并。假定在合并日,乙公司的会计政策、会计期间与甲公司一致,甲公司的资本公积全部为股本溢价,甲公司和乙公司2012年12月31日的资产和负债的账面价值见表8-2。

表8-2

2012年12月31日　　　　　　　　　　　　　　　　　　　　　　　　　　单位：元

项目	甲公司	乙公司
银行存款	800000	100000
应收账款	1000000	300000
存货	1400000	400000
固定资产	4600000	1200000
资产总计	7800000	2000000
应付账款	280000	420000
应付债券	1120000	80000
股本	2000000	300000
资本公积	1400000	400000
盈余公积	2000000	500000
未分配利润	1000000	300000
负债与所有者权益总计	7800000	2000000

1. 假定甲公司以银行存款500000元、库存商品600000元的方式取得乙公司的净资产（吸收合并）。同时，甲公司以银行存款支付合并过程中发生的评估费、审计费等合计50000元。

则在合并日，甲公司进行的账务处理为

①借：银行存款　　　　　　　　　　　　　100000
　　　应收账款　　　　　　　　　　　　　300000
　　　存货　　　　　　　　　　　　　　　400000
　　　固定资产　　　　　　　　　　　　1200000
　　贷：应付账款　　　　　　　　　　　　420000
　　　　应付债券　　　　　　　　　　　　 80000
　　　　银行存款　　　　　　　　　　　　500000
　　　　库存商品　　　　　　　　　　　　600000
　　　　资本公积　　　　　　　　　　　　400000
②借：管理费用　　　　　　　　　　　　　 50000
　　贷：银行存款　　　　　　　　　　　　 50000

2. 假定甲公司按面值发行10000份债券的方式换取乙公司的净资产（吸收合并），债券面值为100元每份。甲公司以银行存款支付发行债券的手续费、佣金100000元，合并过程中发生审计费用，法律服务费合计150000元。

则在合并日，甲公司进行的账务处理为

①借：银行存款　　　　　　　　　　　　　100000
　　　应收账款　　　　　　　　　　　　　300000
　　　存货　　　　　　　　　　　　　　　400000
　　　固定资产　　　　　　　　　　　　1200000

  贷：应付账款　　　　　　　　　　　　420000
    应付债券　　　　　　　　　　　　1080000（80000+1000000）
    资本公积　　　　　　　　　　　　500000
②借：应付债券　　　　　　　　　　　　　100000
  贷：银行存款　　　　　　　　　　　　100000
③借：管理费用　　　　　　　　　　　　　150000
  贷：银行存款　　　　　　　　　　　　150000

  3. 假定甲公司发行普通股1000000股的方式换取乙公司的净资产（吸收合并），甲公司普通股每股面值1元，每股市价2元。甲公司以银行存款支付发行股票的手续费、佣金100000元，合并过程中发生审计费用，法律服务费合计150000元。

  则在合并日，甲公司进行的账务处理为
①借：银行存款　　　　　　　　　　　　　100000
   应收账款　　　　　　　　　　　　300000
   存货　　　　　　　　　　　　　　400000
   固定资产　　　　　　　　　　　　1200000
  贷：应付账款　　　　　　　　　　　　420000
    应付债券　　　　　　　　　　　　80000
    银行存款　　　　　　　　　　　　100000
    股本　　　　　　　　　　　　　　1000000
    资本公积　　　　　　　　　　　　400000
②借：管理费用　　　　　　　　　　　　　150000
  贷：银行存款　　　　　　　　　　　　150000

  （1）在甲公司发行股票来实施吸收合并的情况下，甲公司假定发行普通股为1900000股，则甲公司的账务处理为
①借：银行存款　　　　　　　　　　　　　100000
   应收账款　　　　　　　　　　　　300000
   存货　　　　　　　　　　　　　　400000
   固定资产　　　　　　　　　　　　1200000
   资本公积　　　　　　　　　　　　500000
  贷：应付账款　　　　　　　　　　　　420000
    应付债券　　　　　　　　　　　　80000
    银行存款　　　　　　　　　　　　100000
    股本　　　　　　　　　　　　　　1900000
②借：管理费用　　　　　　　　　　　　　150000
  贷：银行存款　　　　　　　　　　　　150000

  （2）在甲公司发行股票来实施吸收合并的情况下，甲公司假定发行普通股为4000000股，则甲公司的账务处理为

①借：银行存款　　　　　　　　　　　　　100000
　　应收账款　　　　　　　　　　　　　300000
　　存货　　　　　　　　　　　　　　　400000
　　固定资产　　　　　　　　　　　　1200000
　　资本公积　　　　　　　　　　　　1400000
　　盈余公积　　　　　　　　　　　　1200000
　　贷：应付账款　　　　　　　　　　　420000
　　　　应付债券　　　　　　　　　　　 80000
　　　　银行存款　　　　　　　　　　　100000
　　　　股本　　　　　　　　　　　　4000000
②借：管理费用　　　　　　　　　　　　　150000
　　贷：银行存款　　　　　　　　　　　150000

【例8-3】沿用例8-2的资料，2013年1月1日甲公司取得了乙公司100%的股权。甲、乙公司的合并为控股合并，合并后乙公司继续存在。

1. 以资产实施控股合并的甲公司的账务处理为
　　①借：长期股权投资　　　　　　　　　　1500000
　　　　贷：银行存款　　　　　　　　　　　500000
　　　　　　库存商品　　　　　　　　　　　600000
　　　　　　资本公积　　　　　　　　　　　400000
　　②借：管理费用　　　　　　　　　　　　　50000
　　　　贷：银行存款　　　　　　　　　　　 50000

2. 以发行债券实施控股合并的甲公司的账务处理为
　　①借：长期股权投资　　　　　　　　　　1500000
　　　　贷：应付债券　　　　　　　　　　1000000
　　　　　　资本公积　　　　　　　　　　　500000
　　②借：应付债券　　　　　　　　　　　　100000
　　　　贷：银行存款　　　　　　　　　　　100000
　　③借：管理费用　　　　　　　　　　　　150000
　　　　贷：银行存款　　　　　　　　　　　150000

3. 以发行股票实施控股合并的甲公司的账务处理为
　　①借：长期股权投资　　　　　　　　　　1500000
　　　　贷：银行存款　　　　　　　　　　　100000
　　　　　　股本　　　　　　　　　　　　1000000
　　　　　　资本公积　　　　　　　　　　　400000
　　②借：管理费用　　　　　　　　　　　　150000
　　　　贷：银行存款　　　　　　　　　　　150000

对于控股合并，甲公司需要编制合并日的合并报表，在进行相关抵销前，将乙公司在合并前实现的留存收益800000元归属于甲公司的部分从"资本公积"转入"盈余公积"和"未分配利润"。甲公司在合并工作底稿中编制的调整分录为

借：资本公积　　　　　　　　　　　　800000
　　贷：盈余公积　　　　　　　　　　　　500000
　　　　未分配利润　　　　　　　　　　　300000

第三节 非同一控制下企业合并的会计处理

我国《企业会计准则第20号——企业合并》规定，非同一控制下的企业合并应采用购买法进行会计处理，并对该方法的具体运用进行了详细的规范。

非同一控制下的企业合并，主要涉及购买方及购买日的确定、企业合并成本的确定、合并中取得各项可辨认资产、负债的确认和计量、合并差额的处理等。

一、非同一控制下企业合并的会计处理原则

（一）确定购买方

采用购买法核算企业合并的首要前提是确定购买方。购买方是指企业合并中取得对另一方或多方控制权的一方。合并中一方取得了另一方半数以上有表决权股份的，除非有明确的证据表明该股份不能形成控制，一般认为取得控股权的一方为购买方。某些情况下，即使一方没有取得另一方半数以上有表决权股份，但存在以下情况，也认为其获得了对另一方的控制权。

通过与其他投资者签订协议，实质上拥有被购买企业半数以上表决权。例如，A公司拥有B公司40%的表决权资本，C公司拥有B公司30%的表决权资本。A公司与C公司达成协议，C公司在B公司的权益由A公司代表。在这种情况下，A公司实质上拥有B公司70%表决权资本的控制权，B公司的章程等没有特别规定的情况下，表明A公司实质上控制B公司。

按照法律或协议规定，具有主导被购买企业财务和经营决策的权利。例如，A公司拥有B公司45%的表决权资本，同时，根据法律或协议规定，A公司可以决定B公司的财务和生产经营等政策，达到对B公司的财务和经营政策实施控制的目的。

有权任免被购买企业董事会或类似权力机构绝大多数成员。这种情况是指虽然投资企业拥有被投资单位50%或以下表决权资本，但根据章程、协议等有任免被投资单位董事会或类似机构的绝大多数成员的权力，以达到实质上控制的目的。

在被投资单位董事会或类似权力机构具有绝大多数投票权。这种情况是指虽然投资

企业拥有被投资单位50%或以下表决权资本，但能够控制被投资单位股东大会、董事会等类似权利机构的会议，从而能够控制其财务和经营决策，实现对被投资单位的控制。

● （二）确定购买日

购买日是购买方获得对被投资单位控制权的日期，即企业合并交易进行过程中，发生控制权转移的日期。同时满足了以下条件时，一般可以认为实现了控制权的转移，形成购买日。有关条件如下：

企业合并合同或协议已获得股东大会等内部权力机构通过，如对于股份有限公司，其内部权力机构一般指股东大会。

按照规定，合并事项需要经过国家有关主管部门审批的，以获得相关部门的批准。

参与合并各方已办理了必要的财产权交接手续。作为购买方，其通过企业合并无论是获得对被投资单位的股权还是净资产，能够形成与取得股权或净资产相关的风险和报酬的转移，一般需办理相关的财产权交接手续，从而从法律上保障有关风险和报酬的转移。

购买方已支付了购买价款的大部分（一般应超过50%），并且有能力支付剩余款项。

购买方实际上已经控制了被购买方的财务和经营政策，并享有相应的收益和风险。

需要注意的是，当企业合并涉及一次以上交换交易的，例如，通过多次取得股份分阶段实现合并，企业应于每一交易日确认对被投资单位的各单项投资。"交易日"是指合并方或购买方在自身的账簿和报表中确认对被投资单位投资的日期。分步实现的企业合并中，购买日是指按照有关标准判断购买方最终取得对被购买方企业控制权的日期。例如，A公司2010年10月20日取得B公司30%的股权，假定是重大影响，在取得股权相关的风险和报酬发生转移的情况下，A企业应确认对B公司的长期股权投资。在已经拥有B公司30%股权的基础上，A公司由于2012年12月10日取得B公司30%的股权，在其持股比例达到60%的情况下，假定于当日能够对B公司实施控制，在2012年12月10日为第二次购买股权的交易日，同时因在当日能够对B公司实施控制，形成企业合并的购买日。

● （三）确定企业合并成本

企业合并成本包括购买方为进行合并支付的现金或非现金资产、发行或承担的债务、发行的权益性证券等在购买日的公允价值。具体来讲，企业合并成本包括购买方在购买日支付的下列项目的合计金额：

作为合并对价的现金及非现金资产的公允价值。以非货币性资产作为合并对价的，其合并成本为所支付对价的公允价值，该公允价值与作为合并对价的非货币性资产的账面价值的差额，作为资产的处置损益，计入合并当期的损益。

发行权益性证券的公允价值。确定所发行权益性证券的公允价值时，对于购买日存在公开报价的权益性证券，其公开报价提供了确定公允价值的最好依据，除非在特殊情况下，购买方能够证明权益性证券在购买日的公开报价不能可靠代表其公允价值，并且用其他的证据和估价方法能够更好地计量公允价值时，可以考虑其他的证据和估

第八章 企业合并

价方法。如果购买日权益性证券的公允价值可以参照其在购买方公允价值中所占权益份额或是参照在被购买方公允价值中获取的权益份额，按两者当中有明确证据支持的一个进行估价。与所发行权益性证券相关的佣金、手续费等应按照《企业会计准则第37号——金融工具列报》规定进行核算。与发行权益性证券相关的费用，不管其是否与企业合并相关，均应自所发行权益性证券的发行收入中扣减。

因企业合并发生或承担的债务的公允价值。因企业合并而承担的各项负债，应采用按照实用利率计算的未来现金流量现值作为公允价值。预期因企业合并可能发生的未来损失或其他成本不是购买方为取得对被购买方的控制权而承担的负债，不构成企业合并成本。以发行债券方式进行企业合并，与发行债券有关的佣金、手续费等应按照《企业会计准则第22号——金融工具确认与计量》规定进行核算。该部分费用，虽然是与企业合并的对价直接相关，但其核算应遵照金融工具准则的原则，有关的费用应计入负债的初始计量金额中。

当企业合并合同中或协议中提供了根据未来或有事项的发生而对合并成本进行调整时，购买方如果判断有关调整很可能发生并且能够可靠计量的，应将相关调整金额计入企业合并成本。需要注意的是，在非同一控制下的企业合并中发生的各项直接相关费用，包括为进行合并而发生的会计审计费用、法律服务费用、咨询费用等，与同一控制下企业合并进行过程中发生的有关处理原则一致，计入当期管理费用。

应说明的是，对于通过多次交换交易分步实现的企业合并，在购买方的个别财务报表中，应当以购买日之前所持被购买方的股权投资的账面价值与购买日新增投资成本之和，作为该项投资的初始投资成本；在合并财务报表中，以购买日之前所持有被购买方股权与购买日的公允价值与购买日支付对价的公允价值之和，作为合并成本。

●（四）企业合并成本在取得的可辨认资产和负债之间的分配

非同一控制的企业合并中，通过企业合并交易，购买方无论是取得对被购买方生产经营决策的控制权还是取得被购买方的净资产，从本质上看，取得的均是对被购买方净资产的控制权，视合并成本的不同，控股合并的情况下，购买方在其个别报表中应确认所形成的对被购买方的长期股权投资，该长期股权投资所代表的是购买方在合并中取得的对被购买方各项资产、负债中享有的份额，具体体现在合并报表中应列示的有关资产、负债的价值；吸收合并的情况下，合并中取得的被购买方各项可辨认资产、负债等直接体现为购买方账簿及个别报表中的资产、负债项目。其资产、负债在满足确认条件后，应以其公允价值计量。

对于被购买方在企业合并之前已经确认的商誉和递延所得税项目，购买方在对企业合并成本进行分配、确认合并中取得可辨认资产或负债时不予考虑。

在按照规定确定了合并中应予以确认的各项可辨认资产、负债的公允价值后，其计税基础与账面价值不同形成暂时性差异的，应当按照所得税会计准则的规定确认相应的递延所得税资产或递延所得税负债。

按照会计准则确认的合并商誉，其计税基础为零，由此产生了合并商誉账面价值大于计税基础的应纳税暂时性差异。根据会计准则规定，该差异的未来纳税影响不应予以确认，即不确认与该商誉的暂时性差异有关的递延所得税负债。

按照会计准则规定将取得的被购买方可辨认净资产按公允价值进行初始计量，但其计税基础却等于原计税基础，由此导致的暂时性差异的纳税影响要予以确认，并调整合并商誉。

●（五）企业合并成本与合并中取得的被购买方可辨认净资产公允价值份额之间差额的处理

购买方对于企业合并成本与确认的被购买方可辨认净资产公允价值之间的差额，应视情况分别予以处理。

企业合并成本大于合并中取得被合并方净资产公允价值份额的差额应确认为商誉。视企业合并方式的不同，控股合并的情况下，该差额是指在合并报表中应列示的商誉，即长期股权投资的成本与购买日按照持股比例计算确定应享有被购买方可辨认净资产公允价值份额之间的差额；吸收合并的情况下，该差额是购买方在其账簿及个别报表中应确认的商誉。

企业合并成本小于合并中取得的被购买方可辨认净资产公允价值份额的差额应计入合并的当期损益。企业合并准则中要求该种情况下，首先要对合并中取得的资产、负债的公允价值、作为合并对价的非现金资产或发行的权益性证券等的公允价值进行复核，复核结果表明所确定的各项可辨认资产和负债的公允价值确定是恰当的，应将企业合并成本与取得的被购买方净资产公允价值份额的差额，计入合并当期的营业外收入。且在报表附注中加以说明。在吸收合并的情况下，上述差额应计入购买方合并当期的个别利润表；在控股合并的情况下，上述差额应体现在购买方合并当期的合并利润表中，不影响购买方合并当期的个别利润表。

●（六）购买日合并报表的编制

非同一控制下的企业合并中形成母子公司关系的，购买方一般应于购买日编制合并资产负债表，反映其于购买日开始能够控制的经济资源情况，在合并资产负债表中，合并中取得的被购买方各项可辨认资产、负债应以其在购买日的公允价值计量，长期股权投资的成本大于合并中取得的被合并方可辨认净资产公允价值份额的差额，体现为合并报表中的商誉；长期股权投资的成本小于合并中取得的被合并方可辨认净资产公允价值份额的差额，应计入合并当期损益。由于购买日不需要编制合并利润表，该差额体现在合并资产负债表上，应调整合并资产负债表的盈余公积和未分配利润。

第八章 企业合并

二、非同一控制下企业合并的会计处理

(一) 非同一控制下的吸收合并

1. 支付资产实施的吸收合并

(1) 支付货币资金、出让存货实施合并。

① 借：有关资产账户　　【取得被合并方资产公允价值】　　A
　　　商誉　　　　　　　【(C1+C2)＞(A-B)的差额】　　　　D1
　　贷：有关负债账户　　【承担被合并方负债公允价值】　　B
　　　　银行存款　　　　【支付的货币资金】　　　　　　　C1
　　　　主营业务收入　　【出让存货的公允价值】　　　　　C2
　　　　营业外收入　　　【(C1+C2)＜(A-B)的差额】　　　　D2

② 借：主营业务成本【出让存货的账面价值】
　　贷：库存商品【出让存货的账面价值】

(2) 出让固定资产实施的吸收合并。

① 借：有关资产账户　　【取得被合并方资产公允价值】　　A
　　　商誉　　　　　　　【(C1+C2)＞(A-B)的差额】　　　　D1
　　贷：有关负债账户　　【承担被合并方负债公允价值】　　B
　　　　固定资产清理　　【出让固定资产的公允价值】　　　C1
　　　　无形资产　　　　【出让无形资产的公允价值】　　　C2
　　　　营业外收入　　　【(C1+C2)＜(A-B)的差额】　　　　D2

② 借：固定资产清理　　【出让固定资产账面价值】
　　　无形资产　　　　【出让无形资产公允价值与账面价值的差额】
　　贷：营业外收入　　【处置固定资产、无形资产收益】

2. 发行权益性证券实施的吸收合并

① 借：有关资产账户　　【取得被合并方资产公允价值】　　A
　　　商誉　　　　　　　【(C1+C2)＞(A-B)的差额】　　　　D1
　　贷：有关负债账户　　【承担被合并方负债公允价值】　　B
　　　　股本　　　　　　【发行证券的面值总额】　　　　　C1
　　　　资本公积　　　　【发行证券的溢价】　　　　　　　C2
　　　　营业外收入　　　【(C1+C2)＜(A-B)的差额】　　　　D2

② 借：资本公积　【发行证券的费用】
　　贷：银行存款　【发行证券的费用】

3. 发行债券实施的吸收合并

① 借：有关资产账户　　【取得被合并方资产公允价值】　　A
　　　商誉　　　　　　　【(C1+C2)＞(A-B)的差额】　　　　D1
　　贷：有关负债账户　　【承担被合并方负债公允价值】　　B

应付债券	【发行证券的面值总额】	C1
应付债券	【发行证券的溢价】	C2
营业外收入	【(C1+C2)＜(A-B)的差额】	D2

②借：应付债券【发行债券的发行费用】
　　贷：银行存款【发行债券的发行费用】

（二）非同一控制下的控股合并

1.支付资产实施的控股合并

①借：长期股权投资　　【合并成本】　　　　　　　　　A（A=B）
　　贷：银行存款　　　【该资产的公允价值】
　　　　主营业务收入　【该资产的公允价值】　　　　　B
　　　　固定资产清理　【固定资产的公允价值】
　　　　无形资产　　　【无形资产的公允价值】

②借：主营业务成本　　【该资产账面价值】
　　　　固定资产清理　【固定资产公允价值与账面价值差额】
　　　　无形资产　　　【无形资产公允价值与账面价值差额】
　　贷：库存商品　　　【账面价值】
　　　　营业外收入　　【处置固定资产、无形资产收益】

2.发行权益性证券实施的控股合并

　借：长期股权投资　　【合并成本】　　　　　　　　　A（A=B+C+D）
　　贷：股本　　　　　【发行的面值总额】　　　　　　B
　　　　资本公积　　　【发行证券的溢价－手续费等】　C
　　　　银行存款　　　【发行手续费】　　　　　　　　D

3.发行债券实施的控股合并

　借：长期股权投资　　　　　　　　　　　　　　　　　A（A=B+C+D）
　　贷：应付债券　　　【发行债券面值】　　　　　　　B
　　　　应付债券　　　【发行的债券溢价－手续费】　　C
　　　　银行存款　　　　　　　　　　　　　　　　　　D

无论是吸收合并，还是控股合并，发生的评估、审计、咨询等合并过程中发生的直接费用，直接计入购买方的合并当期的管理费用。

　借：管理费用
　　贷：银行存款

三、非同一控制下企业合并会计举例

【例8-4】2013年1月1日，甲公司收购了乙公司的全部资产，并承担了全部负债。假定甲公司和乙公司的合并属于非同一控制下的企业合并。甲公司和乙公司2013年1月

1日的资产和负债的相关信息见表8-3。

表8-3

2013年1月1日　　　　　　　　　　　　　　　　　　　　　　　　　　　　　单位：元

项目	甲公司	乙公司	
	账面价值	账面价值	公允价值
银行存款	800000	100000	100000
应收账款	1000000	300000	280000
存货	1400000	400000	500000
固定资产	4600000	1200000	1900000
无形资产			100000
资产总计	7800000	2000000	2880000
应付账款	280000	420000	390000
应付债券	1120000	80000	90000
股本	2000000	300000	
资本公积	1400000	400000	
盈余公积	2000000	500000	
未分配利润	1000000	300000	
负债与所有者权益总计	7800000	2000000	

1. 假定甲公司以银行存款500000元、库存商品（账面价值600000元，公允价值700000元）的方式取得乙公司的净资产（吸收合并）。同时，甲公司以银行存款支付合并过程中发生的评估费、审计费等合计50000元。

则在购买日，甲公司进行的账务处理如下：

①借：银行存款　　　　　　　　　　100000
　　　应收账款　　　　　　　　　　280000
　　　存货　　　　　　　　　　　　500000
　　　固定资产　　　　　　　　　1900000
　　　无形资产　　　　　　　　　　100000
　　贷：应付账款　　　　　　　　　390000
　　　　应付债券　　　　　　　　　 90000
　　　　银行存款　　　　　　　　　500000
　　　　主营业务收入　　　　　　　700000
　　　　营业外收入　　　　　　　1830000

如库存商品的公允价值为2500000元，则账务处理如下：

①借：银行存款　　　　　　　　　　100000
　　　应收账款　　　　　　　　　　280000
　　　存货　　　　　　　　　　　　500000
　　　固定资产　　　　　　　　　1900000
　　　无形资产　　　　　　　　　　100000
　　　商誉　　　　　　　　　　　1600000

  贷：应付账款   390000
    应付债券   90000
    银行存款   500000
    主营业务收入   2500000
②借：主营业务成本   600000
  贷：库存商品   600000
③借：管理费用   50000
  贷：银行存款   50000

  2. 假定甲公司以一项固定资产和银行存款400000元作为对价吸收合并乙公司。该项固定资产公允价值为2500000元，账面价值2300000元。

  则甲公司的账务处理如下：
①借：银行存款   100000
   应收账款   280000
   存货   500000
   固定资产   1900000
   无形资产   100000
   商誉   20000
  贷：应付账款   390000
    应付债券   90000
    银行存款   400000
    固定资产清理   2500000
②借：固定资产清理   2300000
  贷：固定资产   2300000
③借：固定资产清理   200000
  贷：营业外收入   200000

  3. 假定甲公司按110元每份的价格发行10000份债券的方式换取乙公司的净资产（吸收合并），债券面值为100元每份。甲公司以银行存款支付发行债券的手续费、佣金60000元，合并过程中发生审计费用，法律服务费合计150000元。

  则甲公司进行的账务处理如下：
①借：银行存款   100000
   应收账款   280000
   存货   500000
   固定资产   1900000
   无形资产   100000
  贷：应付账款   390000
    应付债券   90000

```
        应付债券——面值                    1000000
              ——利息调整                  40000
           银行存款                        60000
           营业外收入                      1780000
    ②借：管理费用                          150000
      贷：银行存款                         150000
```

4. 假定甲公司发行普通股1000000股的方式换取乙公司的净资产（吸收合并），甲公司普通股每股面值1元，每股市价3元。甲公司以银行存款支付发行股票的手续费、佣金100000元，合并过程中发生审计费用，法律服务费合计150000元。

则甲公司的账务处理如下：

```
    ①借：银行存款                         100000
        应收账款                          280000
        存货                              500000
        固定资产                          1900000
        无形资产                          100000
        商誉                              120000
      贷：应付账款                        390000
         应付债券                         90000
         股本                             1000000
         资本公积                         1900000（2000000-100000）
         银行存款                         100000
    ②借：管理费用                         150000
      贷：银行存款                        150000
```

【例8-5】沿用例8-4的资料，2013年1月1日甲公司取得了乙公司100%的股权。甲、乙公司的合并为控股合并，合并后乙公司继续存在。

1. 假定甲公司以银行存款500000元、库存商品（账面价值600000元，公允价值700000元）作为对价。同时，甲公司以银行存款支付合并过程中发生的评估费、审计费等合计50000元。

则在购买日，甲公司进行的账务处理如下：

```
    ①借：长期股权投资                     1200000
      贷：银行存款                        500000
         主营业务收入                     700000
    ②借：主营业务成本                     600000
      贷：库存商品                        600000
    ③借：管理费用                         50000
      贷：银行存款                        50000
```

2. 假定甲公司以一项固定资产和银行存款400000元作为对价。该项固定资产公允价值为2500000元，账面价值2300000元。

则甲公司的账务处理如下：

①借：长期股权投资　　　　　　　　　2900000
　　贷：银行存款　　　　　　　　　　　　400000
　　　　固定资产清理　　　　　　　　　　2500000
②借：固定资产清理　　　　　　　　　2300000
　　贷：固定资产　　　　　　　　　　　　2300000
③借：固定资产清理　　　　　　　　　200000
　　贷：营业外收入　　　　　　　　　　　200000

3. 假定甲公司按110元每份的价格发行10000份债券的方式换取乙公司的净资产（吸收合并），债券面值为100元每份。甲公司以银行存款支付发行债券的手续费、佣金60000元，合并过程中发生审计费用，法律服务费合计150000元。

则甲公司进行的账务处理如下：

①借：长期股权投资　　　　　　　　　1100000
　　贷：应付债券——面值　　　　　　　　1000000
　　　　　　　　——利息调整　　　　　　　40000
　　　　银行存款　　　　　　　　　　　　60000
②借：管理费用　　　　　　　　　　　150000
　　贷：银行存款　　　　　　　　　　　　150000

4. 假定甲公司发行普通股1000000股的方式，甲公司普通股每股面值1元，每股市价3元。甲公司以银行存款支付发行股票的手续费、佣金100000元，合并过程中发生审计费用，法律服务费合计150000元。

则甲公司的账务处理如下：

①借：长期股权投资　　　　　　　　　3000000
　　贷：股本　　　　　　　　　　　　　　1000000
　　　　资本公积　　　　　　　　　　　　1900000（2000000-100000）
　　　　银行存款　　　　　　　　　　　　100000
②借：管理费用　　　　　　　　　　　150000
　　贷：银行存款　　　　　　　　　　　　150000

四、通过多次交易分步实现的企业合并

如果企业合并并非通过一次交换交易实现，而是通过多次交换交易分步实现的，则企业在每一单项交易发生时，应确认对被投资单位的投资。投资企业在持有被投资单位的部分股权后，通过增加持股比例等实现对被投资单位形成控制的，购买方应当区分个别报表和合并报表分别进行处理。

（一）个别财务报表（合并方对分步实现合并业务的账务处理）

1.同一控制下企业合并

通过多次交易分步实现同一控制下企业合并，合并日按照取得被合并方所有者权益账面价值的份额作为长期股权投资的初始投资成本，合并日长期股权投资初始投资成本，与达到合并日之前的长期股权投资账面价值加上合并日取得股份新支付对价的公允价值之和的差额，调整资本公积（资本溢价或股本溢价），资本公积不足冲减，冲减留存收益。合并日之前持有的被合并方的股权涉及其他综合收益的也直接转入资本公积。具体按以下原则进行处理：

（1）合并方于合并日之前持有的被合并方的股权投资，保持其账面价值不变。其中，合并日前持有的股权投资作为长期股权投资并采用权益法核算的，为权益法核算下至合并日应有的账面价值；合并日前持有的股权投资作为金融资产并按公允价值计量的，为至合并日的账面价值。

（2）如果通过多次交易实现同一控制下吸收合并的，按照同一控制下吸收合并相同的原则进行会计处理。

2.非同一控制下企业合并

在个别报表中，购买方应当以购买日之前所持被购买方的股权投资的账面价值与购买日新增股权投资成本之和，作为该项投资的初始投资成本；购买日之前持有的被购买方的股权涉及其他综合收益的，应当在处置该项投资时将与其相关的其他综合收益转入当期投资收益。具体按以下原则进行会计处理：

（1）购买方于购买日之前持有的被购买方的股权投资，保持其账面价值不变。其中，购买日前持有的股权投资作为长期股权投资并采用权益法核算的，为权益法核算下至购买日应有的账面价值；购买日之前持有的股权投资作为金融资产并按公允价值计量的，为至购买日的账面价值。

（2）追加的投资，按照购买日支付对价的公允价值计量，并确认长期股权投资。购买方应当以购买日之前所持被购买方的股权投资的账面价值与购买日新增投资成本之和，作为该项投资的初始投资成本。

（3）购买方对于购买日之前持有的被购买方的股权投资涉及其他综合收益的，购买方按持股比例计算应享有的份额确认为其他综合收益的部分，不予处理。待购买方出售该股权时，再按比例转入出售当期的损益。

（4）如果通过多次交易实现非同一控制下吸收合并的，按照非同一控制下吸收合并相同的原则进行会计处理。

【例8-6】甲公司于2013年3月以2000万元取得乙公司5%的股权，对乙公司不具有重大影响，甲公司将其分类为可供出售金融资产，按公允价值计量。2015年4月1日，甲公司又斥资25000万元从C公司取得乙公司另外的50%股权。假定乙公司未宣告发放现金股利。甲公司原持有乙公司的股权在2015年3月31日的公允价值为2500万元。2015年4月1日乙公司净资产账面价值为55000万元。

1. 假定为同一控制下的企业合并

则在购买日,甲公司应进行会计处理为

借:长期股权投资　　　　　302500000(550000000×55%)
　　贷:可供出售金融资产　　　5000000
　　　　银行存款　　　　　　250000000
　　　　资本公积　　　　　　27500000

2. 假定为非同一控制下的企业合并

则在购买日,甲公司应进行会计处理为

借:长期股权投资　　　　　275000000
　　贷:可供出售金融资产　　25000000
　　　　银行存款　　　　　250000000

【例8-7】甲公司于2013年3月以12000万元取得B公司20%的股权,并能对B公司实施重大影响,采用权益法进行核算,当年度确认对B公司的投资收益450万元。2014年4月1日,甲公司斥资15000万元又取得B公司另外30%的股权。2014年4月1日乙公司净资产账面价值53000万元,公允价值为56000万元。

1. 假定为同一控制下的企业合并

则在购买日,甲公司应进行会计处理为

借:长期股权投资　　　　　140500000(530000000×50%-124500000)
　　资本公积　　　　　　　9500000
　　贷:银行存款　　　　　150000000

购买日对B公司的长期股权投资的账面价值为265000000(124500000+140500000)元。

2. 假定为非同一控制下的企业合并

则在购买日,甲公司应进行会计处理为

借:长期股权投资　　　　　150000000
　　贷:银行存款　　　　　150000000

购买日对B公司的长期股权投资的账面价值为274500000(124500000+150000000)元。

●(二)合并财务报表(合并方在编制合并报表中对于分步实现的子公司的处理)

1. 同一控制下的企业合并(控股合并)

多次交易分步实现的同一控制下的控股合并,合并日原持有股权采用权益法核算、按被投资单位实现净利润和原持有股权比例计算确认的损益、其他综合收益,以及其他净资产变动部分,在合并报表中予以冲回。

2. 非同一控制下企业合并(控股合并)

在合并财务报表中,购买方对于购买日之前持有的被购买方的股权,应当按照该股

权在购买日的公允价值进行重新计量,并按照以下原则处理:

(1) 购买方对于购买日之前持有的被购买方的股权,按照该股权在购买日的公允价值进行重新计量,公允价值与其账面价值的差额计入当期投资收益。

(2) 购买日之前持有的被购买方的股权于购买日的公允价值,与购买日新增股权所支付对价的公允价值之和,为合并财务报表中的合并成本。

(3) 在按上述计算的合并成本基础上,比较购买日被购买方可辨认净资产公允价值的份额,确定购买日应予以确认的商誉,或应计入发生当期损益的金额。

(4) 购买方对于购买日之前持有的被购买方的股权涉及其他综合收益的,与其相关的其他综合收益应当转为购买日所属当期投资收益。

同步练习题

一、单选题

1. 关于同一控制下的企业合并，下列说法正确的是（　　）。
   A. 参与合并的企业在合并前后均受同一方或相同多方的最终控制可能是暂时性的
   B. 参与合并的各方在合并前后均不受同一方或相同多方的最终控制
   C. 参与合并的企业在合并前后均受同一方或相同多方的最终控制且该控制并非暂时性的
   D. 参与合并的各方在合并前后均不受同一方或相同多方共同控制

2. 被购买方在合并后仍保持其独立的法人资格继续经营，购买方通过企业合并形成对被购买方投资的合并形式是（　　）。
   A. 吸收合并　　　B. 新设合并　　　C. 控股合并　　　D. 三种形式均是

3. 同一控制下的合并，合并方对于合并过程中发生的各项直接相关费用，应借记的会计科目是（　　）。
   A. 长期股权投资　　B. 管理费用　　　C. 营业外支出　　　D. 资本公积

4. 甲公司和乙公司为非同一控制下的两个公司，2015年1月1日甲公司发行600万股普通股（每股面值1元）作为对价取得乙公司60%的股权，普通股每股市价为1.5元，同日乙公司账面净资产总额为1300万元，公允价值为1500万元。2010年1月1日甲公司取得的长期股权投资的入账价值为（　　）万元。
   A. 750　　　　　B. 600　　　　　C. 900　　　　　D. 780

5. B公司和C公司均为A集团的子公司，2015年7月1日，B公司以银行存款810万元取得C公司所有者权益的80%，同日C公司所有者权益的账面价值为1000万元，可辨认净资产公允价值为1100万元。2010年7月1日B公司应确认的资本公积为（　　）万元。
   A. 10（借方）　　B. 10（贷方）　　C. 70（借方）　　D. 70（贷方）

二、多选题

1. 按照企业合并后主体的法律形式不同，企业合并的方式包括（　　）。
   A. 吸收合并　　　B. 新设合并　　　C. 控股合并　　　D. 同一控制下的合并

2. 下列关于同一控制下企业合并发生的直接相关费用，说法正确的有（　　）。
   A. 以权益性证券作为合并对价的，与发行有关的佣金、手续费等，不管其与企业合并是否直接相关，均应从所发行权益性证券的发行溢价收入中扣除
   B. 一般情况下，同一控制下企业合并过程中发生的各项直接相关费用，应于发生时费用化，借记"管理费用"等科目，贷记"银行存款"等科目

C. 以发行债券方式进行的企业合并，与发行有关的佣金、手续费等应计入负债的初始计量金额中

D. 为进行企业合并支付的审计费用、资产评估费用以及有关的法律咨询费用等属于为进行企业合并发生的有关费用

3. 非同一控制下企业合并成本小于合并中取得的被购买方可辨认净资产公允价值份额的部分，正确的会计处理有（　　）。

A. 在吸收合并的情况下，应计入购买方的合并当期的个别利润表

B. 在控股合并的情况下，应体现在合并当期的合并利润表中

C. 在吸收合并的情况下，应体现在合并当期的合并利润表中

D. 在控股合并的情况下，应计入购买方的合并当期的个别利润表

三、业务题

1. 丁公司与A公司属于不同的企业集团，两者之间不存在关联关系。2015年12月31日，丁公司发行1000万股股票（每股面值1元）作为对价取得A公司的全部股权，该股票的公允价值为4000万元。购买日，A公司有关资产、负债情况如下：

单位：万元

	账面价值	公允价值
银行存款	1000	1000
固定资产	3000	3300
长期应付款	500	500
净资产	3500	3800

要求：（1）假设该合并为吸收合并，丁公司进行合并的账务处理。

（2）假设该合并为控股合并，丁公司进行合并的账务处理。

第九章

合并财务报表

第九章 合并财务报表

本章知识结构

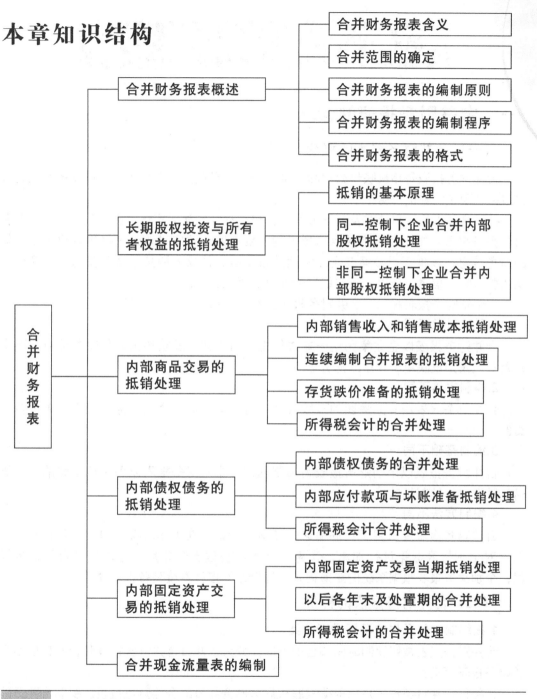

学习目标	1. 了解合并报表的含义、分类、合并报表的格式。 2. 理解合并范围、合并报表的编制原则和程序。 3. 掌握各项内部交易的商品在编制合并资产负债表、合并利润表、合并现金流量表等的抵销处理。

第一节 合并财务报表概述

一、合并财务报表的含义

(一) 合并财务报表的概念

合并财务报表是指反映母公司和其全部子公司形成的企业集团整体的财务状况、经营成果和现金流量的财务报表。

控股合并以后,母公司及其子公司各自仍为独立的法人实体,因此仍应单独编制各自的财务报表。由于控股合并以后形成的企业集团,还应对外公开报告企业集团整体的财务信息,以便于母公司及企业集团的投资者、债权人和其他报表使用者了解企业集团整体财务信息,所以,还要编制合并财务报表。

与个别财务报表相比,合并财务报表具有以下特点:

1.反映对象不同

合并财务报表以企业集团这一非法律主体为主体,反映该主体的财务信息;而个别财务报表则反映单个企业的财务信息。

2.编制主体不同

合并财务报表由企业集团的控股公司或母公司编制,个别财务报表由各单位自行编制。

3.编制基础不同

合并财务报表以个别财务报表为编制基础,个别财务报表以各单位系统的会计账簿记录资料为编制基础。

4.编制方法不同

合并财务报表要采用工作底稿这一特殊手段,并在工作底稿中编制调整和抵销分录,对个别报表数据进行加总、调整、抵销,整理出合并数,据以填列合并财务报表;个别财务报表根据系统的账簿记录,直接或间接计算填列各报表项目。

(二) 合并财务报表的种类

1.按编制时间及目的不同进行分类

合并财务报表按照编制时间和目的的不同,分为合并日合并财务报表和合并日以后合并财务报表两类。

合并日合并财务报表是指取得控股权后编制合并日的合并财务报表。编制合并日的合并财务报表,是股权取得日的重要会计事项之一。同一控制下的企业合并,合并方需编制合并日的合并资产负债表、合并利润表、合并现金流量表;非同一控制下的企业合并,合并方需编制合并日的合并资产负债表。

合并日以后的合并财务报表是指控股合并日以后的每一个资产负债表日编制的合

并财务报表。与合并日相比，合并日以后的各报告期内发生了投资收益的确认、内部交易、股利分配等许多控股权取得日不曾有的经济事项，对与之相关的会计报表数据进行抵销和调整，就构成了合并日以后合并财务报表工作底稿中与合并日财务报表工作底稿不同的内容。

2.按反映的具体内容不同进行分类

按合并财务报表反映的具体内容不同，合并财务报表分为合并资产负债表、合并利润表、合并现金流量表、合并所有者权益变动表（合并股东权益变动表）以及附注。

合并资产负债表反映报告期末企业集团整体的资产、负债和股东权益情况的报表。

合并利润表反映报告期内企业集团整体的经营成果情况的报表。

合并现金流量表反映报告期内企业集团整体的现金流入、现金流出数量及变动情况的报表。

合并所有者权益变动表（合并股东权益变动表）反映报告期内企业集团整体所有者（股东）权益变动情况的报表。

二、合并范围的确定

（一）合并范围的确定原则

合并范围，是指可纳入合并财务报表的主体范围。正确界定合并范围是编制合并财务报表的重要前提。合并财务报表准则规定，合并财务报表的合并范围应当以控制为基础加以确定。母公司应当将其全部子公司纳入合并财务报表的合并范围。

1.控制的内涵

控制是指投资方拥有对被投资方的权力，通过参与被投资方的相关活动而享有其可变回报，并且有能力运用对被投资方的权力影响其回报金额。因此，投资方要实现对被投资方的控制，必须具备两项基本要素，一是因涉入被投资方而享有可变回报；二是拥有对被投资方的权力，并且有能力运用该能力来影响其回报金额。

（1）对享有被投资方可变回报的理解。

①可变回报的定义。

可变回报是指不确定且可能随着被投资方业绩而变化的回报，可以仅是正回报，仅是负回报，或者同时包括正回报和负回报。

②可变回报的形式。

投资方在评价其享有被投资方的回报是否可变以及可变的程度时，需基于合同安排的实质，而不是法律形式。例如，投资方持有固定利息的债券投资时，由于债券存在违约风险，投资方需承担被投资方不履约而产生的信用风险，因此投资方享有的固定利息回报也可能是一种可变回报。可变回报的形式主要包括以下几种：

股利、被投资方经济利益的其他分配、投资方对被投资方的投资的价值变动。

因向被投资方的资产或负债提供服务而得到的报酬、因提供信用支持或流动性支持取得的费用或承担的损失、被投资方清算时在其剩余净资产中所享有的权益、税务利益、因参与被投资方而获得未来流动性。

其他利益持有方无法得到的回报。如投资方将自身资产与被投资方的资产整合以实现规模经济，达到节约成本的目的；投资方通过涉入被投资方，从而保证稀缺资源的供应，获得专有技术或限制被投资方某些活动，从而提高投资方其他资产价值。

(2) 投资方对被投资方拥有权力，并且能够运用权力。

①权力的定义。

投资方能够主导被投资方的相关活动时，称投资方对被投资方享有权力。在判断投资方是否对被投资方拥有权力时，应注意以下几点：一是权力只表明投资方主导被投资方相关活动的现时能力，并不要求投资方实际行使其权力，即如果投资方拥有主导被投资方相关活动的现时能力，即使这种能力尚未被实际行使，也视为该投资方拥有对被投资方的权力；二是权力是一种实质性权力，而不是保护性权力；三是权力是为自己行使的，而不是代为其他方行使；四是权力通常表现为表决权，但有时也可能表现为其他合同安排。

②相关活动。

从上述权力的定义中可以看出，要判断投资方是否拥有对被投资方的权力，首先需要识别被投资方的相关活动。相关活动是指对被投资方的回报产生重大影响的活动，可见，判断相关活动时，应关注的是那些对被投资方的回报具有重大影响的活动，而不是对被投资方回报影响甚微或没有影响的行政活动。

● **(二) 纳入合并范围的特殊情况——对被投资方可分割部分的控制**

投资方通常应当对是否控制被投资方整体进行判断。但在少数情况下，如果有确凿证据表明同时满足下列条件并且符合相关法律法规规定的，投资方应当将被投资方的一部分视为被投资方可分割的部分，进而判断是否控制该部分（可分割部分）：

1. 该部分的资产是偿付该部分负债或该部分其他利益方的唯一来源，不能用于偿还该部分以外的被投资方的其他负债；

2. 除与该部分相关的各方外，其他方不享有与该部分资产相关的权利，也不享有与该部分资产剩余现金流量相关的权利。

● **(三) 合并范围的豁免——投资性主体**

母公司应当将其全部子公司（包括母公司所控制的被投资单位可分割部分、结构化主体）纳入合并财务报表的合并范围。但是，如果母公司是投资性主体，则只应将那些为投资性主体的投资活动提供相关服务的子公司纳入合并范围，其他子公司不应予以合并，母公司对其他子公司的投资应当按照公允价值计量且其变动计入当期损益。当母公司同时满足以下三个条件时，该母公司属于投资性主体：

一是该公司以向投资方提供投资管理服务为目的，从一个或多个投资者获取资金。这是一个投资主体和其他主体的显著区别。

二是该公司的唯一经营目的是通过资本增值、投资收益或两者兼有而让投资者获得回报。投资主体的经营目的一般可通过其设立目的、投资管理方式、投资期限、投资退出战略等体现出来。例如，如果一个基金在募集说明书中说明其投资的目的是实现资本增值、一般情况下的投资期限较长、制定了比较清晰的投资退出战略等，则这些描述与投资性主体的经营目的是一致的；如果该基金的经营目的是与被投资方合作开发、生产或销售某种产品，则其不是投资性主体。

三是该公司按照公允价值对几乎所有投资的业绩进行计量和评价。对于投资主体而言，相对于合并子公司财务报表或按照权益法核算对联营企业或合营企业的投资，公允价值计量所提供的信息更具有相关性。

三、合并财务报表编制原则

合并财务报表的编制除在遵循财务报表编制的一般原则和要求，如真实可靠、内容完整之外，还应遵循以下原则和要求：

1. 以个别财务报表为基础编制

合并财务报表并不是根据母公司和子公司的账簿编制，而是利用母公司和子公司编制的反映各自财务状况和经营成果的财务报表提供的数据，通过合并财务报表的特有方法进行编制。以纳入合并范围的个别财务报表为基础，可以说是客观性原则在合并财务报表编制时的具体体现。

2. 一体性原则

合并财务报表反映的是企业集团的财务状况和经营成果，反映的是由多个法人企业组成的一个会计主体的财务情况，在编制合并财务报表时应当将母公司和所有子公司作为整体来看待，视为一个会计主体，母公司和子公司发生的经营活动都应当从企业集团这一整体的角度进行考虑。因此，在编制合并财务报表时，对于母公司与子公司、子公司相互之间发生的经济业务，应当视为同一会计主体内部业务处理，视为同一会计主体之下的不同核算单位的内部业务。

3. 重要性原则

与个别财务报表相比，合并财务报表涉及多个法人主体，涉及的经营活动的范围很广，母公司与子公司经营活动往往跨越不同行业界限，有时母公司与子公司经营活动甚至相差很大。这样，合并财务报表要综合反映这样的会计主体的财务情况，必然要涉及重要性的判断问题。特别是拥有众多子公司的情况下，更是如此。在编制合并财务报表时，特别强调重要性原则的运用。如一些项目对于企业集团中的某一企业具有重要性，但对于整个集团则不一定具有重要性，在这种情况下，根据重要性的要求对财务报表项目进行取舍，则具有重要意义。此外，母公司与子公司、子公司相互之间发生的经济业务，对整个集团财务状况和经营成果影响不大时，为简化合并手续也应根据重要性原则进行取舍，可以不编制抵销分录而直接编制合并财务报表。

四、合并财务报表编制程序

（一）前期准备工作

合并财务报表编制涉及多个子公司，有的合并财务报表的合并范围甚至包括数百个子公司。为了使编制的合并财务报表准确、全面反映企业集团的真实情况，必须做好一系列的前期准备工作。

1.统一母子公司的会计政策

会计政策是指企业进行会计核算和编制财务报表时所采用的会计原则、会计程序和会计处理方法，是编制财务报表的基础，同一母公司和子公司的会计政策是保证母子公司财务报表各项目反映内容一致的基础。为此，在编制财务报表前，应当尽可能统一母子公司的会计政策。统一要求子公司所采用的会计政策与母公司保持一致。对一些境外子公司，由于所在国或地区法律、会计准则等方面的原因，确实无法使其采用的会计政策与母公司采用的会计政策一致，则应当要求按照母公司采用的会计政策重新编制财务报表，也可以由母公司根据自身所采用的会计政策对境外子公司报送的财务报表进行调整，以重编或调整编制的境外子公司财务报表，作为编制合并财务报表的基础。

2.统一母子公司的资产负债表日及会计期间

财务报表总是反映一定日期的财务状况和一定期间经营的成果，母公司和子公司的个别财务报表只有在反映财务状况的日期和反映经营成果的会计期间一致的情况下，才能进行合并。为了编制合并财务报表，必须使子公司的资产负债表日和会计期间与母公司的资产负债表日和会计期间保持一致，以便于子公司提供相同资产负债表日和会计期间的财务报表。对于境外子公司，由于当地法律限制确实不能与母公司财务报表决算日和会计期间一致的，母公司应当按照自身的资产负债表日和会计期间对子公司的财务报表进行调整，以调整后的子公司财务报表为基础编制合并财务报表，也可以要求子公司按照母公司的资产负债表日和会计期间另行编制报送其个别财务报表。

3.对子公司以外币表示的财务报表进行折算

对母公司和子公司的财务报表进行合并，其前提必须是母子公司个别财务报表所采用的货币计量单位一致。在我国允许外币业务比较多的企业采用某一外币作为记账本位币，境外企业一般也采用其所在国或地区的货币作为其记账本位币。在将这些企业的财务报表纳入合并时，则必须将其折算为母公司所采用的记账本位币表示的财务报表。我国外币财务报表基本上采用的是现行汇率。有关外币财务报表的具体折算方法在外币业务中论述。

4.收集编制合并财务报表的相关资料

合并财务报表以母公司和其子公司的财务报表以及其他有关资料为依据，由母公司合并有关项目的数额编制。为编制合并财务报表，母公司应当要求子公司及时提供下列有关资料：一是子公司相应期间的财务报表；二是与母公司及与其他子公司之间发生的内部购销交易、债权债务、投资及其产生的现金流量和为实现内部销售损益的期初、期末余额及变动情况等资料;三是子公司所有者权益变动和利润分配的有关资料;四是编制合并财务报表所需的其他资料,如非同一控制下企业合并购买日的公允价值资料。

(二)合并财务报表的编制步骤

合并财务报表的编制是一项极为复杂的工作,不仅涉及本企业会计业务和财务报表,还涉及纳入合并范围的子公司的会计业务和财务报表。为了使货币财务报表的编制工作有条不紊,必须按照一定的步骤进行。

(1)设置合并工作底稿。合并工作底稿的作用是为合并财务报表的编制提供基础。在合并工作底稿中,对母公司和纳入合并范围的子公司的个别财务报表各项目的数额进行汇总和抵销处理,最终计算得出合并财务报表各项目的合并数。合并工作底稿的基本格式如表9-1所示。

(2)将母公司、纳入合并范围的子公司个别资产负债表、利润表及所有者权益变动表各项目的数据过入合并工作底稿,并在合并工作底稿中对母公司和子公司个别财务报表各项目的数据进行加总,计算得出个别资产负债表、个别利润表、个别所有者权益变动表各项目合计数额。

表9-1 合并财务报表工作底稿

单位:元

项目	个别报表		合计数	调整与抵销分录		合并数
	母公司	子公司		借	贷	
资产负债表项目						
……						
利润表项目						
……						
所有者权益变动表有关利润分配项目						
……						

(3)编制调整分录与抵销分录。将母公司与子公司、子公司相互之间发生的经济业务对个别财务报表有关项目的影响进行调整抵销处理。编制调整分录与抵销分录,进行调整抵销处理是合并财务报表编制的关键和主要内容,其目的在于将因会计政策及记录基础的差异而对个别财务报表的影响进行调整,以及将个别财务报表各项目的加总数据中重复的因素予以抵销。

(4)计算合并财务报表各项目的合并金额。在母公司和纳入合并范围的子公司个别财务报表各项目加总数额的基础上,分别计算财务报表中的资产项目、负债项目、所有者权益项目、收入项目和费用项目的合并数。其计算方法如下:

①资产类项目,其合并数根据该项目加总的数额,加上该项目调整分录与抵销分录的借方发生额,减去该项目调整分录与抵销分录的贷方发生额计算确定。

②负债类项目和所有者权益类项目,其合并数根据该项目加总的数额,减去该项目调整分录与抵销分录的借方发生额,加上该项目调整分录与抵销分录的贷方发生额计算确定。

③有关收益类项目，其合并数根据该项目加总的数额，减去该项目调整分录与抵销分录的借方发生额，加上该项目调整分录与抵销分录的贷方发生额计算确定。

④有关成本费用类项目和有关利润分配的项目，其合并数根据该项目加总的数额，加上该项目调整分录与抵销分录的借方发生额，减去该项目调整分录与抵销分录的贷方发生额计算确定。

(5) 填列合并财务报表。根据合并工作底稿中计算出的资产、负债、所有者权益、收入、成本费用类各项目的合并数，填列正式的合并财务报表。

（三）编制合并财务报表需要调整抵销的项目

1. 编制合并资产负债表需要调整抵销的项目

合并资产负债表是以母公司和纳入合并范围的子公司的个别资产负债表为基础编制的。个别资产负债表是以单个企业为会计主体进行会计核算的结果，它从母公司本身或从子公司本身的角度对自身的财务状况进行反映。对于企业集团内部发生的经济业务，从发生内部经济业务的企业来看，发生经济业务的两方都在个别资产负债表中进行了反映。在这种情况下，资产、负债和所有者权益类各项目的加总数额中，必然包含重复计算的因素。作为反映企业集团整体财务状况的合并资产负债表，必须将这些重复计算的因素予以扣除，对这些重复的因素进行抵销处理。这些需要扣除的重复因素就是合并财务报表编制时需要进行抵销处理的项目。

编制合并资产负债表时需要进行抵销处理的主要项目：一是母公司对子公司股权投资项目与子公司所有者权益项目；二是母公司与子公司、子公司相互之间未结算的内部债权债务项目；三是存货项目，内部购进存货价值中包含的未实现的内部销售损益；四是固定资产项目，内部购进固定资产价值中包含的未实现的内部销售损益；五是无形资产项目，内部购进无形资产价值中包含的未实现的内部销售损益。

2. 编制合并利润表和合并所有者权益变动表需要调整抵销的项目

编制合并利润表和合并所有者权益变动表是以母公司和纳入合并范围的子公司的个别利润表和所有者权益变动表为基础编制的。利润表和所有者权益变动表作为以单个企业为会计主体进行会计核算的结果，它从母公司本身或从子公司本身反映一定会计期间经营成果的形成及其分配情况。在其以个别利润表及个别所有者权益变动表为基础计算的收益和费用等项目的加总数额中，也必然包含重复计算的因素。在编制合并利润表和合并所有者权益变动表时，也需要将这些重复的因素予以扣除。

编制合并利润表和合并所有者权益变动表时需要进行抵销处理的主要项目：一是内部销售收入和内部销售成本；二是内部投资收益项目，包括内部利息收入与利息支出项目、内部股权投资收益项目；三是资产减值损失项目，内部交易相关的内部应收账款、存货、固定资产、无形资产等项目的资产减值损失；四是纳入合并范围的子公司利润分配项目。

3. 编制合并现金流量表需要调整抵销的项目

合并现金流量表是综合反映母公司及其子公司组成的企业集团，在一定会计期间现金流入、现金流出数量及其变动情况的财务报表。合并现金流量表是以母公司和子公司的现金流量表为基础，在抵销母公司与子公司、子公司相互之间发生内部交易对合并现金流量表影响后，由母公司编制。

在以母公司和子公司个别现金流量表为基础编制合并现金流量表时，需要进行抵销的内容如下：一是母公司与子公司、子公司相互之间当期以现金投资或收购股权增加的股权所产生的现金流量；二是母公司与子公司、子公司相互之间当期取得投资收益收到的现金与分配股利、利润或偿付利息支付的现金；三是母公司与子公司、子公司相互之间当期以现金结算债券与债务所产生的现金流量；四是母公司与子公司、子公司相互之间当期购销商品所产生的现金流量；五是母公司与子公司、子公司相互之间当期以现金处置固定资产、无形资产和其他长期资产收回的净额和购建固定资产、无形资产和其他长期资产支付的现金；六是母公司与子公司、子公司相互之间当期发生的其他内部交易所产生的现金流量。

五、合并财务报表的格式

合并财务报表格式通常在个别财务报表基础上，增加下列项目：

合并资产负债表。在所有者权益项目下增加"归属于母公司所有者权益合计""少数股东权益"项目，"归属于母公司所有者权益合计"用于反映企业集团的所有者权益中归属于母公司所有者权益的部分，包括实收资本、其他权益工具、资本公积、库存股、其他综合收益、专项储备、盈余公积、一般风险准备、未分配利润、其他等项目的金额；"少数股东权益"反映非全资子公司的所有者权益中不属于母公司的份额。

合并利润表。在"净利润"项目下增加"归属于母公司所有者的净利润""少数股东损益"项目，分别反映净利润中由母公司所有者享有的份额和非全资子公司当期实现的净利润中归属于少数股东的份额。同一控制下企业合并增加子公司的，当期合并利润表中还应该在"净利润"项目下增加"其中：被合并方在合并前实现的净利润"项目，用于反映同一控制下企业合并中取得的被合并方在合并日前的净利润；在"综合收益总额"项目下增加"归属于母公司所有者的综合收益总额""归属于少数股东的综合收益总额"，分别反映综合收益总额中由母公司所有者享有的份额和非全资子公司当期综合收益总额中归属于少数股东的份额。

合并现金流量表。与个别现金流量表格式基本相同。

合并所有者权益变动表。应增加"少数股东权益"栏目，反映少数股东权益变动的情况。

第二节 长期股权投资与所有者权益的合并处理

一、长期股权投资与所有者权益抵销合并的基本原理

与企业集团内部成员企业之间股权投资有关的业务主要包括母公司对子公司股权投资项目与子公司所有者权益项目和内部投资收益项目。当集团内部进行股权投资时，投资方增加长期股权投资，被投资方增加股本；股权投资以后的报告期内，被投资方宣告发放现金股利，对投资方确认投资收益。从企业集团角度看，这种股权投资引致的长期股权投资、股本、投资收益及利润分配等会计要素的变动，源于内部股权投资业务，从而编制合并财务报表时，这些内部股权投资业务的确认与计量对投资双方个别报表数据的影响应予以抵销。

（一）合并日合并报表编制的抵销处理

合并日应编制合并财务报表，编制合并财务报表时应进行相应的调整和抵销处理。根据现行会计准则规定，在合并日编制的合并报表种类根据合并形式不同，要求不同。同一控制下企业合并，在合并日需编制合并资产负债表、合并利润表及合并现金流量表，非同一控制下企业合并，在合并日需编制合并资产负债表。合并日的合并财务报表的编制主要内容：一是需要进行必要的调整；二是进行与内部股权投资有关的抵销处理，在进行抵销时只涉及将投资方的长期股权投资与被投资方的股东权益相抵销，如是非全资投资的，需确认少数股东权益。

（二）合并日以后的合并报表编制的抵销处理

合并日以后的合并报表在编制过程中除了将母公司对子公司的长期股权投资余额与子公司的股东权益中归属于母公司的股东权益予以抵销外，还需要将报告期内母公司来自子公司的股权投资收益与子公司的股利分配进行抵销，如为非全资子公司，需确认少数股东损益。

一般情况下，企业取得子公司的途径有两条，一是对外直接投资组建新的被投资企业使其成为子公司，这里包括单独投资组建全资子公司、与其他企业合资组建非全资子公司；二是通过合并，对现有企业的股权进行并购，使其成为子公司。第二条途径取得子公司又分为同一控制下取得和非同一控制下取得的子公司。下面就同一控制下的企业合并和非同一控制下的企业合并分别合并日和合并日以后情况，介绍合并报表编制过程中的调整抵销处理。

借：股本
　　资本公积
　　其他综合收益　　【经调整后的合并日子公司报告的价值】
　　盈余公积
　　未分配利润

贷：长期股权投资　　【母公司对子公司长期股权投资报告价值】
　　　　少数股东权益　　【子公司股东权益中归属于少数股东的份额】

【例9-1】2013年1月1日，甲公司以银行存款500000元、库存商品600000元的方式取得乙公司80%的股权，同时，甲公司以银行存款支付合并过程中发生的评估费、审计费等合计50000元。假定甲公司和乙公司的合并属于同一控制下的企业合并，在合并日，乙公司的会计政策、会计期间与甲公司一致，甲公司和乙公司2012年12月31日的资产和负债的账面价值见表9-2。

表9-2　甲、乙公司资产和负债的账面价值

2012年12月31日　　　　　　　　　　　　　　　　　　　　　　　单位：元

项目	甲公司	乙公司
银行存款	800000	100000
应收账款	1000000	300000
存货	1400000	400000
固定资产	4600000	1200000
资产总计	7800000	2000000
应付账款	280000	420000
应付债券	1120000	80000
股本	2000000	300000
资本公积	1400000	400000
盈余公积	2000000	500000
未分配利润	1000000	300000
负债与所有者权益总计	7800000	2000000

合并后双方的个别报表资料如表9-3所示。

表9-3　甲、乙公司个别报表资料

2013年1月1日　　　　　　　　　　　　　　　　　　　　　　　单位：元

项目	甲公司	乙公司
银行存款	300000	100000
应收账款	1000000	300000
存货	800000	400000
长期股权投资	1200000	0
固定资产	4600000	1200000
资产总计	7900000	2000000
应付账款	280000	420000
应付债券	1120000	80000
股本	2000000	300000
资本公积	1500000	400000
盈余公积	2000000	500000
未分配利润	1000000	300000
负债与所有者权益总计	7900000	2000000

在个别报告栏中，由于甲公司取得乙公司80%的股权，合并日甲公司在工作底稿中

应编制的有关抵销分录为

借：股本　　　　　　　　　　300000
　　资本公积　　　　　　　　400000
　　盈余公积　　　　　　　　500000
　　未分配利润　　　　　　　300000
　　贷：长期股权投资　　　　　　　1200000
　　　　少数股东权益　　　　　　　300000

该抵销分录在合并工作底稿中表现见表9-4。

表9-4　合并日合并工作底稿（简表）

单位：元

项目	个别报表		调整与抵销分录		合并数
	甲公司	乙公司	借	贷	
银行存款	300000	100000			400000
应收账款	1000000	300000			1300000
存货	800000	400000			1200000
长期股权投资	1200000	0		1200000	0
固定资产	4600000	1200000			5800000
应付账款	280000	420000			700000
应付债券	1120000	80000			1200000
股本	2000000	300000	300000		2000000
资本公积	1500000	400000	400000		1500000
盈余公积	2000000	500000	500000		2000000
未分配利润	1000000	300000	300000		1000000
少数股东权益				300000	300000

2.分步实现的控股合并

多次交易分步实现的同一控制下的控股合并，合并日原持有股权采用权益法核算、按被投资单位实现净利润和原持有股权比例计算确认的损益、其他综合收益，以及其他净资产变动部分，在合并报表中予以冲回。

【例9-2】甲公司于2013年3月以12000万元取得乙公司20%的股权，并能对乙公司实施重大影响，采用权益法进行核算，当年度确认对乙公司的投资收益450万元。2014年4月1日，甲公司斥资15000万元又取得乙公司另外30%的股权。2014年4月1日乙公司净资产账面价值53000万元。2013年3月31日甲、乙公司有关报表项目如表9-5所示。

表9-5　甲、乙公司报表项目

2014年3月31日　　　　　　　　　　　　　　　　　　　　　　单位：万元

项目	甲公司	乙公司
……		
长期股权投资	12450	
资产总计		
……		
所有者权益		53000

合并后双方的个别报表资料如表9-6所示。

表9-6　合并后的个别报表资料

2014年4月1日　　　　　　　　　　　　　　　　　　　　　　　　　　　　单位：万元

项目	甲公司	乙公司
……		
长期股权投资	26500	
资产总计		
……		
所有者权益		53000

在个别报告栏中，由于甲公司取得乙公司50%的股权，合并日甲公司在工作底稿中应编制的有关抵销分录为：

　　借：股本等股东权益　　　　　530000000
　　　贷：长期股权投资　　　　　　265000000
　　　　　少数股东权益　　　　　　265000000

●（二）合并日以后的合并报表编制的调整抵销处理

编制合并日以后合并财务报表时，首先将母公司对子公司长期股权投资由成本法核算的报告结果调整成权益法核算的结果，使母公司对子公司长期股权投资项目反映其在子公司所有者权益中所拥有的变动情况；其次，将母公司对子公司长期股权投资项目与子公司所有者权益项目等内部交易相关的项目进行抵销处理，将内部交易对合并财务报表的影响予以抵销；最后，在编制合并工作底稿的基础上，编制合并报表。

1.长期股权投资成本法核算结果调整为权益法核算结果

将成本法核算结果调整成权益法核算时，应当自取得对子公司长期股权投资的年度起，逐年按照子公司当年实现的净利润中属于母公司享有的份额，调整增加对子公司长期股权投资的金额，并调整增加当年投资收益；对于子公司当期分配的现金股利或分派的股利中母公司享有的份额，则调整冲减长期股权投资的账面价值，同时调整减少原投资收益。在工作底稿中，调整分录为：

　　借：长期股权投资　【母公司享有的子公司合并日以后累计实现净利润的份额】
　　　贷：投资收益　　【母公司享有的子公司合并当年实现净利润的份额】
　　　　　未分配利润　【母公司享有的子公司合并日以后至当年以前年度累计实现净利润的份额】
　　借：投资收益　　　【母公司获得子公司当年分配现金股利的份额】
　　　贷：长期股权投资　【母公司获得子公司当年分配现金股利的份额】

2.合并抵销处理

在合并工作底稿中，对长期股权投资的金额进行调整后，长期股权投资的金额正好反映母公司在子公司所有者权益中所拥有的份额，在此基础上，还必须进行合并抵销处理；一是将母公司对子公司长期股权投资与子公司所有者权益中所拥有的份额予以抵销，在非全资子公司的情况下还同时确认少数股东权益；二是将对子公司的投资收益与子公司当年利润分配相抵销，使合并财务报表反映母公司股东权益变动情况，在非全资子公司情况下，子公司当年的净利润应按比例确认少数股东损益。为了使合并财务报表反映母公司股东权益的变动情况及财务状况，必须将母公司投资收益、少数股东收益和期初未分配利润与子公司当年利润分配以及未分配利润的金额进行抵销，在工作底稿中，抵销分录为：

（1）将母公司对子公司的股权投资余额与子公司的股东权益余额相抵销，并确认少数股东权益（主要涉及资产负债表有关项目的抵销）。

借：股本
　　资本公积
　　其他综合收益　　【经调整后的期末子公司报告的价值】
　　盈余公积
　　未分配利润
　　贷：长期股权投资　　【母公司对子公司长期股权投资调整后价值】
　　　　少数股东权益　　【子公司股东权益中归属于少数股东的份额】

（2）母公司投资收益、少数股东收益和期初未分配利润与子公司当年利润分配以及未分配利润的金额进行抵销（主要涉及合并利润表有关项目和所有者权益变动表有关项目）。

借：投资收益　　　　【母公司享有子公司当年实现的净利润】
　　少数股东损益　　【少数股东享有子公司当年实现的净利润】
　　年初未分配利润　【子公司期初未分配利润】
　　贷：提取盈余公积　　【子公司当年提取数额】
　　　　向股东分配利润　【子公司当年分配数额】　【子公司当年未分配的净利润】
　　　　年末未分配利润　【子公司期初未分配利润】

【例9-3】沿用【例9-1】的资料。2013年乙公司实现净利润80万元，宣告分派现金股利30万元，乙公司以现金支付股利。假定子公司的净利润中没有内部交易产生的未实现利润。

则在2013年年末甲公司编制合并财务报表时，在工作底稿中将母公司的股权投资由成本法调整到权益法，然后抵销资产负债表相关项目，最后抵销利润表和所有者权益变动表相关项目。

（1）对长期股权投资报告价值进行调整。

①借：长期股权投资　　640000　　可以合并成：
　　贷：投资收益　　　　640000　　借：长期股权投资　400000
　　　　　　　　　　　　　　　　　　　贷：投资收益　　　400000

②借：投资收益　　　　240000
　　　　长期股权投资　　240000

经过调整后，长期股权投资成本法下的价值1200000元调整成权益法下的1600000元。

（2）资产负债表相关项目的抵销。

③借：股本　　　　　　　　　　　300000
　　　资本公积　　　　　　　　　400000
　　　盈余公积　　　　　　　　　580000
　　　未分配利润　　　　　　　　720000
　　　贷：长期股权投资　　　　　　　1600000
　　　　　少数股东权益　　　　　　　400000

（3）利润表和所有者权益变动表相关项目的抵销。

④借：投资收益　　　　　　　　　640000
　　　少数股东损益　　　　　　　160000
　　　期初未分配利润　　　　　　300000
　　　贷：提取盈余公积　　　　　　　80000
　　　　　向股东分配利润　　　　　　300000
　　　　　期末未分配利润　　　　　　720000

可以将③④的抵销分录合并，即

借：股本　　　　　　　　　　　　300000
　　资本公积　　　　　　　　　　400000
　　盈余公积　　　　　　　　　　580000
　　投资收益　　　　　　　　　　640000
　　少数股东损益　　　　　　　　160000
　　期初未分配利润　　　　　　　300000
　　贷：长期股权投资　　　　　　　1600000
　　　　少数股东权益　　　　　　　400000
　　　　提取盈余公积　　　　　　　80000
　　　　向股东分配利润　　　　　　300000

将上述调整处理与抵销分录填入合并工作底稿中，见表9-7。

表9-7 合并报表工作底稿

2013年12月31日 单位：万元

项目	个别报表		调整与抵销分录		合并数
	甲公司	乙公司	借	贷	
资产负债表项目					
银行存款	54	60			
应收账款	100	30			
存货	80	40			
长期股权投资	120	0	40（调整）	160	
固定资产	460	120			
应付账款	28	42			
应付债券	112	8			
股本	200	30	30		
资本公积	150	40	40		
盈余公积	200	58	58		
未分配利润	124	72	110	78	
少数股东权益				40	
利润表项目					
主营业务利润		80			
投资收益	24		64	40（调整）	
净利润	24	80	64	40	
其中：少数股东损益			16		
所有者权益变动表有关项目					
期初未分配利润		30	30		
提取盈余公积		8		8	
应付普通股股利		30		30	
期末未分配利润	124	72	110	78	

【例9-4】连续编制合并报表的情况。假定2014年乙公司实现100万元的净利润，宣告分派现金股利40万元，乙公司以现金支付。假定乙公司当年净利润中没有来自内部交易的未实现利润。则2014年年某末公司编制合并财务报表时的调整和抵销分录为：

（1）将母公司对子公司的长期股权投资成本法核算结果调整为权益法核算的结果。

  借：长期股权投资   88
    贷：投资收益   48
      期初未分配利润   40

（2）与内部股权投资有关的抵销分录。

  借：股本   30
    资本公积   40
    盈余公积   68
    期末未分配利润   122
    贷：长期股权投资   208
      少数股东权益   52

  以及借：投资收益   80
      少数股东损益   20
      期初未分配利润   72

贷:提取盈余公积	10	
向股东分配利润	40	
期末未分配利润	122	

两笔抵销分录可以合并为：

借:股本	30	
资本公积	40	
盈余公积	68	
投资收益	80	
少数股东损益	20	
期初未分配利润	72	
贷:长期股权投资	208	
少数股东权益	52	
提取盈余公积	10	
向股东分配利润	40	

将上述调整处理与抵销分录填入合并工作底稿中，见表9-8。

表9-8 合并报表工作底稿

2014年12月31日　　　　　　　　　　　　　　　　　　　　　　　　　　单位：万元

项目	个别报表		调整与抵销分录		合并数
	甲公司	乙公司	借	贷	
资产负债表项目					
银行存款	86	120			206
应收账款	100	30			130
存货	80	40			120
长期股权投资	120	0	88（调整）	208	0
固定资产	460	120			580
应付账款	28	42			70
应付债券	112	8			120
股本	200	30	30		200
资本公积	150	40	40		150
盈余公积	200	68	68		200
未分配利润	156	122	172	138	244
少数股东权益				52	52
利润表项目					
主营业务利润		100			100
投资收益	32		80	48（调整）	0
净利润	32	100	80	48	100
其中：少数股东损益			20		20
所有者权益变动表有关项目					
期初未分配利润	124	72	72	40（调整）	164
提取盈余公积		10		10	0
应付普通股股利		40		40	0
期末未分配利润	156	122	172	138	244

三、非同一控制下企业合并内部股权投资的合并处理

（一）合并日合并报表编制的调整抵销处理

1.一次投资实现的控股合并

根据现行企业会计准则，非同一控制下取得的子公司，母公司编制购买日的合并资产负债表时，需要调整和抵销的内容如下：一是将子公司在购买日的资产、负债账面价值调整为公允价值；二是将母公司长期股权投资与子公司所有者权益进行抵销。

（1）按公允价值对子公司的报表进行调整。在非同一控制下取得的子公司，母公司为进行企业合并，要对子公司的资产、负债进行估值，然而子公司作为持续经营的主体，一般情况下，即一般不将该估值而产生的资产、负债公允价值的变动登记入账，其对外提供的财务报表仍然以各项资产和负债原来的账面价值为基础编制，其提供的购买日财务报表一般也以各项资产和负债原账面价值为基础编制。为此，母公司要编制购买日的合并财务报表，必须按照购买日子公司资产、负债的公允价值对其财务报表项目进行调整。这一调整是通过在合并工作底稿中编制调整分录进行的，实际上相当于将各项资产、负债的公允价值模拟入账，资产、负债的公允价值与账面价值的差额一方面调整资产、负债的账面价值，另一方面调整资本公积，然后以购买日子公司各项资产、负债的公允价值为基础编制购买日的合并财务报表。

（2）母公司长期股权投资与子公司所有者权益抵销处理。

在编制购买日的合并资产负债表时，需要将母公司对子公司长期股权投资与子公司所有者权益中所拥有的份额予以抵销。母公司对非同一控制下取得的子公司长期股权投资按合并成本进行账务处理的，母公司按子公司资产、负债的公允价值确定其在子公司所有者权益中享有的份额，当合并成本大于这一份额时，差额作为合并商誉处理，当合并成本小于这一份额时，差额做留存收益。经过这一调整后，在编制合并财务报表时则可以将长期股权投资与子公司所有者权益所拥有的份额相抵销。在非全资子公司的情况下，不属于母公司所拥有的份额在抵销处理时结转为少数股东权益。母公司在购买日编制合并资产负债表时在工作底稿中编制的调整抵销分录为：

一是将子公司资产、负债账面价值调整为公允价值。

借：需调整资产
　　贷：需调整负债
　　　　资本公积

二是将长期股权投资与子公司股东权益相抵销，同时确认少数股东权益。

借：股本　　　　　　　　　⎫
　　资本公积　　　　　　　⎬　【子公司调整后价值】　　A
　　盈余公积　　　　　　　⎭
　　未分配利润
　　商誉　　　　　　　　　　【A小于B的差额】　　　D1

贷：长期股权投资　　　【母公司对子公司合并成本】　　　B
　　　　少数股东权益　　　【少数股东享有的份额】　　　　　C
　　　　未分配利润　　　　【A 大于 B 的差额】　　　　　　　D2

【例9-5】甲公司、乙公司为非同一控制下的两个公司，合并前双方可辨认资产、负债和所有者权益资料见表9-9。（合并成本大于母公司享有子公司所有者权益份额）

表9-9　甲、乙公司合并前资产、负债和所有者权益价值

单位：万元

资产				权益			
项目	甲公司 账面价值	乙公司		项目	甲公司 账面价值	乙公司	
		账面价值	公允价值			账面价值	公允价值
流动资产	1000	200	200	负债	900	400	400
固定资产	1800	900	1000	股本	1000	400	
长期股权投资	0	0		资本公积	200	100	
				盈余公积	300	50	
				未分配利润	400	150	

2013年6月末，甲公司用账面价值为500万元、公允价值为580万元的库存商品和300万元的银行存款作为合并对价支付给乙公司的原股东，换取乙公司80%的股权。则合并后双方的资产负债和所有者权益资料见表9-10。

表9-10　甲、乙公司合并后资产、负债和所有者权益价值

单位：万元

资产				权益			
项目	甲公司 账面价值	乙公司		项目	甲公司 账面价值	乙公司	
		账面价值	公允价值			账面价值	公允价值
流动资产	200	200	200	负债	900	400	400
固定资产	1800	900	1000	股本	1000	400	
长期股权投资	880	0		资本公积	200	100	
				盈余公积	300	50	
				未分配利润	480	150	

根据上述资料，甲公司在编制合并日的合并财务报表时，首先需对乙公司资产、负债的有关项目按照公允价值进行调整，调整分录为：

　　借：固定资产　　　　　　　　　100
　　　　贷：资本公积　　　　　　　　　100

然后将母公司的长期股权投资与子公司经调整后的所有者权益进行抵销，分录为：

　　借：股本　　　　　　　　　　　400
　　　　资本公积　　　　　　　　　200（100+100）
　　　　盈余公积　　　　　　　　　50
　　　　未分配利润　　　　　　　　150
　　　　商誉　　　　　　　　　　　240
　　　　贷：长期股权投资　　　　　　　880
　　　　　　少数股东权益　　　　　　　160

将上述调整分录和抵销分录抄入工作底稿，见表9-11。

表9-11 合并日合并工作底稿

单位：万元

项目	个别报表		调整与抵销分录		合并数
	甲公司（母）	乙公司（子）	借	贷	
流动资产	200	200			400
固定资产	1800	900	100		2800
长期股权投资	880	0		880	0
商誉	0	0	240		240
负债	900	400			1300
股本	1000	400	400		1000
资本公积	200	100	200	100	200
盈余公积	300	50	50		300
未分配利润	480	150	150		480
少数股东权益				160	160

【例9-6】 甲公司、乙公司为非同一控制下的两个公司，合并前双方可辨认资产、负债和所有者权益资料见表9-12。（合并成本小于母公司享有子公司所有者权益份额）

表9-12 甲、乙公司合并前资产、负债和所有者权益价值

单位：万元

	资产			权益			
项目	甲公司 账面价值	乙公司 账面价值	乙公司 公允价值	项目	甲公司 账面价值	乙公司 账面价值	乙公司 公允价值
流动资产	320	80	88	负债	140	50	48
固定资产	460	120	290	股本	200	30	
长期股权投资		0		资本公积	140	40	
				盈余公积	200	50	
				未分配利润	100	200	

2013年1月1日，甲公司用账面价值60万元的库存商品，公允价值为70万元，银行存款50万元为对价取得乙公司60%的股权，合并后的双方资料见表9-13。

表9-13 甲、乙公司合并后资产、负债和所有者权益价值

单位：万元

	资产			权益			
项目	甲公司 账面价值	乙公司 账面价值	乙公司 公允价值	项目	甲公司 账面价值	乙公司 账面价值	乙公司 公允价值
流动资产	210	80	88	负债	140	50	48
固定资产	460	120	290	股本	200	30	
长期股权投资	120	0		资本公积	140	40	
				盈余公积	200	50	
				未分配利润	110	200	

根据上述资料，甲公司在编制合并日的合并财务报表时，首先需对乙公司资产、负债的有关项目按照公允价值进行调整，调整分录为：

借：流动资产　　　　　　　　　　　　　　　　8
　　固定资产　　　　　　　　　　　　　　　　170
　　负债　　　　　　　　　　　　　　　　　　2
贷：资本公积　　　　　　　　　　　　　　　　180

然后将母公司的长期股权投资与子公司经调整后的所有者权益进行抵销,分录为:

  借:股本   30
    资本公积   220(40+180)
    盈余公积   50
    未分配利润   200
   贷:长期股权投资   110
     少数股东权益   200
     未分配利润   190

将上述调整分录和抵销分录抄入工作底稿,见表9-14。

表9-14 合并日合并工作底稿

单位:万元

项目	个别报表		调整与抵销分录		合并数
	甲公司(母)	乙公司(子)	借	贷	
流动资产	210	80	8		298
固定资产	460	120	170		750
长期股权投资	120	0		120	0
商誉					
负债	140	50	2		188
股本	200	30	30		200
资本公积	140	40	220	180	140
盈余公积	200	50	50		200
未分配利润	110	200	200	190	300

2.分步投资实现的控股合并

通过多次股权投资实现的非同一控制下的企业合并,合并方在合并日编制合并资产负债表的要点如下:一是对于合并日之前已经持有的对被合并方的股权投资,按照其在合并日的公允价值进行重新计算,公允价值与账面价值差额,计入当期投资收益;二是购买日之前持有的被购买方的股权于购买日的公允价值,与购买日新增股权所支付对价的公允价值之和,为合并财务报表中的合并成本;三是在按上述计算的合并成本基础上,比较购买日被购买方可辨认净资产公允价值的份额,确定购买日应予以确认的商誉,或应计入发生当期损益的金额。

四是购买方对于购买日之前持有的被购买方的股权涉及其他综合收益的,与其相关的其他综合收益应当转为购买日所属当期投资收益。

【例9-7】资料见例8-6。

1.甲公司有关计算

(1)对原有股权投资进行重新计量。

假定其公允价值为28000万元,

  则需调整金额=28000-27450=550(万元)

(2) 计算合并成本。

合并成本=28000+15000=43000（万元）

(3) 计算合并商誉

合并商誉=43000-55000×50%=15500（万元）

2. 甲公司合并日合并财务报表的调整和抵销分录

借：长期股权投资　　　　　　　550
　　贷：未分配利润　　　　　　　550
借：股本等股东权益　　　　　　55000
　　商誉　　　　　　　　　　　15500
　　贷：长期股权投资　　　　　43000
　　　　少数股东权益　　　　　27500

（二）合并日以后的合并报表编制的调整抵销处理

母公司在非同一控制下取得子公司后，在未来持有该子公司的情况下，每一会计期末都需要将其纳入合并范围，编制合并报表。在对非同一控制下取得的子公司编制合并报表时，需要在合并工作底稿中编制调整和抵销的内容如下：

1. 应当以购买日确定的各项可辨认资产、负债及或有负债的公允价值为基础对子公司的财务报表进行调整。

2. 将母公司对子公司的长期股权投资采用成本法核算的结果，调整成权益法核算的结果，对财务报表进行调整。

3. 将母公司对子公司长期股权投资与子公司所有者权益等内部交易对合并财务报表的影响予以抵销。

【例9-8】甲公司2012年1月1日以定向增发普通股股票的方式，购买持有乙公司70%的股权。甲公司对乙公司长期股权投资的金额为29500万元，甲公司购买日编制的合并资产负债表中确认的合并商誉为4300万元。甲公司和乙公司2012年12月31日相关报表数据见表9-15。

表9-15　甲、乙公司相关报表数据

2012年12月31日　　　　　　　　　　　　　　　　　　　　　　　　单位：万元

资产			权益		
项目	甲公司账面价值	B公司账面价值	项目	甲公司账面价值	B公司账面价值
流动资产	70000	43000	负债	94000	41000
固定资产	28000	26000	股本	50000	20000
长期股权投资	69500	0	资本公积	29500	8000
其他非流动资产	42000	10000	盈余公积	18000	3200
			未分配利润	18000	6800

乙公司在购买日股东权益总额为32000万元，其中，股本20000万元、资本公积8000万元、盈余公积1200万元、未分配利润2800万元。B公司购买日应收账款账面价值为3920万元、公允价值为3820万元；存货账面价值20000万元、公允价值21100万元；

固定资产账面价值18000万元，公允价值21000万元。

乙公司全年实现净利润10500万元，乙公司当年提取盈余公积2000万元、向股东分配现金股利4500万元。截至年末，应收账款按购买日确认的金额收回，确认的坏账已核销；购买日存货公允价值增值部分，当年全部实现对外销售；购买日固定资产公允价值大于账面价值的是公司办公楼增值，该办公楼采用折旧方法为平均年限法，剩余折旧年限为20年。

甲公司在编制2012年度合并财务报表时需要具体调整和抵销的内容为：

(1) 计算需要调整的各项数据。

乙公司调整后本年净利润=10500+100-1100-150
　　　　　　　　　　=9350（万元）

100万元为购买日应收账款公允价值的实现而调减资产减值损失。
1100万元为购买日存货公允价值增值的实现而调增营业成本。
150万元为固定资产增值3000万元调增的折旧额。

乙公司调整后本年年末未分配利润=2800+9350-2000-4500
　　　　　　　　　　　　　=5650（万元）

权益法下甲公司对乙公司投资的投资收益=9350×70%=6545（万元）

权益法下甲公司对乙公司长期股权投资本年年末余额=29500+6545-4500×70%
　　　　　　　　　　　　　　　　　　　　　　=32895（万元）

少数股东损益=9350×30%=2805（万元）

(2) 相关的调整分录。

按公允价值对乙公司财务报表项目进行调整。

①借：存货　　　　　　　　　　　1100
　　　固定资产　　　　　　　　　3000
　　贷：应收账款　　　　　　　　　100
　　　　资本公积　　　　　　　　4000

调整后的资产对乙公司净利润的影响进行调整。

②借：营业成本　　　　　　　　　1100
　　　管理费用　　　　　　　　　　150
　　　应收账款　　　　　　　　　　100
　　贷：存货　　　　　　　　　　1100
　　　　固定资产　　　　　　　　　150
　　　　资产减值损失　　　　　　　100

按权益法对甲公司长期股权投资进行调整。

③借：长期股权投资　　　　　　　6545
　　贷：投资收益　　　　　　　　6545

④借：投资收益　　　　　　　　　3150
　　贷：长期股权投资　　　　　　3150

（3）相关抵销分录。

长期股权投资与B公司所有者权益抵销，确认少数股东权益。

⑤借：股本　　　　　　　　　　　　　20000
　　　资本公积　　　　　　　　　　　12000
　　　盈余公积　　　　　　　　　　　3200
　　　未分配利润　　　　　　　　　　5650
　　　商誉　　　　　　　　　　　　　4300
　　贷：长期股权投资　　　　　　　　32895
　　　　少数股东权益　　　　　　　　12255

甲公司的投资收益与子公司的利润分配进行抵销。

⑥借：投资收益　　　　　　　　　　　6545
　　　少数股东损益　　　　　　　　　2805
　　　年初未分配利润　　　　　　　　2800
　　贷：提取盈余公积　　　　　　　　2000
　　　　向股东分配利润　　　　　　　4500
　　　　年末未分配利润　　　　　　　5650

应收股利与应付股利的抵销。

⑦借：应付股利　　　　　　　　　　　3150
　　贷：应收股利　　　　　　　　　　3150

根据以上的调整分录和抵销分录，编制合并工作底稿（简表），见表9-16。

表9-16　合并工作底稿

2012年12月31日　　　　　　　　　　　　　　　　　　　　　　　　　　　单位：万元

项目	个别报表		调整与抵销分录		合并数
	甲公司（母）	B公司（子）	借	贷	
流动资产	70000	43000	1100① 100②	100① 1100②	
固定资产	28000	26000	3000①	150②	56850
长期股权投资	69500	0	6545③	3150④ 32895⑤	40000
其他非流动资产	42000	10000			52000
商誉			4300⑤		4300
负债	94000	41000	3150⑦	3150⑦	
股本	50000	20000	20000⑤		50000
资本公积	29500	8000	12000⑤	4000①	29500
盈余公积	18000	3200	3200⑤		18000
未分配利润					24200
少数股东权益				12255⑤	12255
管理费用	6000	3900	150②		10050
营业成本	96000	73000	1100②		170100
投资收益	9800	200	3150④ 6545⑥	6545③	68500
资产减值损失	600	300		100②	800

续表

项目	个别报表		调整与抵销分录		合并数
	甲公司（母）	B公司（子）	借	贷	
净利润	36000	10500			
少数股东损益			2805⑥		2805
年初未分配利润	9000	2800	2800⑥		9000
提取盈余公积	7000	2000		2000⑥	7000
向股东分配股利	20000	4500		4500⑥	20000
年末未分配利润	18000	6800	5650⑤ 19395	5650⑥ 18795	24200

第三节 内部商品交易的抵销处理

母公司在编制合并财务报表时除了将内部股权投资的相关业务抵销，还需要将母公司与子公司、子公司相互之间销售商品、提供劳务等所包含的未实现内部销售损益予以抵销，并抵销与未实现内部销售损益相关的资产减值准备。

一、内部销售收入和内部销售成本的抵销处理

（一）购买企业内部购进的商品当期全部实现销售时的抵销处理

对于内部购进商品业务，销售方销售给集团内其他成员企业和销售给集团外的企业，会计处理是相同的，即在本期确认销售收入、结转销售成本、计算损益，并在其个别报表中予以反映；对于购买方，当期将从内部购进的商品全部销售出集团外，则一方面确认销售收入，另一方面要结转销售内部购进的成本，并在其个别报表中反映，并确认损益。对于这一笔购销业务，在销售企业和购买企业的个别报表都做了反映。但从企业集团整体来看，这一笔购销业务只是实现了一次销售，其销售收入只是购买企业销售该商品的销售收入，其销售成本只是销售企业销售该商品的销售成本。销售企业销售该商品的收入属于内部销售收入，相应地，购买企业销售该商品成本则属于内部销售成本。因此，在编制合并财务报表时，就必须将重复反映的内部销售收入和内部销售成本予以抵销，其抵销分录为：

借：营业收入　　　　　　【内部销售收入】
　　贷：营业成本　　　　　　【内部销售成本】

【例9-9】2014年4月，B公司将成本为2000万元的存货按2400万元的价格出售给其子公司，子公司将该购入也作为存货核算。2014年末，子公司将该商品全部售出集团外。

则抵销分录为：

```
借：营业成本            2400
    贷：营业收入            2400
```
合并工作底稿略。

(二) 购买企业内部购进的商品未实现对外销售时的抵销处理

在内部购进的商品未实现对外销售的情况下，从销售企业来说，同样是按照一般销售业务确认销售收入、结转销售成本、计算损益，并在其个别报表中予以反映。这一业务从企业集团来看，实际上是将商品的存放地点进行了转移，并没有真正实现商品价值的增加。因此，在编制合并财务报表时，应当将销售企业确认的内部销售收入和内部销售成本予以抵销，同时抵销存货价值中包含的销售方的销售损益，其抵销分录为：

```
借：营业收入        【内部销售收入】
    贷：营业成本        【销售方销售成本】
        存货            【存货价值中包含的销售方的销售损益】
```

【例9-10】 沿用例9-9资料，假定其子公司在年末将商品全部对外销售。

则抵销分录为：

```
借：营业收入            2400
    贷：营业成本            2000
        存货                400
```
合并工作底稿略。

对于内部购进的商品部分实现对外销售、部分形成期末存货的情况，可以将内部购买的商品分解为两部分来看待，即一部分为当期购进并全部实现对外销售；另一部分为当期购进但未实现对外销售，全部形成期末存货。

【例9-11】 甲公司本期个别利润表的营业收入中有5000万元，是向其子公司销售产品取得的销售收入，该产品销售成本为3500万元，销售毛利率为30%。该子公司在本期将该批商品的60%对外销售，其销售收入为3750万元，销售成本为3000万元，并列示个别利润表。

则抵销分录为：

```
借：营业收入            5000
    贷：营业成本            4400
        存货                600
```
合并工作底稿略。

(三) 购买企业内部购进的商品作为固定资产使用时的抵销

在集团成员企业将自身的产品销售给其他成员企业作为固定资产使用的情况下，对于销售方来说作为普通商品销售并进行会计处理，确认销售收入、结转成本和计算损益，并以此在其个别报表中列示；对于购买方来说，则以购买价作为固定资产原值记账，该固定资产入账价值既包含销售企业生产该产品的成本，又包含销售企业由于该产品销售所实现的销售利润。购买企业虽然以支付给销售企业的购买价格作为固定资产原价入账,但从整个企业集团来说,只能以销售企业生产该产品的成本作为固定资产原价在合并财务报表中反映。因此,编制合并财务报表时,一方面抵销销售方的销售收入、销售成本,另一方面将销售方的销售损益与固定资产原价中包含的未实现的内部销售损益予以抵销。

抵销分录为:
　　借:营业收入
　　　贷:营业成本
　　　　　固定资产

【例9-12】母公司个别报表的营业收入中有500万元是12月份向子公司销售产品的,产品的生产成本为400万元,子公司购入后作为生产用固定资产,购入后投入使用。

在编制合并财务报表时,抵销分录为:
　　借:营业收入　　　　　　　　500
　　　贷:营业成本　　　　　　　　400
　　　　　固定资产　　　　　　　　100

合并工作底稿略。

二、连续编制合并报表时内部销售商品的合并处理

在连续编制合并报表的情况下,首先必须将上期抵销的存货价值中包含的未实现内部销售损益对本期期初未分配利润的影响予以抵销,调整本期期初未分配利润的数额;然后再对本期内部购进存货进行合并处理。其具体的程序和方如下。

●(一)将上期抵销的存货价值中包含的未实现利润损益对本期期初未分配利润的影响进行抵销

将上期抵销的存货价值中包含的未实现利润损益对本期期初未分配利润的影响进行抵销,即按照上期内部购进存货价值中包含的未实现内部销售损益的数额调整为期初未分配利润。这一调整分录相当于上期内部购进的存货中包含的未实现内部销售损益在本期视同为实现利润,将上期未实现内部销售转为本期实现利润,冲减当期的合并销售成本。抵销分录为:

　　借:期初未分配利润　　【以前年度内部商品交易未实现利润】
　　　贷:营业成本　　　　　【以前年度内部商品交易未实现利润】

对于本期发生的内部购销活动,将内部销售收入、内部销售成本及内部购进存货中未实现内部销售损益予以抵销。抵销分录为:

　　借:营业收入　　　　　【内部销售收入】
　　　贷:营业成本　　　　　【销售方销售成本】
　　　　　存货　　　　　　　【存货价值中包含的销售方的销售损益】

期末将内部购进存货价值中包含的未实现内部销售损益予以抵销。对于期末内部购

买形成的存货（包括以前期间结转形成的），应按照购买企业期末内部购入存货价值中包含的未实现内部销售损益的数额进行处理。

【例9-13】 沿用例9-11资料。本期甲公司个别报表中向其子公司销售商品取得销售收入6000万元，销售成本4200万元，甲公司本期销售毛利为30%。子公司个别报表中从甲公司购进本期商品实现对外销售收入5625万元，销售成本为4500万元；期末内部购进形成的存货为3500万元（期初2000万元，本期购进6000万元，本期销售4500万元）。

（1）调整期初未分配利润。

借：期初未分配利润　　　　　　　　　600
　　贷：营业成本　　　　　　　　　　　　600

（2）抵销本期内部销售。

借：营业收入　　　　　　　　　　　6000
　　贷：营业成本　　　　　　　　　　　6000

（3）抵销期末存货中包含的未实现内部销售损益。

借：营业成本　　　　　　　　　　　1050
　　贷：存货　　　　　　　　　　　　　1050

合并工作底稿略。

三、存货跌价准备的合并处理

纳入合并财务报表编制范围的子公司之间或者与其母公司之间的内部存货交易上的未实现利润经过上述抵销处理之后，还有一个问题需要解决：按未实现利润计提的存货跌价准备应如何处理。

企业集团有关成员企业发生内部存货交易后，内部交易的买方期末按存货的可变现净值低于该存货成本的差额计提存货跌价准备、确认资产减值损失。而在合并财务报表中，该存货的期末跌价准备和本期应确认的跌价损失应该是以该存货仍保留在内部交易的卖方为假设条件，按照该存货的可变现净值低于其内部交易卖方的账面价值的差额计提跌价准备、确认跌价损失。为了达到这一目的，就有必要对内部交易存货已计提的跌价准备进行调整。相关的调整分录为：

借：存货　　　　　　　　【多提的存货跌价准备金额】
　　贷：资产减值损失　　　【本期多确认的存货跌价损失】
　　　　期初未分配利润　　【以前期间多确认的存货跌价损失】

【例9-14】 母公司将200万元的存货按240万元的价格销售给子公司，子公司当年未将该批商品售出。

1．假定报告期末，子公司的该批存货可变现净值为190万元，子公司计提50万元的存货跌价准备。

该种情况，从合并财务报表来看，该批存货的报告价值应为190万元，只能计提10万元的资产减值损失，所以，期末母公司在编制合并财务报表时，应编制抵销分录为：

借：营业收入	240	
贷：营业成本		200
存货		40
借：存货	40	
贷：资产减值损失		40

合并工作底稿略。

2. 假定报告期末，子公司该批存货的可变现净值为200万元，子公司计提40万元的存货跌价准备。

该种情况，从合并财务报表来看，该批存货的报告价值应为200万元，不必确认资产减值损失。所以，期末母公司在编制合并报表时，应编制的抵销分录和第一种情况的抵销分录相同。

3. 假定报告期末，子公司的该批存货可变现净值为210万元，子公司计提了30万元的存货跌价准备。

该种情况，从合并财务报表来看，该笔存货的报告价值应为200万元，可变现净值210万元，不应计提存货跌价准备，所以在编制合并财务报表时应编制的抵销分录为：

借：营业收入	240	
贷：营业成本		200
存货		40
借：存货	30	
贷：资产减值损失		30

合并工作底稿略。

4. 假定报告期末，子公司的该批存货可变现净值为250万元，子公司没有计提跌价准备。

该种情况，从合并财务报表来看，该笔存货的报告价值为200万元，可变现净值为250万元，不应计提存货跌价准备，所以在编制合并财务报表时只需要编制内部未实现损益的抵销分录就可以了。

借：营业收入	240	
贷：营业成本		200
存货		40

合并工作底稿略。

四、递延所得税的调整

在编制合并报表时，需要对企业集团内部交易进行合并抵销处理，可能导致在合并财务报表中反映的存货价值与其计税基础不一致，存在差异，为了使合并财务报表全面反映所得税相关的影响，特别是当期所负担的所得税费用的情况，应当进行所得税会计核算。

将纳入合并范围的母公司与子公司以及子公司相互之间发生的内部交易对个别报表的影响予以抵销，这其中包括内部商品交易所形成的存货价值中包含的未实现内部销售损益的金额。对于内部商品交易所形成的存货，从持有该存货的企业来说，假定不考虑资产减值损失，其取得成本即是该资产的账面价值，这其中包含销售企业因该销售所实现的损益，这一取得成本就是计税基础。所得税是以独立的法人实体为对象计征的，不存在暂时性差异，也不涉及确认递延所得税资产或递延所得税负债的问题。但在编制合并财务报表中，随着内部商品交易所形成的存货价值包含的未实现内部销售损益的抵销，合并资产负债表所反映的存货价值是以原来内部销售企业该商品的销售成本列示的，不包含未实现内部销售损益。由此导致在合并资产负债表中所列示的存货的价值与持有该存货的企业计税基础不一致，存在着暂时性差异。这一暂时性差异的金额就是编制合并财务报表时所抵销的未实现内部销售损益的数额。从合并财务报表编制来说，对于这一暂时性差异，则必须确认递延所得税资产或递延所得税负债。

调整分录为：

借：递延所得税资产　　【抵销内部存货交易未实现利润·所得税率】
借或贷：所得税费用　　【本期应调整递延所得税】
　　贷：期初未分配利润　【以前期间已调整递延所得税】

【例9-15】母公司2013年4月将200万元的存货按240万元的价格销售给子公司，所得税率为25%。子公司当年未将该批商品售出。

①借：营业收入　　　　　　240
　　贷：营业成本　　　　　200
　　　　存货　　　　　　　40

②借：递延所得税资产　　　10
　　贷：所得税费用　　　　10

2014年子公司将该存货中的30%售出集团，销售毛利为10%。

①借：期初未分配利润　　　40
　　贷：营业成本　　　　　40

②借：营业成本　　　　　　28
　　贷：存货　　　　　　　28

③借：递延所得税资产　　　7
　　　所得税费用　　　　　3
　　贷：期初未分配利润　　10

根据上述抵销分录，其合并工作底稿（简表）见表9-17。

表9-17 合并工作底稿（简表）

单位：万元

项目	个别报表		调整与抵销分录		合并数
	甲公司（母）	子公司	借	贷	
2013年					
资产负债表有关项目					
存货	0	240		①40	200
递延所得税资产	0	0	②10		10
应缴税费	10				10
利润表有关项目					
营业收入	240		①240		0
营业成本	200			①200	0
营业利润	40		240	200	0
减：所得税费用	10			②10	0
净利润	30		240	210	0
所有者权益变动表有关项目					
期初未分配利润	0				
期末未分配利润	30		240	210	0
2014年：					
资产负债表有关项目					
存货	0	168		②28	140
递延所得税资产		0	③7		7
应缴税费		0			0
利润表有关项目					
营业收入		79.2			79.2
营业成本		72	②28	①40	60
营业利润		7.2	28	40	19.2
减：所得税费用		1.8	③3		
净利润		5.4	31	40	14.4
所有者权益变动表有关项目					
期初未分配利润	30	0	①40	③10	0
期末未分配利润	30	5.4	71	50	144

第四节 内部债权债务的抵销处理

母公司与子公司之间、子公司相互之间的债权和债务项目是指母公司与子公司、子公司相互之间的应收账款与应付账款、预付账款与预收账款、应付债券与债券投资等项目。这些项目在编制合并财务报表时，对于企业集团成员企业之间的内部债权、债务应予以抵销，以便使合并财务报表的债权、债务反映为企业集团整体的对外债权、债务。另外，与内部债权、债务有关的利息收益、利息费用，以及与内部债权有关的坏账准备也应予以抵销。

一、内部债权债务的合并处理

对于发生在母公司与子公司、子公司相互之间的债权、债务，从债权方企业来说，在资产负债表中表现为一项债权资产；从债务方来说，一方面形成一项负债，另一方面同时形成一项资产。发生的这种债权债务，从母公司与总公司组成的集团整体角度来看，它只是集团内部资金运动，既不增加企业集团的资产，也不增加负债。因此，在编制合并财务报表时，应当将内部债权债务项目予以抵销。

【例9-16】甲公司是A公司的母公司，甲公司应收账款中有600万元来自为应收A公司的账款；应收票据中有400万元为应收A公司的票据；持有至到期投资中有A公司发行的应付债券2500万元。

　　借：应付账款　　　　　　　　　　600
　　　　贷：应收账款　　　　　　　　　　600
　　借：应付票据　　　　　　　　　　400
　　　　贷：应收票据　　　　　　　　　　400
　　借：应付债券　　　　　　　　　　2500
　　　　贷：持有至到期投资　　　　　　　2500

二、内部应收应付款项及其坏账准备的合并处理

企业对于包括应收账款、应收票据、预付账款以及其他应收款在内的所有应收款项，应当根据其预计可收回金额变动情况，确认资产减值损失，计提坏账准备。这里的应收账款、应收票据等也包括应收子公司账款。在对子公司的应收款项计提坏账准备的情况下，在编制合并财务报表时，随着内部应收款项的抵销，与此相联系的内部应收款项计提的坏账准备应予以抵销。抵销分录为：

　　借：坏账准备　　　　　【内部应收账款计提的坏账准备期末余额】
　　借或贷：资产减值损失　【内部应收账款本年冲减或计提的坏账准备】
　　　　贷：未分配利润　　【内部应收账款计提的坏账准备期初余额】

【例9-17】母公司坏账准备采用备抵法，按年末应收账款余额的0.5%计提坏账准

备。2013年年末母公司应收账款30万元是应向其子公司收取的销货款，2014年末母公司应收账款20万元全部为子公司的应付款，2015年末母公司的应收账款有25万元全部为子公司的应付账款。

母公司在编制2013年合并财务报表时的抵销分录为：

　　借：应付账款　　　　　　　　　　　　300000
　　　　贷：应收账款　　　　　　　　　　　　300000
　　借：应收账款　　　　　　　　　　　　1500
　　　　贷：资产减值损失　　　　　　　　　　1500

母公司在编制2014年合并财务报表时的抵销分录为：

　　借：应付账款　　　　　　　　　　　　200000
　　　　贷：应收账款　　　　　　　　　　　　200000
　　借：应收账款　　　　　　　　　　　　1000
　　　　资产减值损失　　　　　　　　　　500
　　　　贷：期初未分配利润　　　　　　　　　1500

母公司在编制2015年合并财务报表时的抵销分录为：

　　借：应付账款　　　　　　　　　　　　250000
　　　　贷：应收账款　　　　　　　　　　　　250000
　　借：应收账款　　　　　　　　　　　　1250
　　　　贷：期初未分配利润　　　　　　　　　1000
　　　　　　资产减值损失　　　　　　　　　　250

三、内部应收款项相关所得税会计的合并处理

在编制合并报表时，随着内部债权债务的抵销，也必须将内部应收账款计提的坏账准备予以抵销。通过对其进行合并抵销处理，合并报表中该内部应收账款已不存在，由内部应收账款账面价值与计税基础之间的差额形成的暂时性差异也不能存在，在编制合并报表时，对持有该集团内部应收款项的企业因该暂时性差异确认的递延所得税需要进行抵销处理。

【例9-18】甲公司为A公司的母公司。甲公司期末应收账款中17万元为应收A公司的账款，该应收账款账面余额为18万元，甲公司当年对其计提了1万元的坏账准备，双方适用25%的所得税率。

母公司在编制合并报表时的抵销分录为：

　　借：应付账款　　　　　　　　　　　　180000
　　　　贷：应收账款　　　　　　　　　　　　180000
　　借：应收账款　　　　　　　　　　　　10000
　　　　贷：资产减值损失　　　　　　　　　　10000
　　借：所得税费用　　　　　　　　　　　2500
　　　　贷：递延所得税资产　　　　　　　　　2500

第五节 内部固定资产交易的处理

内部固定资产交易是指企业集团内部发生的与固定资产有关的购销业务。根据销售企业销售的是产品还是固定资产，可以将企业集团内部固定资产交易分为两类：一是企业集团内部企业将自身使用的固定资产变卖给企业集团内的其他企业作为固定资产使用；二是企业集团内部企业将自身生产的产品销售给企业集团内部的企业作为固定资产使用。严格来说，内部固定资产交易属于内部商品交易，其在编制合并报表时的抵销处理与一般的内部商品交易抵销处理有相同处理。但是由于固定资产取得并投入使用后，往往跨越若干个会计期间，并且在使用过程中通过计提折旧将其价值转移到产品生产成本或会计期间费用中去，因而其抵销处理有其特殊性；三是企业集团内部企业将自身使用的固定资产变卖给企业集团内部的企业作为普通商品。

一、内部固定资产交易当期的合并处理

1. 内部固定资产交易在当期未计提折旧的抵销处理

（1）企业集团内部产品销售给其他企业作为固定资产的交易抵销处理。

在合并底稿中编制抵销分录将其抵销时，将销售企业确认的销售收入、结转的销售成本以及购买方固定资产原价中包含的内部未实现利润进行抵销，其抵销分录为：

借：营业收入　　【销售方的销售收入】
　　贷：营业成本　　【销售方结转销售成本】
　　　　固定资产　　【购买方固定资产入账价中包含的未实现销售利润】

【例9-19】集团内部的A公司在2013年12月将自己生产的产品销售给集团内部的B公司作为固定资产使用。A公司销售该产品的收入为1680万元，销售成本为1200万元，B公司以1680万元的价格作为固定资产原价入账。

则在编制合并报表时应编制的抵销分录为：

借：营业收入　　　　　　　　　1680
　　贷：营业成本　　　　　　　　1200
　　　　固定资产　　　　　　　　　480

（2）企业集团内部固定资产变卖交易的抵销处理。

集团内部企业将将固定资产销售给内部企业做普通商品，销售方是处置固定资产业务进行处理，处置固定资产损益计入营业外收入或营业外支出，在编制合并报表时该项损益应予以抵销，其抵销分录为：

借：营业外收入　　【处置固定资产的净收益】
　　贷：存货　　　　【存货中包含内部销售未实现损益】

【例9-20】集团内部的A公司在2013年7月将不用的一项固定资产销售给集团内部的B公司作为存货。该固定资产售价1680万元，账面价值为1200万元。

则在编制合并报表时应编制的抵销分录为：

借：营业外收入　　　　　　　480
　　贷：存货　　　　　　　　　　480

2.内部固定资产交易且当期计提折旧的合并处理

在发生内部固定资产交易当期编制合并报表时，首先将该内部固定资产交易相关收入、销售成本以及形成的固定资产原价中包含的未实现利润予以抵销；其次购买企业使用该固定资产计提的折旧，其折旧额计入当期损益，由于购买企业是以该固定资产取得成本作为原价计提折旧，在取得成本中包含了未实现内部销售损益，相应地在该内部交易固定资产使用过程中其各期计提的折旧额中，也包含在未实现内部销售损益的金额中。因此应对当期该固定资产多提的折旧额进行抵销。

（1）将内部交易未实现损益抵销，抵销分录为：

借：营业收入　　　　　　【销售方将产品销售的收入】
　　贷：营业成本
　　　　固定资产
或借：营业外收入　　　　　【销售方将固定资产销售的净损益】
　　贷：固定资产

（2）多提折旧的抵销，抵销分录为：

借：固定资产　　　　　　【多提固定资产折旧额】
　　贷：管理费用　　　　　　【购买方做管理用固定资产多提折旧额】
　　　　存货　　　　　　　　【购买方做生产用固定资产多提折旧额】

【例9-21】集团内部的A公司在2011年1月将自己生产的产品销售给集团内部的B公司作为固定资产使用。A公司销售该产品的收入为1680万元，销售成本为1200万元，B公司以1680万元的价格作为固定资产原价入账。该固定资产不需要安装直接投入管理部门使用，使用年限为4年，预计净残值为零。

（1）将内部交易未实现损益抵销，抵销分录为：

借：营业收入　　　　　　1480
　　贷：营业成本　　　　　　1200
　　　　固定资产　　　　　　　480

（2）多提折旧的抵销，抵销分录为：

借：固定资产　　　　　　110
　　贷：管理费用　　　　　　110

二、以后各年至处置清理前各期末的合并处理

在以后的会计期间，具体抵销程序如下：

（1）将内部交易固定资产原价中包含的未实现内部销售损益抵销，并调整期初未分配利润，调整分录为：

借：期初未分配利润　　　【内部销售未实现利润】
　　贷：固定资产　　　　　　【内部销售未实现利润】

（2）将固定资产在购买方累计多提的折旧进行抵销，其中以前年度多提的抵销期初未分配利润，当年多提的折旧额抵销管理费用或存货（假定购买方做生产用固定资产生产产品在第二年对外销售）。

借：固定资产　　　　　　【购买方累计多提的折旧额】
　　贷：期初未分配利润　　　【以前年度累计多提折旧额】
　　　　管理费用　　　　　　【购买方做管理用固定资产当年多提折旧额】
　　　　存货　　　　　　　　【购买方做生产用固定资产当年多提折旧额】

【例9-22】 沿用例9-21。

母公司在编制2012年度合并报表时应编制的调整分录和抵销分录。

（1）将内部交易固定资产原价中包含的未实现内部销售损益抵销，并调整期初未分配利润，调整分录为：

借：期初未分配利润　　　　　　　480
　　贷：固定资产　　　　　　　　　480

（2）将固定资产在购买方累计多提的折旧进行抵销，抵销分录为：

借：固定资产　　　　　　　　　　230
　　贷：期初未分配利润　　　　　　110
　　　　管理费用　　　　　　　　　120

三、固定资产清理期的合并处理

对于销售企业，因该内部交易固定资产实现的净利润，作为期初未分配利润的一部分结转到以后的会计期间，直到购买企业对该项内部交易的固定资产进行清理的会计期间。从购买企业来说，对内部交易固定资产进行清理的会计期间，在其个别报表中表现为固定资产减少，该固定资产清理收入减去该固定资产净值以及有关清理费用后的余额，在个别利润表中以营业外收入或营业外支出项目列示。固定资产清理时可能出现三种情况：一是期满清理，二是超期清理，三是提前清理。编制合并报表时，应当要根据清理的具体情况进行抵销处理。

1.期满清理情况的合并处理

内部交易的固定资产在试用期满转入清理的情况下，一方面，由于固定资产实体已经退出集团，期初未分配利润中的固定资产包含的内部交易利润得以实现，该固定资产价值已被注销，所以，不存在抵销该固定资产原价中包含的内部未实现利润；另一方面，由于不存在未实现利润，因所固定资产清理，其累计折旧额也已经注销，也就不存在对按未实现利润多提折旧调整期初未分配利润。但是，需要将清理当期的多提的折旧额调整期初未分配利润。

调整分录为：

借：期初未分配利润
　　贷：管理费用　　　　　　　　【清理当年多提的折旧额】

2. 提前清理情况的合并处理

在固定资产未满使用年限提前报废（或出售）进行清理核算时，年末编制合并报表时应编制的抵销分录为：

（1）调整年初未分配利润中的未实现利润。
　　借：期初未分配利润
　　　　贷：营业外收入

（2）抵销按未实现利润累计多提的折旧额。
　　借：营业外收入　　　　　　【累计多提折旧额】
　　　　贷：期初未分配利润　　【以前年度累计多提折旧额】
　　　　　　管理费用等　　　　【当年多提折旧额】

3. 超期清理情况的合并处理

内部交易的固定资产在超过预计使用年限后才清理的情况下，分为两种情况，一是清理年度在期满年度的以后年度，则在清理年度由于固定资产已经退出企业集团，其价值已经注销，年初未分配利润中的固定资产内部交易未实现利润已经转为实现，不存在抵销未实现利润；由于已经超期使用，本年已不再计提折旧额，所以也不必调整管理费用。因此，清理年度的年末合并报表不必编制任何调整抵销分录。但是在期满年度编制合并报表时需要将内部未实现利润进行调整以及将累计多提的折旧进行调整；二是清理年度在期满年度内的情况，需要将超期使用之前的未实现利润进行调整处理。其调整和抵销分录为：

　　借：期初未分配利润　　　　【未实现内部销售未实现利润】
　　　　贷：固定资产　　　　　【未实现内部销售未实现利润】
　　借：固定资产　　　　　　　【累计多提折旧额】
　　　　贷：期初未分配利润　　【以前年度累计多提折旧额】
　　　　　　管理费用　　　　　【期满当年多提折旧额】

【例9-23】沿用例9-21，2015年1月该内部交易固定资产使用期满。

（1）假定B公司于2015年2月对其进行清理，B公司对该固定资产清理时实现固定资产清理净收益14万元。

则合并处理分录为：
　　借：期初未分配利润　　　　　　　　10
　　　　贷：管理费用　　　　　　　　　10

（2）假定B公司于2016年对其进行清理，B公司对该固定资产清理时实现固定资产清理净收益14万元。

则在编制2015年合并报表时，需要进行的合并处理分录为：
　　借：期初未分配利润　　　　　　　　480
　　　　贷：固定资产　　　　　　　　　480

借：固定资产　　　　　　　　　　　　　　480
　　贷：期初未分配利润　　　　　　　　　　470
　　　　管理费用　　　　　　　　　　　　　10

清理当年，即2016年在编制合并报表时不需要合并处理。

（3）假定B公司于2013年12月对其进行清理，B公司对该固定资产清理时实现固定资产清理净收益14万元。

则在编制当年合并报表时的处理分录为：

借：期初未分配利润　　　　　　　　　　　480
　　贷：营业外收入　　　　　　　　　　　　480
借：营业外收入　　　　　　　　　　　　　350
　　贷：期初未分配利润　　　　　　　　　　230
　　　　管理费用　　　　　　　　　　　　　120

四、内部交易固定资产所得税会计的合并处理

对于内部交易形成的固定资产，编制合并报表时应当将该内部交易对个别财务报表的影响予以抵销，其中包括将内部交易形成的固定资产价值中包含的未实现内部销售利润予以抵销。对于内部交易形成的固定资产，从持有该固定资产的企业来说，假定不考虑计提资产减值损失，这一账面价值与其计税基础是一致的，不存在暂时性差异，也不涉及确认递延所得税资产（负债）问题。但在编制合并报表时，随着内部交易所形成的固定资产价值所包含的未实现内部销售损益抵销，合并资产负债表中所反映的该固定资产价值不包含这一未实现内部销售损益，也就是说是以原销售企业该商品的销售成本列示的，因而导致在合并资产负债表所列示的固定资产价值与持有该固定资产的企业计税基础不一致，存在着暂时性差异。这一暂时性差异的净额就是编制合并报表时所抵销的未实现内部销售损益的数额。从合并报表来说，对于这一暂时性差异，在编制合并报表时必须确认相应的递延所得税资产或递延所得税负债。

【例9-24】沿用例9-21的资料。

在编制2011年合并报表时有关合并分录。

（1）将内部交易未实现损益抵销，抵销分录为：

借：营业收入　　　　　　　　　　　　　1480
　　贷：营业成本　　　　　　　　　　　　1200
　　　　固定资产　　　　　　　　　　　　　480

（2）多提折旧的抵销。

借：固定资产　　　　　　　　　　　　　　110
　　贷：管理费用　　　　　　　　　　　　　110

（3）递延所得税的处理。

借：递延所得税资产　　　　　　　　　　92.5[(480-110)×25%]
　　　　贷：所得税费用　　　　　　　　　　92.5
在编制2012年合并报表时有关合并分录。
（1）将内部交易未实现损益抵销，抵销分录为：
　　借：期初未分配利润　　　　　　　　　480
　　　　贷：固定资产　　　　　　　　　　480
（2）多提折旧的抵销。
　　借：固定资产　　　　　　　　　　　　230
　　　　贷：管理费用　　　　　　　　　　120
　　　　　　期初未分配利润　　　　　　　110
（3）递延所得税的处理。
　　借：递延所得税资产　　　　　　　　　62.5
　　　　所得税费用　　　　　　　　　　　30
　　　　贷：期初未分配利润　　　　　　　92.5

第六节 合并现金流量表的编制

　　现金流量表作为第三张主要报表已经为世界上一些主要国家的会计实务所采用，现金流量表要求按照收付实现制反映企业经济业务所引起的现金流入和流出，其编制方法有直接法和间接法两种。我国已经明确规定企业对外报送的现金流量表采用直接法编制。

　　合并现金流量表是综合反映母公司及其子公司组成的企业集团在一定会计期间现金流入、现金流出数量以及增减变动情况的财务报表。合并现金流量表以母公司和子公司的现金流量表为基础，在抵销母公司与子公司、子公司相互之间发生的内部交易对合并现金流量表的影响后，由母公司编制。

　　在以母公司和子公司个别现金流量表为基础编制合并现金流量表时，需要进行抵销的内容主要有：

　　1. 母公司与子公司、子公司相互之间当期以现金投资或收购股权增加的投资所发生的现金流量应当抵销。当母公司从子公司中购买其持有的其他企业的股票时，由此所产生的现金流量，在购买股权方的母公司的个别现金流量表中表现为"投资活动产生的现金流量"中的"投资支付的现金"的增加，而在出售股权方的子公司的个别现金流量表中则表现为"投资活动产生的现金流量"中的"收回投资收到的现金"的增加。在母公司对子公司投资的情况下，其所产生的现金流量在母公司的个别现金流量表中表现为"投资活动产生的现金流量"中的"投资支付的现金"的增加；而在接受投资的子公司个别现金流量表中则表现为"筹资活动产生的现金流量"中的"吸收投资收到的现金"的增加。因此，编制合并现金流量表时将其予以抵销。其抵销分录为：

借：投资活动现金流量——投资所支付的现金
  贷：筹资活动现金流量——吸收投资所收到的现金

2. 母公司与子公司、子公司相互之间当期取得投资收益收到的现金，应当与分配股利、利润或偿付利息支付的现金相互抵销。母公司对子公司投资以及子公司相互之间进行投资分配现金股利或利润时，由此所产生的现金流量，在股利或利润支付方的个别现金流量表中表现为"筹资活动产生的现金流量"中的"分配股利、利润或偿付利息支付的现金"的增加，而在收到股利或利润方的个别现金流量表中则表现为"投资活动产生的现金流量"中的"取得投资收益收到的现金"的增加，为此，在编制合并现金流量表时必须将其予以抵销。其抵销分录为：

借：筹资活动现金流量——分配股利、利润或偿付利息所支付的现金
  贷：投资活动现金流量——分得投资收益所收到的现金

3. 母公司与子公司、子公司相互之间以现金结算的债权与债务所产生的现金流量应当抵销。以现金结算内部债权与债务，对于债权方来说表现为现金的流入，而对于债务方来说则表现为现金的流出。在现金结算的债权与债务属于母公司与子公司、子公司相互之间内部销售商品和提供劳务所产生的情况下，从其个别现金流量表来说，在债权方的个别现金流量表中表现为"销售商品、提供劳务收到的现金"的增加；而在债务方的个别现金流量表中则表现为"购买商品、提供劳务支付的现金"的增加。在编制合并现金流量表时必须将由此所产生的现金流量予以抵销。在现金结算的债权与债务属于内部往来所产生的情况下，在债权方的个别现金流量表中表现为"支付的其他与经营活动有关的现金"的增加，在债务方的个别现金流量表中则表现为"收到的其他与经营活动有关的现金"的增加，在编制合并现金流量表时由此产生的现金流也必须将其予以抵销。其抵销分录为：

借：经营活动现金流量——购买商品、接受劳务支付的现金
  贷：经营活动现金流量——销售商品、接受劳务收到的现金

或

借：经营活动现金流量——支付的其他与经营活动有关的现金
  贷：经营活动现金流量——收到的其他与经营活动有关的现金

4. 母公司与子公司、子公司相互之间当期销售商品所产生的现金流量应当抵销。母公司与子公司、子公司相互之间当期销售商品没有形成固定资产、在建工程、无形资产等资产的情况下，该内部销售商品所产生的现金流量，在销售方的个别现金流量表中表现为"销售商品、提供劳务收到的现金"的增加，而在购买方的个别现金流量表中表现为"购买商品、接受劳务支付的现金"的增加。而在母公司与子公司、子公司相互之间当期销售商品形成固定资产、工程物资、在建工程、无形资产等资产的情况下，该内部销售商品所产生的现金流量在购买方的个别现金流量表中表现为"购建固定资产、无形资产和其他长期资产所支付的现金"的增加。为此，在编制合并现金流量表

时必须将此予以抵销。其抵销分录为：

  借：经营活动现金流量——购买商品、接受劳务支付的现金
   贷：经营活动现金流量——销售商品、接受劳务收到的现金

或

  借：经营活动现金流量——购买商品、接受劳务支付的现金
   贷：投资活动现金流量——处置固定资产等长期资产收到的现金

或

  借：投资活动现金流量——购建固定资产等长期资产支付的现金
   贷：经营活动现金流量——销售商品、接受劳务收到的现金

5. 母公司与子公司、子公司相互之间处置固定资产、无形资产和其他长期资产收回的现金净额，应当与购建固定资产、无形资产和其他长期资产支付的现金相互抵销。内部处置固定资产时，由于处置固定资产等所产生的现金流量，对于处置方个别现金流量表来说，表现为"处置固定资产、无形资产和其他长期资产收回的现金净额"的增加；对于购置方来说，在其个别现金流量表中表现为"购置固定资产、无形资产和其他长期资产支付的现金"的增加。在编制合并现金流量表时必须将此予以抵销。其抵销分录为：

  借：投资活动现金流量——购建固定资产等长期资产所支付的现金
   贷：投资活动现金流量——处置固定资产等长期资产所收到的现金

6. 母公司与子公司、子公司相互之间当期发生的其他内部交易所产生的现金流量应当予以抵销。

同步练习题

一、单项选择题

1. 目前国际上编制合并财务报表的合并理论主要有三种所有权理论、主体理论和母公司理论。我国2006年颁布的《企业会计准则第33号——合并财务报表》采用的是（   ）。

   A. 母公司理论　　B. 主体理论　　C. 所有权理论　　D. 业主权理论

2. 母公司将成本为50000元的商品以62000元的价格出售给其子公司，子公司对集团外销售了40%，编制合并报表时，抵销分录中应冲减的存货金额是（   ）。

   A. 4800元　　B. 7200元　　C. 12000元　　D. 62000元

3. 下列子公司中，要纳入母公司合并财务报表范围之内的是（   ）。

   A. 持续经营的所有者权益为负数的子公司
   B. 宣告破产的原子公司
   C. 母公司不能控制的其他单位
   D. 已宣告被清理整顿的原子公司

4. 下列不属于编制合并会计报表时必须做好的前提准备事项的是（   ）。

   A. 统一会计报表决算日及会计期间　　B. 统一会计政策
   C. 统一经营业务　　D. 对子公司股权投资采用权益法核算

5. 编制合并会计报表抵销分录的目的在于（   ）。

   A. 将母子公司个别会计报表各项目加总
   B. 将个别报表各项目加总数据中集团内部经济业务的重复因素予以抵销
   C. 代替设置账簿、登记账簿的核算程序
   D. 反映全部内部投资、内部交易、内部债权债务等会计事项

6. 合并会计报表的会计主体是（   ）。

   A. 母公司　　B. 子公司
   C. 母公司的会计部门　　D. 母公司和子公司组成的企业集团

7. 企业合并的下列情形中，需要编制合并会计报表的是（   ）。

   A. 吸收合并　　B. 新设合并　　C. 控股合并　　D. B和C

8. 在非同一控制下控股合并，子公司的净资产公允价值与账面价值之间的差额应该调整为（   ）。

   A. 母公司的资本公积　　B. 子公司的资本公积
   C. 母公司的未分配利润　　D. 子公司组成的未分配利润

9. 根据我国《企业会计准则》的规定，母公司日常对子公司的长期股权投资核算应采用（   ），在编制合并财务报表时，应将其调整为（   ）。

   A. 权益法成本法　　B. 权益结合法成本法

C. 权益结合法购买法　　　　　　D. 成本法权益法

10. 在合并资产负债表中，将"少数股东权益"视为普通负债处理的合并方法的理论基础是（　　）。

A. 主体理论　　B. 母公司理论　　C. 所有权理论　　D. 权益结合法理论

二、多项选择题

1. 以下公司不应当纳入母公司的合并财务报表的合并范围的有（　　）。
A. 已宣告破产的原子公司　　　　B. 已宣告被清理整顿的原子公司
C. 母公司不能控制的其他被投资单位　　D. 母公司拥有半数以上表决权的子公司

2. 合并财务报表包括（　　）。
A. 合并资产负债表　　　　　　　B. 合并利润表
C. 合并所有者权益变动表　　　　D. 合并现金流量表

3. 与个别财务报表相比较，合并财务报表的特点有（　　）。
A. 编制报表的内容不同　　　　　B. 编制报表的主体不同
C. 编制报表的基础不同　　　　　D. 编制报表的方法不同

4. 合并会计报表的编制原则包括（　　）。
A. 以个别会计报表为基础　　　　B. 重要性原则
C. 一体性原则　　　　　　　　　D. 一贯性原则

5. 编制合并财务报表时，需要抵销的事项有（　　）。
A. 内部投资的抵销　　　　　　　B. 内部债权、债务的抵销
C. 内部存货交易的抵销　　　　　D. 内部固定资产交易的抵销

三、业务题

1. 2015年甲公司与其全资子公司乙公司之间发生了下列内部交易：

（1）1月19日，甲公司向乙公司销售A商品300000元，毛利率为15%，款项已存入银行。乙公司将所购商品作为管理用固定资产使用，该固定资产预计使用年限为5年，预计净残值为0，从2015年2月起计提折旧。

（2）5月12日，甲公司向乙公司销售B商品160000元，毛利率为20%，收回银行存款80000元，其余款项尚未收回，应收账款，乙公司从甲公司购入的商品在2008年12月31日前尚未实现销售。

（3）12月31日，甲公司对其应收账款计提了10%的坏账准备。

要求：根据上述资料编制甲公司2008年度合并工作底稿中的抵销分录。

2. 甲公司持有乙公司70%的股权,能够对乙公司实施控制。有关合并报表编制的资料如下:

(1) 2014年6月,乙公司向甲公司出售商品一批,售价(不考虑增值税)为980000元,销售成本为784000元,款项尚未结算,甲公司所购商品在2007年12月31日前尚有30%未售出。乙公司年末按应收账款余额的1%计提坏账准备。

(2) 2015年12月12日,甲公司从乙公司购入的商品全部售出,并将2007年所欠乙公司货款予以清偿,2015年甲公司与乙公司未发生其他商品购销交易。

要求:编制甲公司2014年、2015年与合并财务报表有关的抵销分录。

3. 2015年6月30日,A公司将其所生产的产品以300000元的价格销售给其全资子公司B公司作为管理用固定资产使用。该产品的成本为240000元。B公司购入当月即投入使用,该项固定资产的预计使用期限为10年,无残值,采用平均年限法计提折旧。

要求:(1) 编制A公司2015年度合并工作底稿中的相关抵销分录。
(2) 编制A公司2016年度合并工作底稿中的相关抵销分录。

第十章

分部报告

本章知识结构

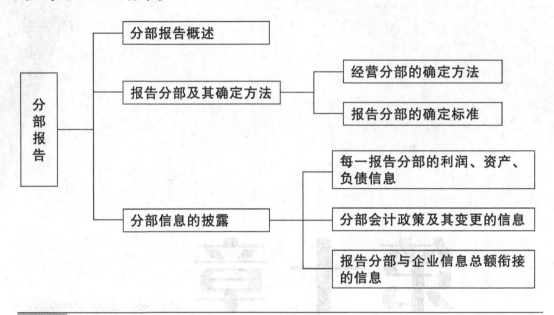

学习目标

1. 了解分部报告在企业会计信息披露中的关系。
2. 明确分部报告的意义及编制分部报告的理论依据。
3. 正确理解分部报告和合并会计报表的关系。
4. 掌握分部的划分标准及分部报告的编制方法。

引入案例

上海浦东发展银行是1993年在上海开业的一家股份制银行。在我国的银行金融体系中，除四家国有商业银行是有全国性的网点外，其他的中小银行几乎都是从某一个区域开始起步的，因此，这些银行的名字都带有区域的符号，如上海、深圳等。但随着业务的扩展，银行就会逐渐走出一个特定的区域，开始其全国化的进程。该行一直在大力拓展除上海、北京、江苏、浙江以外的业务空间，浦发银行的全国性扩张战略力度在逐渐加大，浦发银行的全国性扩张战略可谓是非常成功的。如何由分部报告看浦发银行的成长之路？如何从分部报告来分析浦发银行的区域发展状态？带着上述问题，开始本章内容的学习。

第十章 分部报告

第一节 分部报告综述

　　分部报告是企业以经营分部为财务报告对象,分为报告企业各个经营部门(经营分部)的资产、负债、收入、费用、利润等财务信息的财务报告。随着市场经济的发展和经济全球化的深入,现代企业的生产经营规模日益扩大,经营范围也逐步突破单一业务界限,成为从事多种产品生产经营或从事多种业务经营活动的综合经营体。另外,现代企业经营的地域范围也在日益扩大,有的企业分别在国内不同地区甚至在国外设立分公司或子公司。随着企业跨企业和跨地区经营,许多企业生产和销售各种各样的产品并提供不同形式的劳务,这些产品和劳务广泛分布在各个行业或不同地区。由于企业生产各种产品或提供的劳务在其整体的经营活动中所占的比重各不相同,其营业收入、成本费用以及产生的利润(亏损)也不尽相同。同样,每种产品或提供的劳务在不同地区的经营业绩也存在差异。只有分析每种产品或提供的劳务和不同经营地区的经营业绩,才能更好地把握企业整体的经营业绩。在这种情况下,反映不同产品或劳务以及不同地区经营风险和报酬的信息越来越受到会计信息使用者的重视。

　　企业整体的风险是由企业经营的各个业务部门(或品种)或各个经营地区的风险和报酬构成的。一般来说,企业在不同业务部门和不同地区的经营,会具有不同的利润率、发展机会、未来前景和风险。评估企业整体的风险和报酬,需要借助于企业在不同业务和不同地区经营的信息,即分部报告信息。我国《企业会计准则第35号——分部报告》和《企业会计准则解释第3号》(以下简称"分部会计准则")专门规范了企业分部报告的编制方法和应该披露的信息。根据分部报告准则的规定,对于存在多种经营或跨地区经营的企业,应当正确确定需要单独披露的报告分部,并充分披露每个报告分部的信息,以满足会计信息使用者的决策需求。本章将结合分部报告准则的规定,阐述报告分部的确定及相关分部信息的披露。

第二节 报告分部及其确定方法

　　报告分部是指在分部报告中单独披露其财务信息的经营分部。因此,要确定企业的报告分部,首先要确定企业的经营分部。

一、经营分部的概念及其确定

(一)经营分部的概念

　　经营分部是企业确认分部报告中的报告分部的基础,是指企业内同时满足下列条件的组成部分；该组成部分能够在日常活动中产生收入、发生费用；企业管理层能够定期评价该组成部分的经营成果，以决定向其配置资源、评价其业绩；企业能够取得该组成部分的财务状况、经营成果和现金流量等有关会计信息。

在理解经营分部的概念时，注意把握以下要点：

不是企业的每个组成部分都必须是经营分部或经营分部的一个组成部分。例如，企业的管理总部或某些职能部门一般不单独产生收入，或仅仅取得偶发性收入，在这种情况下，这些部门就不是经营分部或经营分部的一个组成部分。

经营分部概念中所指的"企业管理层"强调的是一种职能，而不必是具有特定头衔的某一具体管理人员。企业管理层可能是企业的董事长、总经理，也可能是由其他人员组成的管理团队。该职能主要是向企业的经营分部配置资源，并评价其业绩。

对于许多企业而言，根据经营分部的概念，通常就可以清楚地确定经营分部。但是，企业可能将其经营活动不同的方式在财务报告中予以披露。如果企业管理层使用多种分部信息，其他因素可能有助于企业管理层确定经营分部，如每一组成部分经营活动的性质、对各组成部分负责的管理人员、向董事会呈报的信息等。

● （二）经营分部的确定方法

企业应当以内部组织结构、管理要求、内部报告制度为依据确定经营分部。每一个经营分部一般应具有独自的经营特征，比如生产的产品或提供的劳务的性质、生产过程的性质、销售产品或提供劳务的方式、客户群等，不管哪一方面，只要具有独自的特征，都适合设定为一个经营分部，经济特征不相似的经营分部，可确定为不同的经营分部，不可以合并。

但在实务中，并非所有的经营分部都适合作为独立的经营分部来考虑，在某些情况下，如果两个或两个以上的经营分部具有相似的经济特征，这些经营分部通常就会表现出相似的长期财务业绩，如长期平均毛利率、资金回报率、未来现金流量等，因此，企业应该将它们合并为一个经营分部，适合合并的经营分部如下：

1. 各单项产品或劳务的性质相同或相似的经营分部

各单项产品或劳务的性质，包括产品或劳务的规格、型号、最终用途等。通常情况下，产品和劳务的性质是相似的，其风险、报酬率及其成长率可能较为接近，因此，一般可以将其划分到同一经营分部中。对于性质不同的产品或劳务，不应当将其划分到同一经营分部中。

【例10-1】甲公司主要从事食品的生产和销售，业务范围包括饮料、奶制品及冰激凌；碗碟、炊具用品；糖果及饼干；制药产品等。其经营分部的确定方法如下：

甲公司经营的商品分别由食品（饮料、奶制品及冰激凌、巧克力、糖果及饼干）、炊具（碗碟、炊具用品）和药品，这几类商品的性质不完全相同，因此，应当分别作为独立的经营分部处理；而饮料、奶制品及冰激淋、巧克力、糖果及饼干等属于食品类，适合合并为一个经营分部。

2.生产过程的性质相同或相似

生产过程的性质,包括采用劳动密集或资本密集方式组织生产、使用相同或者相似设备和原材料、采用委托加工方式等。对于其生产过程的性质相同或相似的,可以将其划分为一个经营分部,如按资本密集型和劳动划分业务部门。对于资本密集型的部门而言,其占用的设备较为先进,占用的固定资产较多,相应所负担的则较多,其经营成本受资产折旧费用影响较大,受技术进步因素的影响也较大;而对于劳动密集型部门而言,其劳动力较多,相对而言劳动力的成本即人工费用的影响较大,其经营成果受人工成本的高低影响很大。

3.产品或劳务的客户类型相同或相似

产品或劳务的客户类型,包括大宗客户、零散客户等。对于购买产品或接受劳务的同一类型的客户,如果条件基本相同,例如相同或相似的销售价格、销售折扣,相同或相似的售后服务,因而具有相同或相似的风险。而不同的客户,其销售条件不尽相同,由此可能导致其具有不同的风险和报酬。例如,某计算机生产企业,计算机可以分为商用计算机和个人用计算机两类,商用计算机主要销售客户是企业,一般是大宗购买,对计算机专用比较强,售后服务相对较为集中;而个人用计算机,其客户对计算机的通用性要求较高,其售后服务相对较为分散,因此,商用计算机和个人用计算机就不适合合并为一个经营分部。

4.销售产品或提供劳务的方式相同或相似

销售产品或提供劳务的方式,包括批发、零售、自产自销、委托销售、承包等。企业销售产品或提供劳务不同,其承受的风险和报酬也不相同。比如,在赊销方式下,可以扩大销售规模,但发生的收账费用较大,并且应收账款坏账的风险也很大;而在现销方式下,不存在应收账款的坏账问题,不会发生收账费用,但销售规模有限。

5.生产产品或提供劳务受法律、行政法规的影响相同或相似

生产产品或提供劳务受法律、行政法规的影响,包括经营范围或交易定价机制等。企业生产产品或提供劳务处于一定的经济和法律环境之下,其所处的环境必然对其经营活动产生影响。对在不同法律环境下生产的产品或劳务进行分类,进而向会计信息使用者提供不同法律环境下产品生产或劳务的信息,有利于会计信息使用者对未来的发展走向作出判断和预测。

【例10-2】乙公司是一家全球性公司,总部设在美国,主要生产A、B、C、D四个品牌的皮箱、手提包、皮带等,以及相关产品的运输、销售,每种产品均由独立的业务部门完成。其生产的产品主要销往中国大陆、中国香港、日本、欧洲、美国等地。该公司各项业务2019年12月31日的有关资料见表10-1,不考虑其他因素乙公司管理层定期评价各业务部门的经营成果,以配置资源、评价业务;各品牌皮箱的生产过程、客户类型、销售方式等类似;经预测,生产皮箱的4个部门今后5年内平均销售毛利率与2019年差异不大。乙公司有关业务资料如下:

表10-1　乙公司有关业务资料

单位：万元

项目	品牌A	品牌B	品牌C	品牌D	手提包	公文包	皮带	销售公司	运输公司	合计
营业收入	106000	130000	100000	95000	260000	230000	69000	270000	50000	1310000
其中：对外交易收入	100000	120000	80000	90000	180000	150000	50000	270000	50000	1090000
外部间交易收入	6000	10000	20000	5000	80000	80000	19000			220000
业务及管理费	74200	92300	69000	66500	142600	156000	55200	220000	30000	905800
其中：对外交易费用	60000	78300	57000	62000	132000	149000	47200	205000	30000	820500
外部间交易费用	14200	14000	12000	4500	10600	7000	8000	15000		85300
利润总额	31800	37700	31000	28500	87400	104000	13800	5000	20000	404200
销售毛利率	30	29	31	30	38	40	20	18.5	40	
资产总额	350000	400000	300000	250000	250000	650000	250000	700000	300000	3790000
负债总额	150000	170000	130000	100000	100000	300000	150000	300000	180000	1680000

在本例中，乙公司的各个组成部分能够分别在日常活动中产生收入、发生费用，乙公司管理层定期评价各组的经营成果以配置资源、评价业绩，乙公司能够取得各组成部分的财务状况、经营成果和现金流量等会计信息各组成部分满足经营分部的定义，可以分别确定不同的经营分部。

与此同时，乙公司生产A、B、C、D品牌皮箱的4个部门，销售毛利率分别是30%、29%、31%、30%，即具有长期财务业绩；4个品牌皮箱的生产过程、客户类型、销售方式等类似，具有相似的经济特征。因此，乙公司在确定经营分部时，可以将生产A、B、C、D品牌皮箱的4个部门予以合并，组成一个经营分部（皮箱分部）。

二、报告分部的概念及确定

（一）报告分部的概念

报告分部是指在分部报告中单独披露其财务信息的经营分布。根据分部报告准则的规定，并非所有的经营分布都有必要在分部报告中单独披露相关的财务信息。前面已经阐述经营分布的划分通常以不同的风险和报酬为基础，而不论其是否重要。存在多种产品经营或者跨多个地区经营的分布可能会拥有大量规模较小、不是很重要的经营分部，如果单独披露大量规模较小的经营分部信息不仅会给财务报告使用者带来困惑，也会给财务报告编辑者带来不必要的披露成本。因此，在确定报告分部时，应当考虑重要性原则，在通常情况下，符合重要性标准经营分部才能确定为报告分部。

（二）报告分部的确定标准

根据前面的阐述，只有符合重要性标准的经营分部才能确定为报告分部。根据分部报告准则的规定，判断经营分部是否重要的标准有以下三个，满足三者中任意一条标准，都被认为是重要分部，并确定为报告分部。

第十章 分部报告

第一,该经营分部的分部收入占所有分部收入合计的10%或者以上。

分部收入是指可归属于分部的对外交易收入和对其他分部交易收入。分部收入主要由可归属于经营分部的交易收入构成,通常为营业收入。可归属于经营分部的收入来源于两个渠道:一是可以直接归属于经营分部的收入,即直接由经营分部的业务产生;二是可以间接归属于经营分部的收入,即将企业交易产生的收入在相关经营分部之间进行分配,按属于分部的收入金额确认为分部收入。

分部收入通常不包括下列项目:①利息收入(包括因预付或借给其他分部款项而确认的利息收入)和股利收入(采用成本法核算的长期股取得的股利收入),但是分部的日常活动是金融性质的除外;②营业外收入,如固定资产盘盈、处置固定资产净收益、出售无形资产净收益、罚没收益等;③处置投资产生的净收益,但分部的日常活动是金融性质的除外;④采用权益法核算的长期股权投资确认的投资收益,但分部的日常活动是金融性质的除外。

【例10-3】沿用例10-1的材料,运用"分布收入占所有分部收入合计的10%或者以上"的重要性标准,确认乙公司的报告分部。具体分析如下:

乙公司各经营分部收入占总收入的百分比见表10-2。

表10-2 分部收入占总收入的百分比

单位:万元

项目	品牌A	品牌B	品牌C	品牌D	手提包	公文包	皮带	销售公司	运输公司	合计
营业收入	106000	130000	100000	95000	260000	230000	69000	270000	50000	1310000
分部收入占总收入的比例(%)	8.1	9.9	7.6	7.3	19.8	17.6	5.3	20.6	3.8	100

根据表10-2可知,手提包分部、公文包分部和销售公司都满足"分部收入占所有分部收入合计的10%或者以上"的重要性标准,因此,应单独作为报告分部,其余经营分部因不完全满足重要性准则,不能单独作为报告分部。本例中,乙公司A、B、C、D4个品牌皮箱单独取得的收入都不超过总收入的10%,但4个品牌皮箱合并后收入合计431000万元,占所有分部收入合计1310000万元的比例为32.9%(431000/1310000×100%),满足了报告分部的重要性标准,因此,合并后皮箱分部应确定为单独的报告分部。

第二,分部利润(亏损)的绝对额占所有盈利分部利润合计数或者所有亏损分部亏损合计数绝对额两者中较大者的10%或者以上的经营分部利润(亏损),分部利润(亏损),是指分部收入减去分部费用后的余额。不属于分部收入和分部费用的项目,在计算分部利润(亏损)时不得作为考虑的因素。

分部费用,是指可归属于分部的对外交易费用和对其他分部交易费用。分部费用主要由可归属于经营分部交易费用构成,通常包括营业成本、营业税金及附加、销售费用等。与分部收入的确认相同,归属于经营分部的费用也来源于两个渠道:一是可以直接归属于经营分部的费用直接由经营分部的业务交易而发生;二是可以间接归属于经营分部的费用,即企业交易发生的费用在相关分部之分配,按属于某经营分部的费用金额确认为分部费用。

分部费用通常不包括下列项目：①利息费用（包括因预收或向其他分部借款而确认的利息费用），如发行债券等，但分部的日常活动是金融性质的除外；②营业外支出，如处置固定资产、无形资产等发生的净损失；③处置投资发生的净损失，但分部的日常活动是金融性质的除外；④采用权益法核算的长期股权投资确认的投资损失，但分部的日常活动是金融性质的除外；⑤与企业整体相关的管理费用和其他费用。

【例10-4】沿用例10-1的材料，运用分部利润（亏损）的绝对额占各部分绝对额总额比例的重要性准则，确认乙公司的报告分部。具体分析如下：

乙公司各经营分部利润占利润总额的百分比见表10-3。

表10-3　分部利润占利润总额的百分比

单位：万元

项目	皮箱	手提包	公文包	皮带	销售公司	运输公司	合计
分部利润	129000	104000	874000	13800	50000	20000	404200
分部利润占利润总额百分比(%)	31.9	25.7	21.6	3.5	12.4	4.9	100

表10-3数据显示，皮箱分部、手提箱分部、公文包分部和销售公司的分部利润占所有盈利分部利润的百分比都超过10%，根据"分部利润占所有盈利分部利润百分比10%或者以上"的标准，都应该确定为报告分部，而皮带分部和运输公司的分部利润占所有盈利分部利润的百分比都不足10%，根据分部利润百分比判断，都不能单独确认为报告分部。

第三，该分部的分部资产占所有分部资产合计额的10%或者以上。分部资产，是指经营分部日常活动中使用的可以归属于该分部的资产，不包括递延所得税资产。企业在计量分部资产时，应当按照分部资产的账面净值进行计量，即按照原值扣除相关累计折旧或者摊销额以及累计减值准备后的金额计量。

通常情况下，分部资产与利润（亏损）、分部费用等之间存在一定的对应关系。

①如果分部利润（亏损）包括利息和股利收入，分部资产中就应当包括相应的应收账款、贷款、投资或其资产。

②如果分部费用包括某项固定资产的折旧费用，分部资产中就应当包括固定资产。

③如果分部费用包括某项无形资产或商誉的摊销额和减值额，分部资产中就应当包括该项无形资产和商誉。

由两个或两个以上经营分部共同享有的资产，其归属权取决于与该资产相关收入和费用的分配，与共享资产相关的收入和费用归属于哪一个经营分部，共享资产就应该分配给哪个经营分部。共享资产的折旧费和摊销费应该在其所归属的分经营成果中减扣。

【例10-5】沿用【例10-1】的资料，运用分部资产占所有分部资产百分比的标准判断运输公司分部和公文包分部是否应该设为报告分部。具体分析如下：

乙公司各经营分部资产占资产总额的百分比见表10-4。

第十章 分部报告

表10-4 分部资产占资产总额的百分比

单位：万元

项目	皮箱	手提包	公文包	皮带	销售公司	运输公司	合计
分部资产	1300000	650000	590000	250000	700000	300000	3790000
分部资产占资产总额百分比(%)	34.3	17.2	15.6	6.6	18.5	7.8	100

表10-4数据显示，皮箱分部、手提包分部、公文包分部和销售公司的分部资产占所有分部资产总额的百分比都超过了10%，根据"分部资产占所有分部资产合计10%或者以上"的标准，都应该确认为报告分部，而皮带分部和运输公司的分部资产占所有分部资产总额的百分比都不足10%，根据分部资产百分比判断标准，都不能单独确认为报告分部。

从上述几个例子中可以看出，乙公司的皮带分部和运输公司，不论采取哪一种重要性标准判断，都不能单独设为报告分部。

（三）报告分部确定的其他相关规定

企业根据重要性10%规则确认标准的经营分部的处理还必须遵守分部报告准则关于分部报告确定的以下相关规定：

1.不满足报告分部确认标准的经营分部的处理

如果经营分部未满足上述10%的重要性标准，可以按照下列规定确认报告分部：

（1）企业管理层如果认为披露该经营分部信息对会计信息使用者有用，那么，无论该经营分部是否满足10%的重要性原则，都可以将该经营分部直接指定为报告分部。

（2）将未满足报告分部确认准则的经营分部与一个或一个以上具有相似经济特征、满足经营分部合并条件的其他经营分部合并，作为一个报告分部。对经营分部10%的重要性测试可能会导致企业拥有大量未满足10%数据临界线的经营分部，在这种情况下，如果企业没有直接将这些经营分部指定为报告分部，就可以将它们适当合并成一个报告分部。

（3）不将该经营分部直接指定为报告分部，也不将该经营分部与其他未作为报告分部的经营分部合并成一个报告分部的，企业在披露分部信息时，应当将该经营分部的信息与其他组成部分的信息合并，作为"其他项目"单独在分部报告中披露。

2.分部报告中各个报告分部对外交易收入合计应占企业总收入的75%以上

根据分部报告准则的规定，企业在确定分部报告准则时，除了要满足前述报告分部10%重要性的确定标准外，还要注意报告分部的75%外部交易收入约束条件。"报告分部的75%外部交易收入约束条件"是指被确定为报告分部的经营分部，不管数量多少，各个报告分部的对外交易收入合计数占企业总收入的比重必须达到75%。如果报告分部对外交易总额没有达到企业总收入75%，则企业必须增加该报告分部中的报告数量，将原未作为报告分部的经营分部确认为报告分部，直到该比重达到75%。此时其他未作为报告分部的经营分部很可能未满足前述规定的10%重要性标准，但为了报告分部的对外交易收入合计数占合并总收入或企业总收入的总体比重能达到75%的比例要求，也应当将其确认为报告分部。

【例10-6】 沿用【例10-1】的材料。根据报告分部的确认条件,乙公司的皮箱分部、手提包分部、公文包分部、销售公司分部单独作为报告分部。如果乙公司只设置这四个报告分部,则这四个报告分部的对外交易收入合计额占总收入比例必须达到75%。乙公司是否满足这一限定条件,具体分析如下:

乙公司四个报告分部对外交易收入占企业总收入的百分比见表10-5。

表10-5 对外贸易收入占企业总收入的百分比

单位:万元

项目	皮箱	手提包	公文包	销售公司	小计	—	合计
营业收入	431000	260000	230000	270000	1191000	—	1310000
其中:对外交易收入	390000	180000	15000	270000	990000	—	1090000
分部间交易收入	41000	80000	80000		201000	—	220000
对外交易收入占总收入的百分比(%)	35.78	16.51	13.76	24.77	90.82	—	100

表10-5显示,皮箱分部、手提包分部、公文包分部、销售公司分部4个报告分部的对外交易收入占企业总收入的比例分别为35.78%、16.51%、13.76%、24.77%,合计为90.82%,远远超过了外部交易收入大于75%的限制性标准,因此,乙公司只需设置4个报告分部,不需要再增加报告分布数量。

3.分部报告中报告分部的数量不应该超过10个

根据前述报告分部的确认标准以及外部交易收入占企业总收入75%的约束条件,企业最终确认的报告数量可能会超过10个,如果这样,企业提供的分部信息可能变得非常烦琐,不利于会计信息使用者理解和使用,因此,分部报告准则规定,在分部报告中,分部报告的数量不应超过10个。如果按照规定标准确定的报告分部数量超过10个,企业应当考虑将具有相似经济特征、满足经营分部合并条件的报告分部进行合并,以确保报告分部的数量不超过10个。

4.分部报告中报告分部的确定应遵循可比性原则

企业在确定报告分部时,除应遵循相应的确定标准及约束条件外,还应当考虑不同会计期间分部信息的可比性和一致性。对于某一经营分部,在上期可能满足报告分部的确认条件从而确定为报告分部,但本期可能并不满足报告分部的确认条件,基于可比性原则,如果企业认为该经营分部仍然重要,单独披露该经营分部确认为报告分部的条件,仍应当将该经营分部确认为本期的报告分部。

反之,对于某一经营分部,在本期可能满足报告分部的确定条件从而确定为报告分部,但上一期可能并不满足报告分部的确定条件从而未确定为报告分部,基于可比性原则,企业亦可以将以前会计期间该分部信息进行重述,并追溯披露该分部信息,如果重述所需要的信息无法获得,或者不符合成本效益原则,则不需以前会计期间的分部信息。不论对以前期间相应的报告分部如何进行重述,企业均应当在报表附注中披露这一事实。

第三节 分部信息的披露

企业应当在财务报表附注中披露分部报告,充分揭示各个报告分部的相关信息。企业在披露分部信息时,应当有助于会计信息使用者评价企业所从事经营活动的性质和财务影响,以及经营的经济环境。企业应当以对外提供的财务报表为基础披露分部信息;对外提供合并财务报表的企业,应当以合并报表为基础披露分部信息。

一、描述性信息

企业应当在财务报表附注中披露如下与分部报告相关的描述性信息:

(一)确定报告分部考虑的因素

确定报告分部考虑的因素,通常包括企业管理层是否按照产品和服务、地理区域、监管环境差异或综合各分部信息进行组织管理。

【例10-7】沿用【例10-1】的资料。乙公司披露的确定报告分部考虑的因素如下:

本公司的报告分部都是提供不同产品或服务的业务单元。由于各种业务的技术和市场战略不同,因此,分别独立管理各个报告分部的生产经营活动,分别评价其经营成果,以决定向其配置资源、评价其业绩。

(二)报告分部的产品和劳务类型

【例10-8】沿用【例10-1】的资料。乙公司披露的报告分部的产品和业务的类型如下:

本公司有4个报告分部,分别为皮箱分部、手提包分部、公文包分部和销售公司分部。皮箱分部负责生产皮箱,手提包分部负责生产手提包,公文包分部负责生产公文包,销售公司分部负责销售本公司各组成部分生产的各种产品。

二、每一报告分部的利润(亏损)总额、资产总额、负债总额信息

(一)每一报告分部的利润(亏损)总额信息

每一报告分部的利润(亏损)总额信息,包括利润(亏损)总额组成项目的信息。企业管理层在计量报告分部利润(亏损)时运用了下列数据,或者未运用下列数据但定期提供给企业管理层,应当在附注中披露每一报告分部的下列信息:

1. 对外交易收入和分部间交易收入。
2. 利息收入和利息费用。但是报告分部的日常活动是金融性质的除外。报告分部的日常活动是金融性质的仅披露利息收入减去利息费用后的净额,同时披露这一处理方法。
3. 折旧费用和摊销费用,以及其他重大的非现金项目。

4. 采用权益法核算的长期股权投资确认的投资收益。
5. 所得税费用或所得税收益。
6. 其他重大的收益或费用项目。

(二) 每一报告分部的资产总额、负债总额信息

每一报告分部的资产总额、负债总额信息,包括资产总额组成项目的信息。企业管理层在计量报告分部资产时运用了下列数据,或者未运用下列数据但定期提供给企业管理层的,应当在附注中披露每一报告分部的下列信息:

1. 采用权益法核算的长期股权投资金额。
2. 非流动资产(不包括金融资产、独立账户资产、递延所得税资产)金额。

报告分部的负债金额定期提供给企业管理层的,企业应当在附注中披露每一报告分部的负债金额。分部负债指分部经营活动形成的可归属于该分部的负债,不包括递延所得税负债。如果与两个或多个经营分部共同承担相关的费用分配给这些经营分部,该共同承担的负债也应当分配给这些经营分部。

【例10-9】沿用【例10-1】的资料,假定乙公司总部资产总额为20000万元,总部负债总额为12000万元,其他资料见表10-1。根据表10-1,编制乙公司报告分部的利润(亏损)、资产及负债信息,见表10-6。

表10-6 乙公司其他资料

单位:万元

项目	品牌A	品牌B	品牌C	品牌D	手提包	公文包	皮带	销售公司	运输公司	合计
折旧费用	8250	8850	5900	5320	20620	13150	8100	23620	14500	108310
摊销费用	750	900	1040	490	860	1350	230	210		5830
利润总额	31000	28000	32050	37950	104000	87400	17000	50000	16800	404200
所得税费用	7750	7000	8012.5	9487.5	26000	21850	4250	12500	4200	101050
净利润	23250	21000	24037.5	28462.5	78000	65550	12750	37500	12600	303150
资本性支出	20000	15000	50000	8500	35000	7600		850	400	137350

乙公司各报告分部的利润(亏损)、资产及负债信息见表10-7。

表10-7 乙公司各报告分部利润(亏损)、资产及负债信息

单位:万元

项目	皮箱分部	手提包分部	公文包分部	销售公司分部	其他	分部间抵销	合计
对外交易收入	390000	180000	150000	270000	100000		1090000
分部间交易收入	41000	80000	80000		19000	-220000	
对联营企业和合营企业的投资收益							
资产减值							
折旧费和摊销费	31500	21480	14500	23830	22830		114140
利润总额(亏损总额)	129000	104000	87400	50000	33800		404200
所得税费用	32250	26000	21850	12500	8450		101050
净利润(亏损)	96750	78000	65550	37500	25350		303150
资产总额	1300000	650000	590000	700000	550000		3790000

续表

项目	皮箱分部	手提包分部	公文包分部	销售公司分部	其他	分部间抵销	合计
负债总额	550000	300000	200000	300000	330000		1680000
其他重要的非现金项目							
折旧费和摊销费以外的其他非现金费用	93500	35000	7600	850	400		137350
对联营企业和合营企业的长期股权投资							
长期股权投资以外的其他非流动资产增加额							

分部报告信息在不同行业的披露内容不完全相同，研究上市公司披露的分部信息发现，在分部报告中披露的信息与年报信息基本相似，分部报告中的信息是年报信息根据一定的标准分解后的信息，这一点在【例10-10】中阐述得非常清楚。

三、分部会计政策及其变更的信息

（一）分部会计政策及其变更

分部会计政策是指与披露分部报告特别相关的会计政策。一般来说，分部会计政策应当与编制企业集团合并财务报表或企业财务报表时所采用的会计政策一致，但部分分部信息采用了分部特有的会计政策，比如分布的确定、分部间转移价格的确定方法，以及将收入、费用、资产和负债分配给报告分部的基础等。

企业应当在附注中披露与报告分部利润（亏损）计量相关的下列分部会计政策：1. 分部间转移价格的确定基础；2. 相关收入和费用分配给报告分部的基础；3. 确定报告分部利润（亏损）使用的计量方法的变更及变更的性质及影响等。

企业还应在附注中披露与分部资产、负债计量相关的下列分部会计政策：分部间转移价格的确定基础；相关资产或负债分配给报告分部的基础。

如果企业因管理战略或内部组织结构改变对经营业务范围做出变更或对经营地区做出调整，使企业原已确定的报告分部所面临的风险和报酬产生较大差异，则必须改变原报告分布的分类。在这种情况下，企业就应当对此项分部会计政策变更予以披露。对于分部会计政策的变更，应当提供前期比较数据。对于某一经营分部，如果本期满足报告分部的确定条件确定为报告分部，即使前期没有满足报告分部的确定条件未确定为报告分部，也应当提供前期比较数据。但是，重述信息不切实可行的除外。分部会计政策变更时，不论企业是否提供前期比较数据，均应披露这一事实。

（二）分部间转移价格的确定及其变更

企业在计量分部间发生的交易收入时，需要确定分部间转移交易价格。在一般情况下，分部之间的交易定价不同于市场公允价格交易，为准确计量分部间转移价格，企业在确定分部间交易收入时，应当以实际交易价格为基础计量。企业不同期间生产产品的成本不同，可能会导致不同时期分部间转移价格的确定产生差异，造成转移交易价格的变更。对于分部间转移价格的确定及其变更,企业除了应在附注中披露转移价格的确定基础,对于转移交易价格的变更情况,也应当在附注中进行披露。

四、报告分部与企业信息总额衔接的信息

企业披露的分部信息,应当与合并财务报表或企业财务报表中的总额信息相衔接。具体衔接内容包括以下几个方面。

(一)报告分部收入总额应当与企业收入总额相衔接

报告分部收入包括可归属于报告分部的对外交易收入和对其他分部交易收入。报告分部收入总额在与企业收入总额相衔接时,需要对报告分部之间的内部交易进行抵销。各个报告分部总额加上未包含在任何分部中的对外交易收入金额之和,扣除报告分部之间交易形成的收入后的金额,应当与收入总额一致。

(二)报告分部利润(亏损)总额应当与企业利润(亏损)总额相衔接

报告分部利润(亏损)总额与企业利润(亏损)总额进行衔接时,需要将报告分部之间的内部交易产生的利损抵销。各个报告分部的利润(亏损)总额,加上未包含在任何报告分部中的利润(亏损)后的金额,报告分部之间交易形成的利润(亏损)后的金额,应当与企业利润(亏损)总额一致。

(三)分部资产总额应当与企业资产总额相衔接

企业资产总额由归属于报告分部的资产总额和未分配给各个报告分部的资产总额组成。报告分部资产总额加上未分配给各个报告分部的资产总额的合计额,与企业资产总额相一致。

【例10-10】表10-8和表10-9是Z人寿保险公司在2013年年报中披露的资产信息以及附注分部报告中披露的分部资产信息。通过这两张表可以看出,分部报告和年报中披露的资产信息在项目分类上基本相同,并且报告分部资产的合计数与年报资产总额是相等的。

表10-8 Z人寿保险股份有限公司资产负债表(资产部分)

2013年12月31日　　　　　　　　　　　　　　　　　　单位:人民币百万元

项目	金额
货币资金	47839
交易性金融资产	9693
应收利息	18193
应收保费	7274
应收分保账款	22
应收分保未到期责任准备金	57
应收分保未决赔款准备金	32
应收分保首先责任准备金	13
应收分保长期健康险责任准备金	706

续表

项目	金额
保户质押贷款	23977
债权计划投资	12566
其他应收款	3154
定期存款	441585
可供出售金融资产	548121
持有至到期投资	246227
长期股权投资	20892
存出资本保证金	6153
在建工程	2080
固定资产	16498
无形资产	3726
其他资产	1687
独立账户资产	84
资产总计	1410579

表10-9　Z人寿保险股份有限公司资产负债表（资产部分）
2013年12月31日　　　　　　　　　　　　　　　　　单位：人民币百万元

项目	个人业务	团体业务	短期保险业务	其他业务	合计
货币资金	44465	2628	437	309	47839
交易性金融资产	8989	531	88	85	9693
应收利息	16930	1001	167	95	18193
应收分保未到期责任准备金	—	—	57	—	57
应收分保未决赔款准备金	—	—	32	—	32
应收分保寿险责任准备金	13	—	—	—	13
应收分保长期健康险责任准备金	706	—	—	—	706
保户质押贷款	23977	—	—	—	23977
债券计划投资	11578	684	114	190	12566
定期存款	411823	24344	4050	1368	441585
可供出售金融资产	509608	30124	5012	3377	548121
持有至到期投资	230339	13616	2265	7	246227
长期股权投资	—	—	—	20892	20892
存出资本保证金	5288	313	52	500	6153
独立账户资金	84	—	—	—	84
可分配资产合计	1263800	73241	12274	26823	1376138
其他资产					34441
合计					1410579

10-1

同步练习题

一、单项选择题

1. 下列资产中，不属于分部资产的是（   ）。
   A. 用于分部经营活动的流动资产
   B. 用于分部经营活动的非流动资产
   C. 用于分部经营活动的货币性资产
   D. 递延所得税资产

2. 已经纳入分部报表范围的各个分部对外营业收入总额应达到企业营业收入总额的75%，否则需要（   ）。
   A. 不再对外提供分部营业报告
   B. 按已经纳入并低于营业收入总额75%提供分部报告
   C. 需将更多的分部纳入分部报告编制范围
   D. 无规定

3. 以下有关分部报告的叙述中，错误的是（   ）。
   A. 分部报告通常是作为财务报告的组成部分予以披露的
   B. 在企业财务报告仅披露个别报表的情况下，其分部报告的披露以个别财务报表为基础列报
   C. 在企业财务报告披露合并报表的情况下，其分部报告的披露仍以个别财务报表为基础列报
   D. 分部信息应披露确定报告分部所考虑的因素及各报告分部产品和劳务的类型

4. 关于报告分部的确定，下列说法中不正确的有（   ）。
   A. 企业应以业务分部或者地区分部为基础确定报告分部
   B. 企业应以经营分部为基础确定报告分部
   C. 分部的分部收入占所有分部收入合计的10%或者以上，应将其确定为报告分部
   D. 分部的分部利润（亏损）的绝对额，占所有盈利分部利润合计额或者所有亏损分部亏损合计额的绝对额两者中较大者的10%或者以上，应将其确定为报告分部

5. 下列有关分部报告的叙述中，错误的是（   ）。
   A. 分部报告通常是作为财务会计报告的组成部分予以披露的
   B. 在企业财务会计报告仅披露个别报表的情况下，其分部报告的披露以个别会计报表为基础列报
   C. 在企业财务会计报告披露合并报表的情况下，其分部报告的披露仍以个别会计报表为基础列报
   D. 主要分部报告可以采用业务分部报告或地区分部报告的形式

二、多项选择题

1. 下列各项关于分部报告的表述中，正确的有（   ）。
   A. 企业应当以经营分部为基础确定报告分部

B. 企业披露分部信息时无须提供前期比较数据
　　C. 企业披露的报告分部收入总额应当与企业收入总额相衔接
　　D. 企业披露分部信息时应披露每一报告分部的利润总额及其组成项目的信息

2. 企业报告分部确定后，应当披露的信息包括（　　）。
　　A. 确定报告分部考虑的因素、报告分部的产品和劳务的类型
　　B. 企业对主要客户的依赖程度
　　C. 每一报告分部的利润（亏损）总额相关信息
　　D. 每一产品和劳务或每一类似产品和劳务组合的对外交易收入
　　E. 每一报告分部的资产总额、负债总额相关信息

3. 下列有关分部报告的表述中，符合现行会计准则规定的有（　　）。
　　A. 分部报告应当披露每个报告分部的净利润
　　B. 分部收入应当分别对外交易收入和对其他分部收入予以披露
　　C. 在分部报告中应将递延所得税资产作为分部资产单独予以披露
　　D. 企业可以根据情况将不符合重要性标准的分部指定为报告分部
　　E. 分部报告的数量通常不应超过10个

4. 下列有关报告分部的表述中，正确的有（　　）。
　　A. 企业应当以内部组织结构、管理要求、内部报告制度为依据确定经营分部，以经营分部为基础确定报告分部，并按规定披露分部信息
　　B. 企业应当先确定地区分部和业务分部，在此基础上确定报告分部，并分别主要报告形式、次要报告形式披露分部信息
　　C. 企业存在相似经济特征的两个或多个经营分部，同时满足《企业会计准则第35号——分部报告》第七条相关规定的，可以合并为一个经营分部
　　D. 报告分部的数量超过10个需要合并的，应当以经营分部的合并条件为基础，对相关的报告分部予以合并

5. 下列有关分部报告的表述中，正确的有（　　）。
　　A. 分部报告应当披露每个报告分部的净利润
　　B. 分部收入应当分别对外交易收入和对其他分部收入予以披露
　　C. 在分部报告中应将递延所得税资产作为分部资产单独予以披露
　　D. 分部报告应当披露企业对主要客户的依赖程度
　　E. 分部报告应当披露采用权益法核算的长期股权投资金额

三、思考题

1. 为什么企业集团在提供了合并会计报表的情况下，还要提供分部报告？
2. 确定报告分部的标准有哪些？

第十一章

>>>>>>> 企业重组与清算会计

第十一章 企业重组与清算会计

本章知识结构

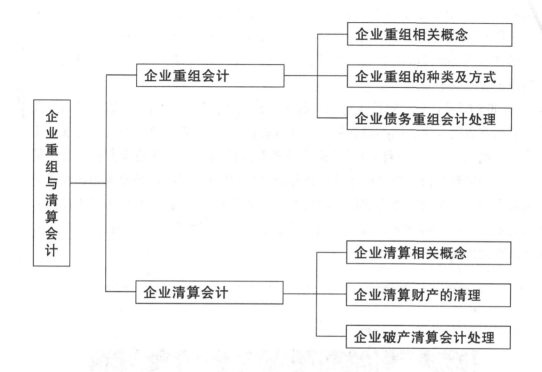

学习目标	1. 了解企业重组与清算的相关概念与理论知识。 2. 熟悉并掌握债务重组的方式。 3. 掌握债务重组几种不同方式的会计处理原则与方法。 4. 掌握企业破产清算管理的会计处理方法。

引入案例

某电气发展股份有限公司2001年曾为原全资附属子公司沈阳某饭店向中国工商银行沈阳市银信支行借款24000000元提供担保,该饭店因经营不善,逾期未能归还该笔贷款,公司为此承担连带保证责任,并已于2007年度预计负债24000000元(2007年某电气出售某饭店全部股权后不再将其纳入财务报表合并范围)。

2005年7月15日,银信支行的上级主管部门中国工商银行辽宁省分行与中国长城资产管理公司沈阳办事处签订《债权转让协议》,将该笔债权转让给长城资产公司持有。2012年8月3日辽宁顺隆商贸有限公司通过公开拍卖方式获得该笔债权,长城资产公司与顺隆商贸同日签订《债权转让协议》,债权人由此变更为顺隆商贸。公司与顺隆商贸签订《债务重组协议》,约定公司若在2013年12月31日之前偿还18500000元,其余本金、利息及罚息全部免除。形成债务重组收益,计入营业外收入550万元。

第一节 企业重组与清算概述

一、企业重组、清算、破产概述

(一)概念

企业重组从广义上讲,是对企业的资金、资产、劳动力、技术、管理等要素进行重新配置,构建新的生产经营模式,使企业在变化中保持竞争优势的过程。企业重组贯穿于企业发展的每一个阶段。

企业清算是指企业按章程规定解散以及由于破产或其他原因宣布终止经营后,对企业的财产、债权、债务进行全面清查,并进行收取债权、清偿债务和分配剩余财产的经济活动。为满足市场经济发展的要求,为保护投资者和债权人的合法权益,企业财务制度和有关法则对企业清算作出了规定。

公司解散、歇业以后,公司不复存在,其权利和义务无承受者,所以,公司解散时,对其存在期间所发生的各种法律关系都应妥善了结,进行清算。

企业破产,是指当债务人的全部资产不足以清偿到期债务时,债权人通过一定程序将债务人的全部资产供其平均受偿，从而使债务人免除不能清偿的其他债务，并由法院宣告破产解散。从法律上讲，企业破产有两层含义：一是资不抵债时发生的实际意义上的破产，即债务人因负债超过其资产的公允价值，不能清偿其到期债务而发生的一种状况；二是指债务人因不能清偿到期债务而被法院宣告破产。

（二）重组、破产与清算的关系

企业重组、破产与清算既有联系又有区别。三者之间的联系是，第一，都需要进行清算；第二，重组成功企业继续存在，重组失败企业破产；第三，正常清算中发现资不抵债，转入破产清算，破产企业资产大于负债视同正常清算；第四，在财产分配的会计处理上有相似之处。

它们之间的区别是企业重组仍然是在"持续经营假设"的基础上进行的，企业重组的结果不是公司经营活动的终止，而是使公司"轻装上阵"。但清算与破产则不同，其结果都是公司经营活动的终止。需要注意的是，重组与清算未必都是因为财务陷入困境而引起的，反过来，企业财务一旦陷入困境，则往往需要进行重组和清算，以化解危机终止经营，甚至进入法律程序。

二、财务困境的含义、表现及成因

（一）财务困境的含义

财务困境的含义是企业履行经营义务时受阻的状态。财务困境有三层含义：一是企业资产总额超过负债总额，但资产配置的流动性差，企业的现金净流量低，经营效益差；二是最近两个会计年度净利润为负数，并且一个会计年度股东利益低于注册资本；三是企业的负债总额超过企业资产的公允价值，经协商进入重组状态。

（二）财务困境的表现及成因

从企业内部来看，财务困境主要表现为资金周转困难，甚至停滞，现金流量出现大额负差，持久的亏损经营以及资不抵债，导致企业的正常生产经营受阻，权益结构失衡，财务状况恶化。

从企业外部来看，财务困境主要表现为现金短缺，无力偿还到期的债务，在社会上出现严重债务危机和信用危机，难以重新举借债务，甚至面临被改组或者是被迫进行清算。具体有以下五种表现。

1.企业被迫清算

被迫清算是指企业在解散或者依法破产过程中，为了终结企业现存的各种法律关系，而由专门的工作机构对企业的资产、债权、债务关系进行全面清查、作价及处理的一项财务工作。如果企业不是因为企业的法定营业期届满而开展这项工作，企业清算则属被迫进行。因此，企业被迫清算既是企业财务失败的直接表现，也是财务困境无法扭转的结局。

2. 企业短期债权人被迫实行延期付款

延期付款破坏了企业与短期债权人的事先约定，降低了企业的商业信誉，从而给企业价值带来负面影响。这是与企业价值最大化的财务管理目标相悖的，是财务困境的表现。

3. 企业延期偿还债券利息

企业债券是反映债权和债务关系的有价证券，当发行企业不能按期履行支付利息的法定责任时，这种有价证券就会贬值，负债企业价值将会明显下降，从而到期引发财务困境。

4. 企业延期偿还债券本金

当企业延期偿还债券本金成为社会公众所瞩目的现实时，发行企业的资本实力和支付保障就成为虚构成分。于是，该债券的市场价值与发行企业的价值则同时下降，到期而出现财务困境现象。

5. 企业无力支付优先股股利

当企业无力支付应当定期支付的优先股股利时，企业价值将会受到市场投资者的重新确认，使企业价值贬值。

导致企业发生财务困境的事件有很多，比如股票股利的减少、公司企业的倒闭、公司的连年亏损、公司大面积裁员、股票价格的暴跌等；财务拮据、成本加大、高级主管辞职、管理层频繁收购、公司偿债能力大幅下降、出售资产、股权置换、开始重组、私下和解等。究其原因主要有经营管理上的失误、经济政策和国家法规的影响、丧失核心竞争能力的多元化投资以及经营杠杆的负效应。

三、财务困境的解救措施

企业财务困境的处理主要有以下几种途径。

●（一）资产重组

资产重组在国际上最主要的形式是通过出售部分非核心资产（一般在10%～20%之间）或业务来变现资金以偿还到期债务，或者通过被并购等方式来获得还债的能力，政府几乎不干预。在我国，由于国有企业的特殊性，资产重组更多的是政府行为而不是经济行为。一些经营状况良好但不具备兼并条件的企业在政府干预下，被迫兼并没有经济效益的困境企业，以避免破产引发的职工安置压力。但由于加大了企业负担，许多优秀企业被拖垮，随后也陷入困境，而有的上市公司为避免摘牌或配股的需要甚至仅仅为了股价炒作而进行资产重组，这些都严重影响了资产重组的资源优化配置功能。

●（二）债务重组

债务重组在我国被称作企业整顿，并包含了资产重组的内容，主要体现在《中华人民共和国企业破产法》中的整顿条款。债务重组在我国经济生活中具有重要意义，对于改善我国企业不合理的债务结构，减轻企业特别是国有企业的债务负担具有积极作用，同时又避免了破产程序容易引起社会震荡等消极因素。

债务重组与解决债权和债务问题不同的是，我国的企业整顿是与国民经济的整顿结合在一起的，目的是治理经济环境、整顿经济秩序，手段以行政命令为主。因此在具体规定上，存在很大的差异，在适用范围上，只是针对全民所有制企业；在程序上，由企业上级主管部门提出并组织实施，并以企业与债权人达成和解协议为前提。这些显然已经不适应当今经济环境，破产保护应该适合所有类型的企业，而如果能直接与债权人达成和解协议，就没有必要经过复杂的法律程序、承担昂贵的时间损失和费用。

（三）破产清算

破产清算是指宣告股份有限公司破产以后，由清算组接管公司，对破产财产进行清理、评估和处理、分配。清算组由人民法院依据有关法律的规定，组织股东、有关机关及有关专业人士组成。所谓有关机关一般包括国有资产管理部门、政府主管部门、证券管理部门等，专业人员一般包括会计师、律师、评估师等。

《中华人民共和国公司法》（以下简称《公司法》）中的破产清算是指处理经济上破产时债务如何清偿的一种法律制度，即在债务人丧失清偿能力时，由法院强制执行其全部财产，公平清偿全体债权人的法律制度。破产概念专指破产清算制度，即对债务人宣告破产、清算还债的法律制度。

第二节 企业重组会计

一、企业重组含义和种类

（一）企业重组的含义

企业重组也称为企业改组。从狭义上讲，它是通过一定的法律程序来改变公司的资本结构，从而能合理地解决其所欠债权人的债务问题，以使公司摆脱所面临的财务困难并继续经营。

（二）企业重组的种类

1. 改制

改制是指企业进行股份制改造的过程。根据《股份制试点办法》和《公司法》，我国企业实行股份制主要有两条途径：一条是新组建股份制企业，另一条是将现有企业有选择地改造为股份制公司。据此，按公司设立时发起人出资方式不同，分为新设设立和改建设立两种类型。新设设立方式中按其设立的方式不同，又可分为发起设立和募集设立两类。

2. 收购

收购是指企业用现款、债券或股票购买另一家企业的部分或全部资产或股权，以获得该企业的控制权的投资行为。根据《《公司法》的规定，企业收购可以分为协议收购和要约收购两类。

3. 合并

合并是兼并和联合的统称。兼并也称吸收合并，通常是指一家企业以现金、证券或其他形式（如承担债务、利润返还等）投资购买取得其他企业的产权，使其他企业丧失法人资格或改变法人实体，并取得对这些企业决策控制权的投资行为；联合也称新设合并，是指两个或两个以上公司合并设立一个新的公司，合并各方的法人实体地位消失。

4. 分立

公司分立是指一个母公司将其在某子公司中所拥有的股份，按母公司股东在母公司中的持股比例分配给现有母公司的股东，从而在法律上和组织上将子公司的经营从母公司的经营中分离出去。这会形成一个与母公司有着相同股东和持股结构的新公司。

5. 托管

托管是指企业的所有者通过契约形式，将企业法人的财产交由具有较强经营管理能力，并能够承担相应经营风险的法人去有偿经营，明晰企业所有者、经营者、生产者责任与权利关系，保证企业财产保值增值并创造可观的社会效益和经济效益的一种经营活动。

二、企业重组的程序

（一）申请公司重组

申请公司重组一般可由债务企业向法院主动提出，也可以由债权人提出。如果由债权人提出，应组成债权人委员会，召开债权人会议。

债务人或者债权人可以依照《破产法》规定，直接向人民法院申请对债务人进行重整。债权人申请对债务人进行破产清算的，在人民法院受理破产申请后、宣告债务人破产前，债务人或者出资额占债务人注册资本十分之一以上的出资人，可以向人民法院申请重整。人民法院经审查认为重整申请符合《破产法》规定的，应当裁定债务人重整，并予以公告。

（二）制订重组计划

由债权人会议制订出公平、公正、切实可行的重组计划，债务人或者管理人应当自人民法院裁定债务人重整之日起六个月内，同时向人民法院和债权人会议提交重整计划草案。重组计划通常对以下事项做出明确规定。

债务人对公司财产的保留。

财产向其他主体的转移。

债务人与其他主体的合并。

财产的出售或分配。

发行有价证券以取得现金或更换现有证券。

重整计划执行的监督期限。

有利于债务人重整的其他方案。

人民法院应当自收到重整计划草案之日起30日内召开债权人会议，对重整计划草案进行表决。依照下列债权分类，分组对重整计划草案进行表决。

(1) 对债务人的特定财产享有担保权的债权。

(2) 债务人所欠职工的工资和医疗、伤残补助、抚恤费用，所欠的应当划入职工个人账户的基本养老保险、基本医疗保险费用，以及法律、行政法规规定应当支付给职工的补偿金。

(3) 债务人所欠税款。

(4) 普通债权。

出席会议的同一表决组的债权人过半数同意重整计划草案，并且其所代表的债权额占该组债权总额的三分之二以上的，即为该组通过重整计划草案。各表决组均通过重整计划草案时，重整计划即为通过。

（三）执行重组计划

重整计划由债务人负责执行，管理人负责监督。债务人不能执行或者不执行重整计划的，人民法院经管理人或者利害关系人请求，应当裁定终止重整计划的执行，并宣告债务人破产。

债务人或者管理人未按期提出重整计划草案的，人民法院应当裁定终止重整程序，并宣告债务人破产。在重整期间，有下列情形之一的，经管理人或者利害关系人请求，人民法院应当裁定终止重整程序，并宣告债务人破产。

(1) 债务人的经营状况和财产状况继续恶化，缺乏挽救的可能性。

(2) 债务人有欺诈、恶意减少债务人财产或者其他显著不利于债权人的行为。

(3) 债务人的行为致使管理人无法执行职务。

三、企业重组的会计处理

（一）企业重组会计的特点

(1) 对会计期间假定的局部修订一般为2年。

(2) 重组期间重组损益和经营损益共存：重组期间企业业务包括重组业务和经营业务，经营业务核算方法与一般企业经营业务的核算方法相同。重组业务主要是以公允价值对重组资产、负债进行计价，通过减资弥补亏损，将"未分配利润"账户中的红字调整为零。

(3) 会计揭示内容的双重性：采用表内揭示和表外揭示相结合的方法揭示会计信息，根据重组计划，在重组范围确定后，编制重组日资产负债表，重组期间利润表和重组日结束日资产负债表。

（4）企业重组结束后，会计方法的选择具有不确定性。重组结束后，如果重组失败，企业进入破产状态，选用终止经营假设基础上的破产会计处理程序和方法。

（二）企业债务重组会计事项及处理

企业重组的会计事项主要包括支付托管资金、偿付有优先清偿权的债务和支付重组费用、对公司现有负债进行重组即债务重组、确认并结转重组费用、确认重组损益以及编制重组后资产负债表。这里将重点介绍对公司负债进行重组。

1.债务重组的定义

债务重组，是指债务人在发生财务困难的情况下，债权人按照其与债务人达成的协议或法院的裁定作出让步的事项。债务重组定义中的"债务人发生财务困难"，是指债务人出现资金周转困难或经营陷入困境，导致其无法或者没有能力按照原定条件偿还债务；"债权人作出让步"，是指债权人同意发生财务困难的债务人现在或者将来以低于重组债务账面价值的金额或者价值偿还债务。"债权人作出让步"的情形主要包括债权人减免债务人部分债务本金或者利息、降低债务人应付债务的利率等。债务人发生财务困难，是债务重组的前提条件，而债权人做出让步是债务重组的必要条件。

【例11-1】甲公司原欠乙公司货款1000万元。因流动资金紧张，经过与乙公司协商，甲公司用一幢建筑物抵偿债务。该建筑物原始成本为600万元，累计折旧为100万元，公允价值为1000万元。

本例中，由于甲公司用于抵债的建筑物公允价值等于其所欠债务金额，债权人没有作出让步，因此不属于债务重组业务。

2.债务重组的方式

债务重组主要有以下几种方式：

（1）以资产清偿债务，是指债务人转让其资产给债权人以清偿债务的债务重组方式。债务人通常用于偿债的资产主要有现金、存货、金融资产、固定资产、无形资产等。这里的现金，是指货币资金，即库存现金、银行存款和其他货币资金，在债务重组的情况下，以现金清偿债务，通常是指以低于债务的账面价值的现金清偿债务，如果以等量的现金偿还所欠债务，则不属于本章所指的债务重组。

（2）债务转为资本，是指债务人将债务转为资本，同时债权人将债权转为股权的债务重组方式。但债务人根据转换协议，将应付可转换公司债券转换为资本的，则属于正常情况下的债务转为资本，不能作为债务重组处理。

债务转为资本时，对股份有限公司而言是将债务转为股本；对其他企业而言，是将债务转为实收资本。债务转为资本的结果是，债务人因此而增加股本（或实收资本），债权人因此而增加股权。

（3）修改其他债务条件，是指修改不包括上述第一、第二种情形在内的债务条件进行债务重组的方式，如减少债务本金、降低利率、免去应付未付利息等。

（4）以上三种方式的组合，是指采用以上三种方法共同清偿债务的债务重组形式。

例如，以转让资产清偿某项债务的一部分，另一部分债务通过修改其他债务条件进行债务重组。主要包括以下可能的方式：

①债务的一部分以资产清偿，另一部分则转为资本；

②债务的一部分以资产清偿，另一部分则修改其他债务条件；

③债务的一部分转为资本，另一部分则修改其他债务条件；

④债务的一部分以资产清偿，一部分转为资本，另一部分则修改其他债务条件。

3.债务重组的会计处理

（1）以资产清偿债务。

在债务重组中，企业以资产清偿债务的，通常包括以现金清偿债务和以非现金资产清偿债务等方式。

①以现金清偿债务。债务人以现金清偿债务的，债务人应当将重组债务的账面价值与支付的现金之间的差额确认为债务重组利得，作为营业外收入，计入当期损益，其中，相关重组债务应当在满足金融负债终止确认条件时予以终止确认。

债务人以现金清偿债务的，债权人应当将重组债权的账面余额与收到的现金之间的差额确认为债务重组损失，作为营业外支出，计入当期损益，其中，相关重组债权应当在满足金融资产终止确认条件时予以终止确认。重组债权已经计提减值准备的，应当先将上述差额冲减已计提的减值准备，冲减后仍有损失的，计入营业外支出（债务重组损失）；冲减后减值准备仍有余额的，应予转回并抵减当期资产减值损失。

【例11-2】2011年5月1日，甲公司从乙公司购入原材料100万元，款项尚未支付，由于财务困难，甲公司无法归还欠款，于2011年10月1日进行债务重组，甲公司用银行存款支付80万元后，余款不再偿还。乙公司对应收账款已计提坏账准备10万元。

（1）甲公司会计处理。

  借：应付账款——乙公司   1000000
    贷：银行存款   800000
      营业外收入——债务重组利得 200000

（2）乙公司会计处理。

  借：银行存款   800000
    坏账准备   100000
    营业外支出——债务重组损失 100000
    贷：应收账款——甲公司   1000000

②以非现金资产清偿某项债务。债务人以非现金资产清偿某项债务的，债务人应当将重组债务的账面价值与转让的非现金资产的公允价值之间的差额确认为债务重组利得，作为营业外收入，计入当期损益，其中，相关重组债务应当在满足金融负债终止确认条件时予以终止确认。转让的非现金资产的公允价值与其账面价值的差额作为转让资产损益，计入当期损益。

债务人在转让非现金资产的过程中发生的一些税费，如资产评估费、运杂费等，直接计入转让资产损益。对于增值税应税项目，如债权人不向债务人另行支付增值税，则债务人重组利得应为转让非现金资产的公允价值和非现金资产的增值税销项税与重组债务账面价值的差额;如债权人向债务人另行支付增值税,则债务重组利得应为转让非现金资产的公允价值与重组债务账面价值的差额。

债务人以非现金资产清偿某项债务的,债权人应当对受让的非现金资产按其公允价值入账,重组债权的账面余额与受让的非现金资产公允价值之间的差额,确认为债务重组损失,作为营业外支出,计入当期损益,其中,相关重组债权应当在满足金融资产终止确认条件时予以终止确认。重组债务已计提减值准备的,应当先将上述差额冲减已计提的减值准备,冲减后仍有损失的,计入营业外支出(债务重组损失);冲减后减值准备仍有余额的,应予以转回并抵减当期资产减值损失。对于增值税应税项目,如债权人不向债务人另行支付增值税,则增值税进项税额可以作为冲减重组债权的账面余额处理;如债权人向债务人另行支付增值税,则增值税进项税额不能作为冲减重组债权的账面余额处理。

债权人收到非现金资产时发生的有关运费等,应当计入相关资产的价值。

当债务人以库存材料、商品产品抵偿债务时,应视同销售进行核算。企业可将该项业务分为两部分,一是将库存材料、商品产品出售给债权人,取得货款。出售库存材料、商品产品业务与企业正常的销售业务处理相同,其发生的损益计入当期损益。二是以取得的货币清偿债务。当然在这项业务中实际上并没有发生相应的货币流入与流出。

【例11-3】甲公司欠乙公司购货款350000元。由于甲公司财务发生困难,短期内不能支付已于2007年5月1日到期的货款。2007年7月1日,经双方协商,乙公司同意甲公司以其生产的产品偿还债务。该产品的公允价值为200000元,实际成本为120000元。甲公司为增值税一般纳税人,适用的增值税税率为17%。乙公司于2007年8月1日收到甲公司抵债的产品,并作为库存商品入库;乙公司对该项应收账款计提了50000元的坏账准备。

(1)甲公司的账务处理。

①计算债务重组利得:

  应付账款的账面余额   350000
  减:所转让产品的公允价值   200000
  增值税销项税额   (200000×17%)34000
  债务重组利得   11600

②应做会计分录如下:

  借:应付账款   35000
   贷:主营业务收入   200000
     应交税费——应交增值税(销项税) 34000
     营业外收入——债务重组利得   116000
  借:主营业务成本   120000
   贷:库存商品   120000

在本例中,甲公司销售产品取得的利润体现在营业利润中,债务重组利得作为营业外收入处理。

(2) 乙公司的账务处理。

①计算债务重组损失：

应收账款账面余额	35000
减：受让资产的公允价值	200000
增值税进项税额	34000
差额	116000
减：已计提坏账准备	50000
债务重组损失	66000

②应做会计分录如下：

借：库存商品	200000
应交税费——应交增值税（进项税额）	34000
坏账准备	50000
营业外收入——债务重组损失	6000
贷：应收账款	350000

当债务人以固定资产抵偿债务时，应将固定资产的公允价值与该项固定资产账面价值和清理费用的差额作为转让固定资产的损益处理。同时，将固定资产的公允价值与应付债务的账面价值的差额，作为债务重组利得，计入营业外收入。债权人收到的固定资产应按公允价值计量。

【例11-4】2007年5月1日，甲公司从乙公司购入原材料100万元，款项尚未支付，由于财务困难，甲公司无法归还欠款，于2007年10月1日进行债务重组。甲公司以一台设备抵偿债务。该设备账面原值为140万元，已提折旧60万元，未计提减值准备；债务重组日该设备的公允价值为70万元。假设不考虑相关税费。乙公司对应收账款已计提坏账准备8万元。

(1) 甲公司会计处理如下：

①借：固定资产清理	800000
累计折旧	600000
贷：固定资产	1400000
②借：应付账款——乙公司	1000000
贷：固定资产清理	700000
营业外收入——债务重组利得	300000
借：营业外支出——处置固定资产损失	100000
贷：固定资产清理	100000

(2) 乙公司会计处理如下：

借：固定资产	700000
坏账准备	80000
营业外支出——债务重组损失	220000

　　　　　贷：应收账款——甲公司　　　　　　　　　　1000000

　　当债务人以股票、债券等金融资产清偿债务时，应按相关金融资产的公允价值与其账面价值的差额，作为转让金融资产的利得或损失处理；相关金融资产的公允价值与重组债务的账面价值的差额，作为债务重组利得。债权人收到的相关金融资产应按公允价值计量。

　　【例11-5】 2017年5月1日，甲公司从乙公司购入原材料100万元，款项尚未支付，由于财务困难，甲公司无法归还欠款，于2017年10月1日进行债务重组。甲公司以长期股权投资抵偿债务。该长期股权投资账面余额为80万元，公允价值为90万元，未计提减值准备；假设不考虑相关税费。乙公司对应收账款已计提坏账准备8万元。

　　（1）甲公司的会计处理如下：

　　　　借：应付账款——乙公司　　　　　　　　　　1000000
　　　　　贷：长期股权投资　　　　　　　　　　　　　800000
　　　　　　　投资收益　　　　　　　　　　　　　　　100000
　　　　　　　营业外收入——债务重组利得　　　　　　100000

　　（2）乙公司会计处理如下：

　　　　借：长期股权投资　　　　　　　　　　　　　　900000
　　　　　　坏账准备　　　　　　　　　　　　　　　　 80000
　　　　　　营业外支出——债务重组损失　　　　　　　 20000
　　　　　贷：应收账款——甲公司　　　　　　　　　 1000000

　　（3）债务转为资本 以债务转为资本方式进行债务重组的，应分别以下情况处理：

　　①债务人为股份有限公司时，债务人应将债权人因放弃债权而享有股份的面值总额确认为股本；股份的公允价值总额与股本之间的差额确认为资本公积。重组债务的账面价值与股份的公允价值总额之间的差额确认为债务重组利得，计入当期损益。债务人为其他企业时，债务人应将债权人因放弃债权而享有的股权份额确认为实收资本；股权的公允价值与实收资本之间的差额确认为资本公积。重组债务的账面价值与股权的公允价值之间的差额作为债务重组利得，计入当期损益。

　　②债务人将债务转为资本，即债权人将债权转为股权。在这种方式下，债权人应将重组债权的账面余额与因放弃债权而享有的股权的公允价值之间的差额，先冲减已提取的减值准备，减值准备不足冲减的部分，或未提取减值准备的，将该差额确认为债务重组损失。同时，债权人应将因放弃债权而享有的股权按公允价值计量。发生的相关税费，分别按照长期股权投资或者金融工具确认和计量等准则的规定进行处理。

　　【例11-6】 2017年5月1日，甲公司从乙公司购入原材料100万元，款项尚未支付，由于财务困难，甲公司无法归还欠款，于2017年10月10日进行债务重组。甲公司将债务转为资本，债务转为资本后，乙公司所占份额为甲公司注册资本200万元的40%，该份额的公允价值为92万元。乙公司对应收账款已计提坏账准备4万元。

　　（1）甲公司的会计处理如下：

　　　　借：应付账款——乙公司　　　　　　　　　　1000000

```
        贷：实收资本                           800000
            资本公积——资本溢价                120000
            营业外收入——债务重组利得          80000
```
　　（2）乙公司的会计处理如下：
```
        借：长期股权投资—甲公司               920000
            坏账准备                           40000
            营业外支出——债务重组损失         40000
          贷：应收账款——甲公司                       1000000
```
　　（3）修改其他债务条件。

　　以修改其他债务条件进行债务重组的，债务人和债权人应分别以下情况处理：

　　①不附或有条件的债务重组，是指在债务重组中不存在或有应付（或应收）金额，该或有条件需要根据未来某种事项出现而发生的应付（或应收）金额，并且该未来事项的出现具有不确定性。

　　不附或有条件的债务重组，债务人应将修改其他债务条件后债务的公允价值作为重组后的债务的入账价值。重组债务的账面价值与重组后债务的入账价值之间的差额计入损益。

　　以修改其他债务条件进行债务重组，如修改后的债务条款不涉及或有应收金额，则债权人应当将修改其他债务条件后的债权的公允价值作为重组后债权的账面价值，重组债权的账面余额与重组后债权账面价值之间的差额确认为债务重组损失，计入当期损益。如果债权人已对该项债权计提了减值准备，应当首先冲减已计提的减值准备，减值准备不足以冲减的部分，作为债务重组损失，计入营业外支出。

　　【例11-7】甲公司2017年12月31日应收乙公司票据的账面余额为65400元，其中5400元为累计未付的利息，票面年利率4%。由于乙公司连年亏损，资金周围困难，不能偿付应于2017年12月31日前支付的应付票据。经双方协商，于2018年1月5日进行债务重组。甲公司同意将债务本金减至50000元；免去债务人所欠的全部利息；将利率从4%降低到2%（等于实际利率），并将债务到期日延至2019年12月31日，利息按年支付。该项债务重组协议从协议签订日起开始实施。甲、乙公司已将应收、应付票据转入应收、应付账款。甲公司已为该项应收款项计提了5000元坏账准备。

　　（1）乙公司的会计处理。
　　①计算债务重组利得：
```
        应付账款的账面余额                   65400
        减：重组后债务公允价值               50000
        债务重组利得                         15400
```
　　②债务重组时的会计分录：
```
        借：应付账款                         65400
          贷：应付账款——债务重组                   50000
              营业外收入——债务重组利得           15400
```

③2018年12月31日支付的利息：

　　借：财务费用　　　　　　　　　　　　1000
　　　　贷：银行存款　　　　　　　　　　　　　　(50000×2%)1000

④2019年12月31日偿还本金和最后一年利息：

　　借：应付账款——债务重组　　　　　　50000
　　　　财务费用　　　　　　　　　　　　1000
　　　　贷：银行存款　　　　　　　　　　　　　　51000

(2) 甲公司的账务处理。

①计算债务重组损失：

　　应收账款账面余额　　　　　　　　　　65400
　　减：重组后债权公允价值　　　　　　　50000
　　差额　　　　　　　　　　　　　　　　15400
　　减：已计提坏账准备　　　　　　　　　5000
　　债务重组损失　　　　　　　　　　　　10400

②债务重组日的会计分录：

　　借：应收账款——债务重组　　　　　　50000
　　　　营业外支出——债务重组损失　　　10400
　　　　坏账准备　　　　　　　　　　　　5000
　　　　贷：应收账款　　　　　　　　　　　　　　65400

③2018年12月31日收到利息：

　　借：银行存款　　　　　　　　　　　　1000
　　　　贷：财务费用　　　　　　　　　　　　　　(50000×2%)1000

④2019年12月31日收到本金和最后一年利息：

　　借：银行存款　　　　　　　　　　　　51000
　　　　贷：财务费用　　　　　　　　　　　　　　1000
　　　　　　应收账款　　　　　　　　　　　　　　50000

②附或有条件的债务重组。

附或有条件的债务重组，是指在债务重组协议中附或有应付条件的重组。或有应付金额，是指依未来某种事项出现而发生的支出。未来事项的出现具有不确定性。如债务重组协议规定，"将××公司债务1000000元免除200000元，剩余债务展期两年，并按2%的年利率计收利息。如该公司一年后盈利，则自第二年起将按5%的利率计收利息"。根据此项债务重组协议，债务人依未来是否盈利而发生的24000（800000×3%）元支出，即为或有应付金额。但债务人是否盈利，在债务重组时不能确定，即具有不确定性。

附或有条件的债务重组，对于债务人而言，以修改其他债务条件进行的债务重组，修改后的债务条款如涉及或有应付金额，且该或有应付金额符合或有事项中有关预计负债确认条件的，债务人应当将该或有应付金额确认为预计负债。重组债务的账面价值与重组后债务的入账价值和预计负债金额之和的差额，作为债务重组利得，计入营业

第十一章 企业重组与清算会计

外收入。需要说明的是，在附或有支出的债务重组方式下，债务人应当在每期末，按照或有事项确认和计量要求，确定其最佳估计数，期末所确定的最佳估计数与原预计数的差额，计入当期损益。

对债权人而言，以修改其他债务条件进行债务重组，修改后的债务条款中涉及或有应收金额的，不应当确认或有应收金额，不得将其计入重组后债权的账面价值。或有应收金额属于或有资产，或有资产不予确认。只有在或有应收金额实际发生时，才计入当期损益。

（4）以上三种方式的组合方式。

以上三种方式的组合方式进行债务重组，主要有以下几种情况：

①以现金、非现金资产两种方式的组合清偿某项债务的，重组债务的账面价值与支付的现金、转让的非现金资产的公允价值的差额作为债务重组利得。非现金资产的公允价值与其账面价值的差额作为转让资产损益。

债权人重组债权的账面价值与收到的现金、受让的非现金资产的公允价值，以及已提减值准备的差额作为债务重组损失。

②以现金、债务转让为资本两种方式的组合清偿某项债务的，重组债务的账面价值与支付的现金、债权人因放弃债权而享有的股权的公允价值的差额作为债务重组利得。股权的公允价值与股本（或实收资本）的差额作为资本公积。

债权人重组债权的账面价值与收到的现金、因放弃债权而享有的公允价值，以及已提减准备的差额作为债务重组损失。

③以非现金资产、债务转为资本两种方式的组合清偿某项债务的，重组债务的账面价值与转让的非现金资产的公允价值、债权人因放弃债权而享有的股权的公允价值的差额作为债务重组利得。非现金资产的公允价值与账面价值的差额作为转让资产损益；股权的公允价值与股本（或实收资本）的差额作为资本公积。

债权人重组债权的账面价值与受让的非现金资产的公允价值、因放弃债权而享有的股权的公允价值，以及已提减值准备的差额作为债权重组损失。

④以现金、非现金资产、债务转为资本三种方式的组合清偿某项债务的，重组债务的账面价值与支付的现金、转让的非现金资产的公允价值、债权人因放弃债权而享有股权的公允价值的差额作为债务重组利得；非现金资产的公允价值与其账面价值的差额作为转让资产损益；股权的公允价值与股本（或实收资本）的差额作为资本公积。

债权人重组债权的账面价值与收到的现金、受让的非现金资产的公允价值、因放弃债权而享有的股权的公允价值，以及已提减值准备的差额作为债权重组损失。

⑤以资产、债务转为资本等方式清偿某项债务的一部分，并对该项债务的另一部分以修改其他债务条件进行债务重组。在这种方式下，债务人应先以支付的现金、转让的非现金资产的公允价值、债权人因放弃债权而享有的股权的公允价值冲减重组债务的账面价值，余额与重组后债务的公允价值进行比较，据此计算债务重组利得。债权人因放弃债权而享有的股权的公允价值与股本（或实收资本）的差额作为资本公积；非现金资产的公允价值与其账面价值的差额作为转让资产损益，于当期确认。

债权人应先以收到的现金、受让非现金资产的公允价值、因放弃债权而享有的股权的公允价值冲减重组债权的账面价值，差额与重组后债务的公允价值进行比较，据此计算债务重组损失。

【例11-8】甲企业与乙企业均为增值税一般纳税人。甲企业于2017年4月9日向乙企业销售产品一批，售价为100000元，增值税销项税额为17000元，双方约定的付款日期为6月20日。债务到期，乙企业由于发生财务困难，无法偿还该项债务。经与甲企业协商，于2017年6月28日达成如下债务重组协议：乙企业先以现金、无形资产和债务转为资本的方式清偿该债务的一部分，然后将剩余债务再豁免18000元，并延期1个月付款。乙企业支付的银行存款为5000元，转让无形资产的原价为90000元，已累计摊销额为70000元，已计提的减值准备为3000元，公允价值为20000元，用来抵债的普通股股数为10000股，该普通股每股面值为1元，每股市价为1.5元，甲企业将受让的该项股权作为 FVTPL 进行核算。

（1）乙企业的会计处理如下：

借：应付账款——甲企业　　　　　　　　　　117000
　　累计摊销　　　　　　　　　　　　　　　 70000
　　无形资产减值准备　　　　　　　　　　　　3000
　　贷：银行存款　　　　　　　　　　　　　　 5000
　　　　无形资产　　　　　　　　　　　　　　90000
　　　　股本　　　　　　　　　　　　　　　　10000
　　　　资本公积——股本溢价　　　　　　　　 5000
　　　　应付账款——债务重组　　　　　　　　59000
　　　　营业外收入——债务重组利得　　　　　18000
　　　　　　　　——处置无形资产利得　　　　 3000

（2）甲企业的会计处理如下：

借：银行存款　　　　　　　　　　　　　　　 5000
　　无形资产　　　　　　　　　　　　　　　20000
　　交易性金融资产　　　　　　　　　　　　15000
　　应收账款——债务重组（乙企业）　　　　59000
　　营业外支出——债务重组损失　　　　　　18000
　　贷：应收账款——乙企业　　　　　　　　117000

第三节 企业清算会计

一、企业清算的含义和种类

(一) 企业清算的含义

清算是指在企事业面临终止的情况下,负有清算义务的主体按照法律规定的方式、程序对企业的资产、负债、所有者权益等公司的状况做全面的清理和处置,使得企业与其他社会主体之间产生的权利和义务归于消灭,从而为企业的终止提供合理依据的行为。

企业的清算是基于企业面临终止的情况发生的。企业清算制度是公司治理结构中最后而且十分重要的一环。这一环的重要性在于不仅保护了股东的权益,而且保护了广大债权人的权益,是清算公司法人制度弊端的最锋利的武器、最有效的良药,是使公司法人制度存在的基石。

(二) 企业清算的种类

1.基本分类

(1) 破产清算。

破产清算指在企业不能清偿到期债务的情况下,依照企业《破产法》的规定所进行的清算。

(2) 非破产清算。

非破产清算指公司法人资产足以清偿债务的情况下进行的清算,依照《公司法》的规定所进行的清算,包括自愿解散的清算和强制解散的清算两种类型。

2.按照是否依据法律规定处理企业财产进行分类

(1) 任意清算。

任意清算是指按照企业章程、董事会或股东大会决议而进行的清算。任意清算只适用于无限公司等人合公司,因为人合公司股东之间存在着某种相互依赖的关系,股东对债权人负无限责任。

(2) 法定清算。

法定清算是指按照企业法规定的程序和条件进行的清算。法定清算适用于各种性质的企业。其中,股份有限公司只能实行法定清算,因为作为合资公司,股东对公司债权人只负有限责任,股东之间缺少信赖关系,如果实行任意清算,债权人利益就不一定能得到保护。

根据清算企业宣告解散、破产时的财务状况不同,法定清算可分为两类:普通清算和特别清算。

①普通清算是指公司依法自行组成的清算组,按法定程序进行的清算。

②特别清算是指公司在普通清算过程中，出现了显著的障碍或发现其债务有超过其实有资产的可能时，依法由法院和债权人进行直接干预和监督的清算。

二、企业清算的程序

（1）企业宣告解散、破产，即企业终止之日起，就应当立即成立清算机构。

（2）清算机构成立后，就应对企业的财产、物资、债权、债务进行全面清查，编制资产负债表和财产目录，提出财产作价和计算依据，制订清算方案，具体处理企业未了结的业务，收取企业债权，向股东收取已认缴而未缴纳的股金、清算纳税事宜、偿还企业债务、处分企业剩余财产。

（3）企业的清算工作结束后，由清算机构提出清算结束报告，提请董事会会议通过后，报送原审批机构，并向原登记管理机构办理注销登记手续，缴销营业执照。

三、企业清算会计事项

企业清算会计是指对被宣告解散企业各项清算业务进行反映和监督，向有关债权人、投资人及政府主管部门披露企业的财务状况、清算过程和结果等会计信息的一种专门会计。

（一）清算财产的清理

1. 清算财产与清算企业的财产界定

被清算企业的财产包括宣布清算时企业的全部财产以及清算期间取得的资产。应当注意"清算企业的财产"与"清算财产"是有所差别的。

（1）清算企业的财产中如果包括企业用于对某些负债进行抵押担保的财产，应从企业财产总额中扣除，扣除数额以相应的债务额为限，超过其所担保的债务数额部分则归属于企业清算财产，此时，企业的清算财产小于企业的财产额。

（2）企业在清算期间所取得的财产，视其取得方式是否有利于企业清算来定是否列入清算财产。

①如果某项活动有利于企业清算，应该计入清算财产。例如，某企业在清算期间，继续生产一些未完工的产品并按正常的经营方式销售库存产品，显然，这些活动有利于企业资产变现，从整体上提高企业的清算价值，由此取得的资产，如收入的现金、应收账款等将被计入企业的清算财产。

②如果企业在经营期间，为维持或扩大经营而购置各种资产，特别是利用各种手段进行赊购或取得贷款，使得企业的财产关系更为复杂，从而增加企业清算的难度，企业通过这些在清算期间被明令禁止的活动所取得的资产，应该单独地加以处理，而不被计入企业的清算财产，这时，企业清算财产显然也小于企业的全部财产总额。

（3）在某些特定情况下，企业的清算财产也可能大于企业在清算时全部财产的账面价值，这主要是因为企业清算往往涉及许多利益关系的变更，而可能有人利用某种职权或其他条件营私舞弊。为了防止这种情况的发生,制度规定,在企业宣布终止前六个月至终止之日的期间内,下列各种行为无效。

①隐匿私分或者无偿转让财产。
②非正常压价处理财产。
③对原来没有财产担保的债务提供财产担保。
④对未到期的债务提前清偿。
⑤放弃自己的债权。

上述各种行为的共同特点就是它们都将损害企业的利益,减少企业实际所拥有的清算财产。因此,如果上述行为实际发生后,一经查明,清算机构便有权追回相应的财产,并将它们计入清算财产。在这种情况下,尽管在企业宣布清算时,有关财产已不在企业的账上,但实际清算后,清算财产便可超过账面财产。

2.清理清算财产的步骤

企业在清理清算财产的过程中,首先要清理企业的全部财产,列出财产清单;其次要严格审核有关债权人所提供的各种证明材料,以便从全部财产中剔除各种不宜作为清算财产的资产;然后再检查规定时期内企业对财产的处理是否合法,以便追回各种非法处理财产;最后将所有可以计入清算财产的资产列出清单,以便对它们合理计价并适当处分。

(二)企业清算财产的计价

企业清算财产的计价一般可采用三种方法,即账面净值、重估价值以及变现收入。

1. 以账面净值计价

资产的账面净值是指资产的账面原值扣除相应的损失或耗费之后的剩余部分。适合采用账面净值计价的资产主要是各种货币性资产,主要包括库存现金、银行存款、应付及预付款项等。

2. 以重估价值计价

资产的重估价值是按照现有条件对资产进行重新评估所形成的价值。在企业清算过程中,企业资产的评估主要可以采用两种标准进行:一种是资产重置成本,另一种是资产收益能力。

(1)资产重置成本。资产的重置成本是指在现行条件下,按功能重新购置资产所需花费的成本。按重置成本来对资产进行估价,主要是确定其重置净价。重置净价等于资产的重置全价减损耗。

(2)资产收益能力。资产收益能力是指资产在正常经营过程中可能带来的净收益。按净收益能力来对资产进行估价,实质是将资产的价值予以资本化,按资本市场的价值进行评估。

3. 以变现价值计价

资产的变现价值是指把资产投放到相应的流通市场上可能获得的收益。当然,这里所说的市场是一种广义的市场。有些资产具有较为发达的流通市场,而有些资产的流通市场也许很不发达。

●(三)清算资产负债表的编制

清算价值确定后,则可按清算价值编制清查结束会计报表,主要是清算资产负债表。

●(四)清算费用、清算损益的核算

在清算财产被合理计价或变现的基础上,它们便可以优先被用于支付清算费用。清算费用是指企业在清算过程中为进行清算工作所发生的必不可少的支出,包括法定清算机构成员的工资、差旅费、办公费、公告费、诉讼费及清算过程中所必需的其他支出,如清算期间企业职工工资、劳动保险以及清算期间的其他固定费用和存款利息等。因此,清算期的长短直接影响着清算费用的发生,尽可能缩短清算期是节约清算费用的重要途径之一。

●(五)债务清偿

1.最高清偿额度的界定

(1)有限公司最高清偿能力为其注册资本金,其实收资本与注册资本不一致的,最高清偿额度就是实收资本,如果实收资本未达到现有资本及不足以清偿债务,投资者要补足认缴的资本金。

(2)无限责任公司对其债务负有无限责任,其财产不足清偿的,应以个人财产清偿,直至清偿结束为止。

2.债务清偿顺序

企业的清算财产在支付清算费用之后,按照下列顺序清偿债务。

(1)应付未付的职工工资、劳动保险费用。

(2)应缴未缴国家的税金。

(3)尚未偿付的债务。

在同一顺序内不足清偿的,按照比例清偿。

●(六)剩余财产的分配

(1)剩余财产的计算。剩余财产＝清算资产负债表权益合计－清算费用－待摊费用±清算资产负债表未列清算损益。或:剩余财产＝经营期资产负债表权益合计－清算损益借方余额。

(2)剩余财产的分配。企业依法缴纳必要的所得税之后,剩余财产便可以在企业投资者之间进行分配了。剩余财产的分配应根据不同情况,按不同方式来进行。

剩余财产分配以后,清算工作中的财务处理即告完成。这时,清算机构应出具有关报告和报表,并聘请注册会计师对企业清算过程及相应的报告和报表进行审计,并由他们签署审计报告,与上述清算报告一起提交有关机构确认。

四、企业破产清算的会计处理

破产清算是指企业法人不能清偿到期债务,并且资产不足以清偿全部债务或者明显缺乏清偿能力的,根据《中华人民共和国企业破产法》(以下简称《企业破产法》)的规定可以由人民法院依法将其全部财产抵付所欠的各种债务,并依法免除其无法偿还债务。破产清算后,破产企业的法人资格消失,通过清算来结束各种债权和股权关系。破产清算是解决财务困境问题最为极端的方式。

破产清算会计是指以破产企业为核算对象,以货币为主要计量单位,对破产企业各项清算业务及剩余财产进行会计核算和监督,向破产企业债权人、投资者及有关部门披露破产企业的财务状况、清算过程和结果等会计信息的一种专门会计。

(一)破产清算程序

1. 申请破产

企业法人不能清偿到期债务,且资产不足以清偿全部债务或者明显缺乏清偿能力的,应当按照《企业破产法》的规定清理债务。破产清算的申请人应符合如下规定:债务人不能清偿到期债务,且资产不足以清偿全部债务或明显缺乏清偿能力的,可以向人民法院提出破产申请;债务人不能清偿到期债务,债权人可以向人民法院提出对债务人进行破产清算的申请;企业法人已解散但未清算或者未清算完毕,资产不足以清偿债务的,依法负有清算责任的人应当向人民法院申请破产申请。

2. 受理申请

根据提出破产申请的是债权人还是债务人或依法负有清算责任的人不同,人民法院应当自收到申请之日起分别在规定日期内按程序裁定是否受理。

3. 指定管理人

管理人可以由有关部门、机构的人员组成的清算组或者依法设立的律师事务所、会计师事务所、破产清算事务所等社会中介机构担任。

4. 债权申报

人民法院受理破产申请后,应当确定债权人申报债权的期限。债权申报期限自人民法院发布受理破产申请公告之日起计算,最短不得少于三十日,最长不得超过三个月。依法申报债权的债权人为债权人会议的成员,有权参加债权人会议,享有表决权。

5. 重整与和解

债权人申请对债务人进行破产清算的,在人民法院受理破产申请后、宣告债务人破产前,债务人或者出资额占债务人注册资本十分之一以上的出资人,可以向人民法院申请重整。当出现下列情形之一,重整程序终止。

(1)债务人的经营状况和财产状况继续恶化,缺乏挽救的可能性。

(2)债务人有欺诈、恶意减少债务人财产或者其他显著不利于债权人的行为。

(3)债务人的行为致使管理人无法执行职务。

和解是指在法院受理破产申请后，债务人和债权人会议就企业延期清偿债务、减免债务数额、进行整顿等问题的解决达成协议。在人民法院受理破产申请后、宣告债务人破产前，由债务人申请和解，提出和解协议草案。

6. 宣告破产

人民法院依照《企业破产法》规定宣告债务人破产的，应当自裁定作出之日起5日内送达债务人和管理人，自裁定作出之日起10日内通知已知债权人并予以公告。

7. 清理、变现并分配破产财产

管理人应当及时拟订破产财产变现方案，提交债权人会议讨论。债权人会议通过破产财产分配方案后，由管理人将该方案提请人民法院裁定认可后，由管理人执行。破产财产要优先清偿破产费用和公益债务。

人民法院受理破产申请后发生的下列费用为破产费用。

（1）破产案件的诉讼费用。

（2）管理、变价和分配债务人财产的费用。

（3）管理人执行职务的费用、报酬和聘用工作人员的费用。

人民法院受理破产申请后发生的下列债务，为公益债务。

（1）因管理人或者债务人请求对方当事人履行双方均未履行完毕的合同所产生的债务。

（2）债务人财产受无因管理所产生的债务。

（3）因债务人不当得利所产生的债务。

（4）为债务人继续营业而应支付的劳动报酬和社会保险费用以及由此产生的其他债务。

（5）管理人或者相关人员执行职务致人损害所产生的债务。

（6）债务人财产致人损害所产生的债务。

破产财产要优先清偿破产费用和公益债务，然后依照下列顺序清偿。

（1）破产人所欠职工的工资和医疗、伤残补助、抚恤费用，所欠的应当划入职工个人账户的基本养老保险、基本医疗费用，以及法律、行政法规规定应当支付给职工的补偿金。

（2）破产人欠缴的除前项规定以外的社会保险费用和破产人所欠税款。

（3）普通破产债权。

破产财产不足以清偿同一顺序清偿要求的，按照比例分配。破产企业的董事、监视和高级管理人员的工资按照该企业职工的平均工资计算。

8. 终结破产程序

人民法院应当自收到管理人终结破产程序的请求之日起十五日内，作出是否终结破产程序的裁定。管理人应当自破产程序终结之日起十日内，持人民法院终结破产程序的裁定，向破产人的原登记机关办理注销登记。

（二）破产清算会计处理

1. 破产清算会计的一般核算程序

（1）设置会计科目，建立新的账户体系。
（2）结转各破产清算账户的期初余额。
（3）在财产清查的基础上，编制清查后的财产盘点表和资产负债表。
（4）核算和监督破产企业财产的处置。
（5）核算和监督清算费用的支付。
（6）核算和监督破产企业财产的分配，结平各账户。
（7）编制清算会计报表。

其主要核算内容有结转期初余额、处理破产财产、支付破产费用、转让土地使用权、支付职工有关费用、清偿债务、结转清算损益。

2. 破产清算主要会计科目设置

破产清算的会计处理主要涉及破产公司和管理人两个方面。

破产公司在宣告破产并成立破产管理人后，应接受管理人的指导，对各项资产损失、债权债务进行全面核定查实。破产公司应于法院宣告破产日，按照办理年度决算的要求，进行财产清查，计算完工产品和在产品成本、结转各损益类科目、结转利润分配等，进行相关的账务处理。在此基础上编制宣告破产日的资产负债表，自年初起至破产日的利润表，以及科目余额表，并将编制的会计报表报送主管财政机关、同级国家资产管理部门和企业主管部门。破产公司在按规定编制会计报表后，应向管理人办理会计档案移交手续。

管理人应当接管属于破产公司的财产，并对破产清算过程中的有关事项（如清算、变卖和财产分配等）加以如实记录。按规定管理人应于清算开始日另立新账，设置的科目与正常经营的企业有所不同。破产清算会计科目可以分为三类：资产类、负债类和清算损益类。其中清算损益类主要有：

清算费用：核算被清算企业在清算期间发生的各项费用，按发生的费用项目设置明细科目。

土地转让收益：核算被清算企业转让土地使用权取得的收入以及土地使用权转让所得支付的职工安置费等。企业发生的与转让土地使用权有关的成本、税费，如应缴纳的有关税费、支付的土地评估费等也通过本科目核算。

清算损益：核算被清算企业在破产清算期间处置资产、确认债务等发生的损益。被清算企业的所有者权益也通过本科目核算。

管理人可以根据被清算企业的具体情况，增设、减少或合并某些科目。设置完成账户后，管理人应于清算开始日，根据破产企业移交的科目余额表，将有关会计科目转入新的账户，并编制清算资产负债表。

3. 破产企业会计账务处理

（1）处理破产财产。

①收回债权的核算：以银行存款或者现金等方式收回应收款等，应按实际收回的金额，借记"银行存款"等科目，按应收金额和实收金额的差额，借记或贷记"清算损益"科目，按应收金额贷记"应收账款""应收票据"等科目。

对于不能收回的应收款项，按核销的金额，借记"清算损益"科目，贷记"应收账款"等科目。

②变卖存货的核算：变卖材料、产成品等存货时，按实际变卖收入和收取的增值税额，借记"银行存款"等科目，按其账面价值和变卖收入的差额，借记或贷记"清算损益"科目，按账面价值，贷记"应收账款""应收票据"等科目。

对于不能收回的应收款项，按核销的金额，借记"清算损益"科目，贷记"应收账款"等科目。

③处置固定资产及在建工程的核算：变卖机器设备、房屋等固定资产及在建工程时，应按实际变卖收入，借记"银行存款"等科目，按其账面价值和变卖收入的差额，借记或贷记"清算损益"科目，按账面价值，贷记"固定资产""在建工程"等科目。

转让相关资产应交纳的有关税费，借记"清算损益科目"，贷记"应交税费"等科目。

④转让无形资产的核算：转让商标权、专利权等无形资产时，按其实际变卖收入，借记"银行存款"等科目，按实际变卖收入与账面价值的差额，借记或贷记"清算损益"科目，按账面价值，贷记"无形资产"等科目；转让相关资产应交纳的有关税费，借记"清算损益"科目，贷记"应交税费"等科目。

⑤转让对外投资的核算：转让企业原来的对外投资时，按实际取得的转让收入，借记"银行存款"等科目，按投资的账面价值与转让收入的差额，借记或贷记"清算损益"科目，按投资的账面价值，贷记"对外投资"等科目。

（2）支付破产费用。

破产企业进入清理程序后，主要的工作是破产清算，发生的费用设置"清算费用"即可。

人民法院受理破产申请后发生的下列费用为破产费用：破产案件的诉讼费用；管理、变价和分配债务人财产的费用；管理人员执行职务的费用、报酬和聘用工作人员的费用。

按实际支付有关破产费用，借记"清算费用"科目，贷记"现金""银行存款"等科目。

（3）转让土地使用权、支付职工有关费用。

①转让土地使用权的核算：对于有偿取得的土地使用权，在取得时已计入了"无形资产"科目，转让时，按其实际转让收入，借记"银行存款"科目，按其账面价值，贷记"无形资产"科目，按实际转让收入与账面价值的差额，贷记"土地转让收益"科目。

对于无偿划拨取得的没有入账的土地，在转让土地使用权时，按其实际转让收入，借记"银行存款"科目，贷记"土地转让收益"科目。按国家规定，企业在转让土地使用权时还应交纳相关税费,按应交纳的税费,借记"土地转让收益"科目,贷记"应交税费"科目。

②以土地使用权支付有关费用的核算:从土地使用权转让所得中支付未参加养老、医疗社会保险的离退休职工的离退休费和医疗保险费或向有关部门拨付职工安置费时,应按实际支付金额,借记"土地转让收益"科目,贷记"现金""银行存款"等科目。

土地使用权转让所得不足以支付职工安置费,以其他破产财产支付职工安置费时,按实际支付金额,借记"清算损益"科目,贷记"现金""银行存款"科目。

4. 清偿债务

破产财产在优先清偿破产费用和相关债务后,按法定的顺序清偿债务,并按实际支付的金额注销各项债务。支付所欠职工工资和社会保险费等,按照实际支付金额,借记"应付职工薪酬"等科目,贷记"现金""银行存款"等科目。在清算过程中发生的支付给职工的各种费用,直接计入清算费用,不通过"应付职工薪酬"科目核算。交纳所欠的税费,按实际交纳的金额,借记"应交税费""其他应交款",贷记"银行存款"等科目。

清偿其他破产债务,按实际清偿各种债务的金额,借记"应付票据""其他应付款""短期借款""长期借款"等科目,贷记"现金""银行存款"等科目。

5. 结转清算损益

破产清算终结时,管理人应将有关科目的余额全部转入"清算损益"科目,通过该科目结算有关科目。将"清算费用""土地转让收益"科目的余额转入"清算损益"科目,借记"清算损益"科目,贷记"清算费用"(或"土地转让收益")科目。

对于不能处置变现而需要核销的各项资产以及不能抵扣的期初进项税额,也需要转入清算损益,借记"清算损益"科目,贷记"材料""库存商品""无形资产""投资""应交税费"等科目。

如果破产财产不足以清偿破产债权,按照有关规定,尚欠的债务不再清偿,应予注销,借记"应付票据""其他应付款"、借款类科目,贷记"清算损益"科目。

同时,《企业破产法》规定,在清算过程中,如果实际清算收入小于清算费用(即破产不足以支付破产费用),应立即终结清算程序,未清偿的破产债权不再清偿。在此情况下,清算费用即有关的债务也应结转至"清算损益"科目。

(三) 破产企业会计处理举例

【例11-9】汕煌公司成立于2000年,虽然也有过曾经的辉煌,但从2008年以来公司经历了经营滑坡,并在2013年和2014年遭受了严重亏损。2015年3月公司提出的重组方案被债权人会议否决,人民法院调停无效,宣告该企业破产。

在法院宣告破产清算后不久(2015年3月31日),经过财产清查等必要的手续后,汕煌公司编制的资产负债表见表11-1。

表11-1 汕煌公司资产负债表

2015年3月31日   单位：元

资产	金额	负债和所有者权益	金额
货币资金	60000	应付账款	1300000
交易性金融资产	140000	应付票据	600000
应收账款	500000	应付职工薪酬	260000
存货	1000000	应交税费	40000
固定资产	1700000	其他应付款	140000
无形资产	200000	长期借款	1000000
		股本	2000000
		资本公积	1200000
		盈余公积	800000
		未分配利润	-3740000
资产总计	3600000	负债和所有者权益总计	3600000

1.清算资产负债表的编制

在清算开始时，管理人应将汕煌公司的科目余额转入有关新账并开始编制清算资产负债表。该公司资产预计在两个月内转换为现金，其预计可变现净值见表11-2。

表11-2 预计可变现净值表

单位：元

资产项目	可变现净值
货币资金	60000
交易性金融资产	140000
应收账款	440000
存货	1100000
固定资产——房屋	1200000
——设备	240000
无形资产	0
合计	3180000

根据上述资料，管理人为汕煌公司编制清算日的资产负债表，见表11-3。

表11-3 汕煌公司清算资产负债表

2015年3月31日   单位：元

资产	账面金额	预计可变现净值	债务及清算净损益	账面金额	确认数
用作担保的资产			有担保的债务		
固定资产（房屋）	1100000	1100000	长期借款	1000000	1000000
应收账款	500000	440000	应付票据（银行）	500000	500000
			其他应付款	140000	140000
合计	1600000	1540000	合计	1640000	1640000
普通资产：			普通债务		
货币资金	60000	60000	应付职工薪酬	260000	260000
对外投资	140000	140000	应交税费	40000	40000
实物资产	1600000	1440000	应付账款	1300000	1300000

续表

资产	账面金额	预计可变现净值	债务及清算净损益	账面金额	确认数
无形资产	200000	0	应付票据（客户）	100000	100000
合计	2000000	1640000			
			合计	1700000	1700000
			清算净损益：		
			清算净收益（损失）	260000	(160000)
资产总计	3600000	3180000	债务及清算净损益合计	3600000	3180000

对表11-3有关数据说明如下。

（1）资产、债务及清算净损益的"账面金额"：管理人应按照表中项目分类的要求将有关科目的余额做适当的合并。在该公司，房屋是长期借款的抵押物，而应收账款是应付票据（银行）的抵押品。"清算损益"260000元是从汕煌公司所有者权益净额260000元转入。

（2）资产、债务及清算净损益的"预计可变现净值"和"确认数"：房屋的可变现净值为1200000元，但由于长期借款的本息仅为1100000元，超过的100000元被列入"普通资产"的"实物资产"中。所有债务的账面金额均得到确认，但清算净损失160000元仅为平衡数，它其实是全部资产可变现净值3180000元低于账面总金额3600000元的差额420000元减去账面清算净损益260000元的余额。

该清算资产负债表的作用在于向法院和债权人提供管理人接管破产公司时财务状况以及预计资产变现情况的信息，便于普通债权人了解其债权的可清偿程度。当然，"预计可变现净值"并不能表明资产清算的实际情况。

2. 2015年4月变现、清算业务处理

在清算期间，破产公司会发生各种费用和负债，产生新的债权，为便于与破产日前的债权、债务相区别，清算时产生的债权、债务加上"新"字。

假设该公司从2015年4月起进行清算，当月发生的业务及账务处理如下。

（1）收到以前未记录的水电费账单。

借：清算损益　　　　　　　　　　　　　10000
　　贷：其他应付款——水电费（新）　　　　　10000

（2）无形资产因没有价值，予以冲销。

借：清算损益　　　　　　　　　　　　　120000
　　贷：无形资产　　　　　　　　　　　　　120000

（3）全部商品存货出售得款1140000元，其中180000元为增值税销项税额，收到银行存款780000元，360000元的货款尚未收到。

借：银行存款　　　　　　　　　　　　　780000
　　应收账款（新）　　　　　　　　　　360000
　　清算损益　　　　　　　　　　　　　40000
　　贷：库存商品　　　　　　　　　　　　1000000
　　　　应交税费——应交增值税（新）　　　180000

（4）设备出售得到284000元银行存款。

  借：银行存款   284000
    清算损益   316000
    贷：固定资产——设备   600000

（5）支付宣告破产时所欠的应付工资及应交税金。

  借：应付职工薪酬   260000
    应交税费   40000
    贷：银行存款   300000

（6）房屋出售得银行存款1280000元，应支付税费20000元，并支付长期借款及利息。

  借：银行存款   1280000
    贷：固定资产——房屋   1100000
      应交税费（新）   20000
      清算损益   160000
  借：长期借款   1000000
    其他应付款   100000
    贷：银行存款   1100000

（7）汕煌公司原来的应收账款收回420000元，剩余的80000元无法收回。

  借：银行存款   420000
    清算损益   80000
    贷：应收账款   500000

（8）以收到应收账款的420000元支付应付银行票据及其相关利息。

  借：其他应付款   40000
    应付票据   380000
    贷：银行存款   420000

（9）支付清算期间职工生活费5800元，诉讼费8000元，设备设施维护费24000元，审计评估费6000元，财产保管费4000元。

  借：清算费用   100000
    贷：银行存款   100000

在将4月份的所有变现、清算业务计入账册后，管理人可以根据法院的规定或需要编制清算财产表、清算利润表和清算资产负债表，分别见表11-4、表11-5、表11-6。

表11-4 清算财产表

单位：元

财产项目	期初账面金额	预计可变现净值	本期变现金额	期末账面金额
用作担保的财产：				
应收账款	500000	440000	500000	0
房屋	1100000	1200000	1100000	0
合计	1600000	1640000	1600000	0
普通财产：				
库存现金	6000	6000	1000000	6000
银行存款	54000	54000	600000	918000
股票投资	140000	140000	120000	140000
应收账款（新）	1000000	1100000	80000	360000
存货	600000	240000		0
设备		240000		0
商标权	200000	0	200000	0
合计	2000000	1540000	1800000	14240000
资产总计	3600000	3180000	3400000	14240000

表11-5 清算利润表

单位：元

项目	预计数	本期数	累计数
一、清算收益（损失）		（466000）	
二、清算费用			
1.职工生活费		58000	
2.诉讼费		8000	
3.设备实施维护费		24000	
4.审计评估费		6000	
5.财产保管费		4000	
三、土地转让净收益			
其中：土地转让收入			
安置职工支出			
四、清算净收益（损失）		（566000）	

表11-6 清算资产负债表

单位：元

资产	账面金额	预计可变现净值	债务及清算净损益	账面金额	确认数
用作担保的财产：			有担保的债务：		
合计			合计		
普通资产			普通债务		
货币资金	924000	924000	应交税费	200000	200000
对外投资	140000	140000	其他应付款（新）	10000	10000
应收款	360000	360000	应付账款	1300000	1300000
实物资产			应付票据（客户）	100000	100000
无形资产			应付票据（银行）	120000	120000
长期待摊费用					
合计	1424000	1424000	合计	1730000	1730000
			清算净损益：		
			清算净收益（损失）	(306000)	(306000)
资产总计	1424000	1424000	债务及清算净损益合计	1424000	1424000

说明：表11-6中的清算净损失306000元应等于表11-5中的清算净损失566000减去汕煌公司破产时的所有者权益260000元的差额。否则上述清算资产负债表的编制是有误的。同时，表中的账面金额应等于表11-4最后一栏"期末账面金额"的数据。

3.清算业务的终结

2015年5月管理人收回应收账款360000元，交易性金融资产出售得146000元。此外，按规定应优先偿付应交税费，其余货币资金归还其他债权人。上述有关业务清算终结的会计处理如下。

（1）全额收回应收账款。

　　借：银行存款　　　　　　　　　　　360000
　　　　贷：应收账款（新）　　　　　　　　360000

（2）出售持有的股票，并收到银行存款。

　　借：银行存款　　　　　　　　　　　360000
　　　　贷：对外投资　　　　　　　　　　　140000
　　　　　　清算损益　　　　　　　　　　　6000

（3）上缴增值税等税费。

　　借：应交税费（新）　　　　　　　　200000
　　　　贷：银行存款　　　　　　　　　　　200000

将上述分录计入有关账户余额表见表10-7。

表11-7　管理人账户余额表

单位：元

账户	借方	贷方
货币资金	12230000	
其他应付款（新）		10000
应付账款		1300000
应付票据（客户）		100000
应付票据（银行）		120000
清算损益	300000	
合计	1530000	1530000

根据上述账户余额表，公司剩余的货币资金为1230000元，债务为1530000元，由于这些债权处于同一清偿顺序，应按比例加以分配，清偿比例为80.4%（1230000÷1530000）。

按比例清偿普通债务的账务处理如下：

  借：其他应付款（新）　　　　8040
    应付账款　　　　　　　　1045100
    应付票据（客户）　　　　80400
    应付票据（银行）　　　　96460
   贷：银行存款　　　　　　　　1230000

债务人财产分配完毕，由管理人提请人民法院终结破产程序。破产程序终结后，未得到清偿的债权不再清偿，除非债务企业出现：①隐匿、私分或者无偿转让财产；②非正常压价出售财产；③对原来没有财产担保的债务提供财产担保；④对未到期的债务提前清偿；⑤放弃自己的债权。若债务人出现上述情况之一的，自破产程序终结之日起一年内被查出的，由人民法院追回财产，并按规定偿还给债权人。破产程序终结时，管理人做如下账务处理：

  借：其他应付款（新）　　　　1960
    应付账款　　　　　　　　254900
    应付票据（客户）　　　　19600
    应付票据（银行）　　　　23540
   贷：清算损益　　　　　　　　300000

上述分录编制完后，管理人的账户已经全部结平。最后，根据规定管理人还需要编制债务清偿表（见表11-8）。

表11-8 债务清偿表

2015年5月10日　　　　　　　　　　　　　　　　　　　　　　　　　　　单位：元

债务项目	账面金额	确认金额	偿还比例(%)	本期偿还金额	累计偿还金额	尚未偿还金额
有担保的债务						
长期借款	1000000	1000000	100		100000	
其他应付款	140000	140000	100		140000	
应付票据（银行）	500000	500000	95.30	96460	476460	
合计	1640000	1640000		96460	1616460	
普通债务：						
应付职工薪酬	260000	260000	100	0	260000	
应交税费	240000	240000	100	200000	240000	
应付账款	1300000	1300000	80.40	1045100	1045100	
应付票据（客户）	100000	100000	80.40	80400	80400	
其他应付款（新）	10000	10000	80.40	8040	8040	
合计	1910000	1910000		1333540	1633540	
总计	3550000	3550000		1430000	3250000	

11-1

11-2

第十一章 企业重组与清算会计

同步练习题

一、单选题

1. 2013年1月1日，甲公司应收乙公司账款30万元，协议规定乙公司于2013年6月30日支付全部款项。但2013年6月30日，乙公司发生严重财务困难，无法支付全部的货款，双方协商进行债务重组。下面情况不符合债务重组定义的是（ ）。

   A. 甲公司同意乙公司以18万元偿付全部的债务
   B. 甲公司同意乙公司以一台公允价值为24万元的设备抵偿债务
   C. 甲公司同意乙公司延期至2013年12月31日支付全部的债务并加收利息
   D. 甲公司同意乙公司以一批存货偿还全部债务，该批存货公允价值为24万元

2. 按照债务重组准则的规定，债务重组的方式不包括（ ）。

   A. 债务人以低于债务账面价值的现金清偿债务
   B. 修改其他债务条件
   C. 债务转为资本
   D. 借新债还旧债

3. 甲公司因乙公司发生严重财务困难，预计难以全额收回乙公司所欠货款240万元。经协商，乙公司以银行存款180万元结清了全部债务。甲公司对该项应收账款已计提坏账准备24万元。假定不考虑其他因素，债务重组日甲公司应确认的损失为（ ）万元。

   A. 36　　　　B. 0　　　　C. 60　　　　D. 12

4. 对于债权人来说，当债务人以现金清偿重组债权（未计提坏账准备）时，重组债权的账面价值与实际收到现金之间的差额计入（ ）。

   A. 营业外收入　　　　B. 资本公积
   C. 营业外支出　　　　D. 管理费用

5. 以修改其他债务条件方式进行债务重组的，如果债务重组协议中附有或有应收金额，债权人应将或有应收金额（ ）。

   A. 包括在将来应收金额中　　　　B. 包括在将来应付金额中
   C. 计入当期损益　　　　D. 不做账务处理

6. 2011年3月31日甲公司应付某金融机构一笔贷款100万元到期，因发生财务困难，短期内无法支付，当日，甲公司与金融机构签订债务重组协议，约定减免甲公司债务的20%，其余部分延期两年支付，年利率为5%（相当于实际利率），利息按年支付。金融机构已为该项贷款计提了10万元呆账准备，假定不考虑其他因素，甲公司在该项债务重组业务中确认的债务重组利得为（ ）万元。

   A. 10　　　　B. 12　　　　C. 16　　　　D. 20

7. 甲公司为增值税一般纳税人，适用的增值税率为17%。2016年7月10日，甲公司就其所欠乙公司应付账款600万元与乙公司进行债务重组。根据协议，甲公司以其产品抵偿全部债务。当日，甲公司抵债产品的账面原值为400万元。已计提存货跌价准备50万元，市场价格（不含增值税额）为500万元，产品已发出并开具增值税专用发票。甲公司应确认的债务重组利得为（   ）。

　　A. 15万元　　　　B. 100万元　　　　C. 150万元　　　　D. 200万元

8. A公司应收B公司账款1540万元已经逾期，A公司已计提了80万元坏账准备。经协商决定进行债务重组，B公司以银行存款200万元，一项无形资产和一项对C公司的长期股权投资偿付部分债务，剩余债务免除，具体数据信息如下：①B公司该项无形资产的账面原值为600万元，已累计摊销200万元，当日的公允价值500万元；②对C公司的长期股权投资公允价值为500万元，账面余额为700万元，已计提减值准备100万元，债务重组日公允价值为560万元。根据上述资料，不考虑相关税费和其他因素，B公司因该项债务重组对利润总额的影响金额为（   ）万元。

　　A. 120.0　　　　B. -60.0　　　　C. 340.0　　　　D. 140.0

9. 甲公司应收乙公司货款2000万元，因乙公司财务困难到期未予偿付，甲公司就该项债权计提了400万元的坏账准备。2013年6月10日，双方签订协议，约定以乙公司生产的100件A产品抵偿该债务。乙公司A产品售价为13万元/件（不含增值税），成本为10万元/件；6月20日，乙公司将抵债产品运抵甲公司并向甲公司开具了增值税专用发票。甲、乙公司均为增值税一般纳税人，适用的增值税税率均为17%。不考虑其他因素，甲公司应确认的债务重组损失是（   ）。

　　A. 79万元　　　　B. 279万元　　　　C. 300万元　　　　D. 600万元

10. 甲公司应付乙公司购货款2000万元于2014年6月20日到期，甲公司无力按期支付。经与乙公司协商进行债务重组，甲公司以其生产的200件A产品抵偿该债务，甲公司将抵债产品运抵乙公司并开具增值税专用发票后，原2000万元债务结清，甲公司A产品的市场价格为每件7万元（不含增值税价格），成本为每件4万元。6月30日，甲公司将A产品运抵乙公司并开具增值税专用发票。甲、乙公司均为增值税一般纳税人，适用的增值税税率均为17%。乙公司在该项交易前已就该债权计提500万元坏账准备。不考虑其他因素，下列关于该交易或事项的会计处理中，正确的是（   ）。

　　A. 甲公司应确认营业收入1400万元
　　B. 乙公司应确认债务重组损失600万元
　　C. 甲公司应确认债务重组收益1200万元
　　D. 乙公司应确认取得A商品成本1500万元

第十一章 企业重组与清算会计

二、多选题

1. 债务重组准则规定的不属于债务重组范围的有（　　）。
   A. 债务人改组
   B. 延长债务偿还期限并豁免部分债务
   C. 债务人借新偿旧债
   D. 可转换公司债券转换为普通股股票

2. 债务重组是指在债务人发生财务困难的情况下，债权人按照其与债务人达成的协议或者法院的裁定作出让步的事项。其中，债权人作出的让步包括（　　）。
   A. 债权人减免债务人部分债务本金
   B. 允许债务人延期支付债务，但不减少债务的账面价值
   C. 降低债务人应付债务的利率
   D. 债权人减免债务人部分债务利息

3. 以现金资产清偿债务的，债权人进行账务处理时，可能涉及的会计科目有（　　）。
   A. 财务费用　　B. 营业外支出　　C. 投资收益　　D. 资产减值损失

4. 以非现金资产抵偿债务的债务重组中，下列说法中正确的有（　　）。
   A. 债务人在转让非现金资产过程中发生的一些资产评估费、运杂费等税费，直接计入转让资产损益
   B. 对于重组债权的账面余额与受让的非现金资产的公允价值之间的差额，债权人已对债权计提减值准备的，应当先将该差额冲减减值准备，冲减后尚有余额的计入营业外支出，冲减后减值准备仍有余额的，应予转回并抵减资产减值损失
   C. 债务人以股票、债券等金融资产抵偿债务，应按相关金融资产的公允价值与其账面价值的差额，作为转让金融资产的利得或损失处理
   D. 债务人以股票、债券等金融资产抵偿债务时，债权人对于收到的相关金融资产，应按其账面价值计量

5. 债务人以非现金资产清偿债务时，影响债权人债务重组损失的项目有（　　）。
   A. 债权人计提的坏账准备
   B. 债务人计提的该资产的减值准备
   C. 可抵扣的增值税进项税额
   D. 债权人为取得受让资产而支付的除增值税以外的相关税费

6. 下列关于债务重组会计处理的表述中，正确的有（　　）。
   A. 债务人以非现金资产抵偿债务的，债务人将重组债务的账面价值大于转让非现金资产的公允价值的差额计入资本公积
   B. 债务人以债转股方式抵偿债务的，债权人将重组债务的账面价值大于相关股份公允价值的差额计入资产减值损失
   C. 债务人以债转股方式抵偿债务的，债务人将重组债务的账面价值大于相关股份的公允价值的差额计入营业外收入
   D. 债务人以修改其他债务条件进行债务重组的，债权人涉及或有应收金额的，不予以确认，实际发生时，计入当期损益

7. 下列关于债务重组会计处理的表述中，正确的有（   ）。
   A. 债权人将很可能发生的或有应收金额确认为应收债权
   B. 债权人收到的原未确认的或有应收金额计入当期损益
   C. 债务人将很可能发生的或有应付金额确认为预计负债
   D. 债务人确认的或有应付金额在随后不需支付时转入当期损益

8. 在延期付款清偿债务并附或有支出条件的情况下，下列说法正确的有（   ）。
   A. 修改后的债务条款如涉及或有应付金额，且该或有应付金额符合预计负债确认条件的，债务人应当将该或有应付金额确认为预计负债。重组债务的账面价值，与重组后债务的入账价值和预计负债金额之和的差额，计入当期损益
   B. 修改后的债务条款中涉及或有应收金额的，债权人不应当确认或有应收金额，不得将其计入重组后债权的账面价值
   C. 或有应付金额在随后会计期间没有发生的，企业应当冲销已确认的预计负债，同时确认营业外收入
   D. 修改其他债务条件的，债权人应当将修改其他债务条件后的债权的公允价值作为重组后债权的账面价值

9. 下列关于混合重组的说法中，不正确的有（   ）。
   A. 债务人应先以现金、非现金资产的账面价值，债权人享有的股权的账面价值冲减重组债务的账面价值，然后再考虑修改其他债务条件进行债务重组
   B. 在债务重组日无论是债权人还是债务人，均不确认债务重组收益
   C. 债权人涉及或有收益的，债权人不应将或有收益包括在未来应收金额中，或有收益实际收到时，直接冲减财务费用或计入营业外收入等
   D. 债务人涉及或有支出的，债务人应将或有支出包括在未来应付金额中，或有支出没有发生时，将其直接计入营业外收入

10. 2015年7月31日，甲公司应收乙公司的一笔货款1000万元到期，由于乙公司发生财务困难，该笔货款预计短期内无法收回。甲公司已为该项债权计提坏账准备200万元。当是，甲公司就该债权与乙公司进行协商。下列协商方案中，属于债务重组的有（   ）。
    A. 减免200万元债务，其余部分立即以现金偿还
    B. 减免200万元债务，其余部分延期两年偿还
    C. 以公允价值为1000万元的固定资产偿还
    D. 以现金200万元和公允价值为800万元的无形资产偿还
    E. 以800万元现金偿还

第十一章 企业重组与清算会计

三、判断题

1. 债务人发生财务困难是指因债务人出现资金周转困难、经营陷入困境或者其他方面的困难等，导致其无法或者没有能力按原定条件偿还债务。（　）

2. 减少债务本金、降低利率、免去应付未付的利息、延长偿还期限并减少债务的账面价值等重组方式属于修改其他债务条件的债务重组方式。（　）

3. 以现金清偿债务的，债务人应当将重组债务的账面价值与实际支付现金之间的差额，计入资本公积。（　）

4. 以多项非现金资产抵偿债务时，债权人应在计算确定的总入账价值范围内，按非现金资产账面价值的相对比例确定各非现金资产的入账价值。（　）

5. 如果是以企业持有的投资偿还债务的，资产账面价值与公允价值的差额是计入投资收益核算的。（　）

6. 以非现金资产抵偿债务的，债务人计入当期损益的金额可划分为资产转让损益和债务重组利得两种形式。（　）

7. 债务人以将债务转为资本的方式进行债务重组时，债权人在债务重组日，应当将享有股份的面值确认为对债务人的投资。（　）

8. 以债权转为股权的，应按应收债权的账面价值为基础作为受让股权的入账价值。（　）

9. 在债务重组中，债务人的或有应付金额在随后会计期间没有发生的，应在结算时转入营业外收入。（　）

10. 附或有条件的债务重组，未支付的或有支出，待结算时应将其全部转入资本公积。（　）

11. 以混合方式进行的债务重组，债权人应先以收到的现金、受让非现金资产的公允价值、因放弃债权而享有的股权的公允价值冲减重组债权的账面价值，余额再与将来应收金额进行比较，据此计算债务重组损失。（　）

12. 债务重组采用以现金清偿债务、非现金资产清偿债务、将债务转为资本、修改其他债务条件等方式的组合进行的，债务人应当依次以支付的现金、转让的非现金资产公允价值、债权人享有股份的公允价值冲减重组债务的账面价值，再按照修改其他债务条件的债务重组会计处理规定进行处理。（　）

13. 债权人收到债务人的存货、固定资产、无形资产、长期股权投资等抵债资产时，应当以其公允价值入账。（　）

14. 债务重组中，债权人一定会由于债务重组而确认营业外支出。（　）

四、计算分析题

1. 甲企业于2015年1月20日销售一批材料给乙企业，不含税价格为200000元，增值税税率为17%，按合同规定，乙企业应于2015年4月1日前偿还货款。由于乙企业发生财务困难，无法按合同规定的期限偿还债务，经双方协议于7月1日进行债务重组。债务重组协议规定，甲企业同意减免乙企业30000元债务，余额用现金立即偿清。乙企业于当日通过银行转账支付了该笔剩余款项。甲企业随即收到了通过银行转账偿还的款项。甲企业已为该项应收债权计提20000元的坏账准备。

2. 2015年8月23日，甲公司应收乙公司账款的账面余额为60000元，由于乙公司发生财务困难，无法偿付应付账款。经双方协商同意，采取将乙公司所欠债务转为乙公司股本的方式进行债务重组，假定乙公司普通股的面值为1元，乙公司以20000股抵偿该项债务，股票每股市值为2.5元。甲公司对该项应收账款计提了坏账准备2000元。股票登记手续已办理完毕，甲公司对其作为长期使用股权投资处理。